北京市经济信息中心

2015

◎ 林明金 刘岚芳 • 等著

北京市经济形势分析与预测

BEIJING ECONOMIC SITUATION ANALYSIS & FORECAST

中国财政经济出版社

图书在版编目（CIP）数据

北京市经济形势分析与预测.2015/林明金等著.—北京：中国财政经济出版社，2015.2

ISBN 978-7-5095-6027-3

Ⅰ.①北… Ⅱ.①林… Ⅲ.①区域经济-经济分析-北京市-2014②区域经济-经济预测-北京市-2015Ⅳ.①F127.1

中国版本图书馆CIP数据核字（2015）第026522号

责任编辑：陆宗祥　　责任校对：杜建东

版式设计：丁雪莲　　装帧设计：北京真色彩广告有限公司

中国财政经济出版社 出版

URL：http://www.efeph.cn

E~mail：cfeph@cfeph.cn

社址：北京市海淀区阜成路甲28号　邮政编码：100142

营销中心电话：88190406　北京财经书店电话：64033436　84041336

北京紫瑞利印刷有限公司印刷　各地新华书店经销

787×1092毫米　16开　24.5印张　350 000字

2015年2月第1版　2015年2月 第1次印刷

定价：58.00元

ISBN 978~7~5095~6027~2/F·4853

（图书出现印装问题，本社负责调换）

本社质量投诉电话：010-88190744

打击盗版举报热线：010-88190492、QQ：634579818

《2015北京市经济形势分析与预测》
撰写委员会

主　　任： 林明金

副主任： 刘岚芳

委　　员： 邢志俊　贾秋森　齐　心　崔　岩　袁海霞
杨永恒　孙　哲　胡彭辉　宋亚妮　王　涛
吴海娜

序

在这“骏马辞年，吉羊献岁”之际，由北京市经济信息中心组织编写的新一本“经济形势分析与预测”绿皮书与大家见面了。绿皮书系列创办八年以来，始终坚持现状分析与趋势判断相结合、定性和定量分析相结合、预测与对策研究相结合的写作思路，全面系统地对北京市宏观经济运行、三大需求、重点产业和人民生活等各个领域进行年度总结分析与趋势展望。在新推出的《2015北京市经济形势分析与预测》中，撰写团队更是对近年来首都发展的阶段性特征和存在问题进行了细致的深入的梳理和总结，并对新时期首都发展趋势和路径提出看法和见解。

本书认为，2014年是国家全面深化改革的开局之年，也是中央进一步明确首都城市战略地位和实质推动京津冀协同发展的重要之年。面对全球经济复苏放缓、国内“三期叠加”的复杂形势，北京市着力稳增长、促改革、调结构、惠民生，积极调整疏解非首都核心功能，首都经济在保持平稳运行的基础上，经济结构向合理化、高端化方向快速迈进，预计全年经济依然保持7.3%左右的中高速经济增长。2015年和今后一段时期，是北京市深入贯彻落实党的十八届三中、四中全会和习总书记视察北京市重要讲话精神、推进城市功能优化的关键时期，面对仍处于缓慢的脆弱复苏之中的全球经济和步入“中高速、优结构、新动力、多挑战”新常态的中国经济，北京市将立足首都城市战略定位，强化非首都核心功能调整疏解，注重区域融合协同发展，加大改革创新力度，完善构建高精尖的产业体系，加快培育经济新增长点，经济减速提质的特征将进一步凸显，北京市经济有望延续稳中有进的发展态势。

作为一家长期致力于北京市经济发展形势分析与预测的专业机构，北京市经济信息中心由衷地希望本书的出版能为政府决策、企业制定战略、研究机构开展相关工作，了解首都运行特点、存在问题和未来发展趋势提供借鉴与支撑。

由于时间仓促、水平有限，书中难免有疏漏与不妥之处，敬请读者批评指正。

编　者

2014年12月

目录

第三章 消费 消费增长逐步企稳 拉动作用持续增强

第八章 服务业 发展态势稳中趋缓 新兴产业保持活跃

第九章 高技术产业 创新创业活跃度提升 产业增势保持平稳

第十章 房地产 调控手段回归市场化 运行更趋于稳健

第十一章 金融 改革创新持续推进 行业持续平稳运行

导言

首都经济发展阶段性特征与趋势

改革开放以来，随着市场经济体制的不断完善、首都城市功能定位和发展战略的演变，首都经济实现了跨越式的发展。特别是21世纪以来，面对全球经济风云变化，人口、资源环境的悄然变化，首都主动采取措施，积极实施调结构、转方式、促转型，经济发展发生了深刻的变化，逐步展现出一些新的趋势性特征。与此同时，资源要素收紧，内需增长动力不足，产业结构、布局不合理等问题也日益凸显。未来几年，首都经济仍将面对复杂多变的外部环境、紧张的人资环关系，仍需承受诸多不确定性影响和转型之痛。但总体来说，世界经济的深刻调整给首都经济发展带来的机遇多于挑战，国内城镇化推进、改革深入、京津冀区域协同发展等利好因素将为北京市营造较好的宏观经济运行环境。尤其是伴随习总书记视察北京市讲话精神的贯彻落实，首都将进一步强化新时期首都城市功能的落实，加快非核心功能疏解，推动京津冀协同发展，促进首都经济发展活力和动力的释放。首都经济有望保持适度、合理增长，消费主导经济增长格局将日益巩固，投资的社会带动效益日趋放大，高端引领、新兴支撑的产业结构特征将日益凸显，经济布局调整将在更大的区域范围内展开。

一、近年来首都经济发展的趋势性特征

近年来，面对复杂多变的世界经济形势，以及人口、资源、环境保护

等压力的增大，首都主动谋求转型发展，经济增长速度、需求动力、产业支撑均发生了阶段性的转变，呈现出新的趋势性特征。

（一）经济由“高速”增长向“适度”增长阶段转变

改革开放以来，首都经济实现年均10.4%左右的快速增长，特别是20世纪90年代末至2007年，随着市场经济体制的日臻完善、买方市场的逐步形成和自身产业结构的不断优化，首都经济呈现出一段高速增长的黄金期。1999~2007年间，首都经济连续九年保持两位数增长。2008年以来，在内外因素的共同作用下，经济增速出现由“高速”向“适度”转变。按可比价格计算，2008~2013年，经济年均增速回调至8.8%，低于2001~2007年年均12.6%的增长水平。尤其是2011年以来，随着北京市结构调整的深入推进，经济增速已下降至8%左右。其中2012年、2013年增速仅为7.7%。经济增长下台阶的趋势符合纽约、伦敦、东京等几大世界城市进入后工业化发展阶段后的特征。

（二）需求结构由“投资消费共同主导”向“消费主导型”转变

20世纪90年代后期，随着买方市场的形成，消费主导经济增长的作用日渐增强，首都经济增长逐步由投资驱动向投资消费“双轮”驱动转变，1996~2005年，北京市投资率与消费率大致相当。随着城市化进程加快、人口规模扩张、居民消费结构持续升级以及首都服务功能的提升，消费主导经济增长的格局更加突出。2006年，北京市消费率首次超过投资率。2008年世界金融危机爆发后，消费对经济增长贡献进一步加大，到2013年，消费率超过投资率达21个百分点，消费主导经济增长的特征日益增强。这其中政府消费发挥了重要的带动作用。由于首都党政机关集中，且多数年份政府消费增速高于居民消费，因此政府消费总体占比呈上升趋势。目前政府消费达到四成以上，高出全国和上海市十多个百分点，也较2000年提高10.3个百分点。

（三）产业结构由“三次产业间调整”向“产业内部优化”转变

工业化的全面推进与首都城市功能定位的不断明晰，促使北京市不断调整产业结构，1994年，三产比重首次超过二产，1995年超过50%，此后三产比重持续提升，2013年达到76.9%，北京市服务业主导的产业结构特征日益巩固。近年来，在坚持以“高端、高效、高辐射”为主的产业结构调整指引下，北京市通过主动关停、搬迁落后产能、积极培育新兴产能等，推动产业结构在服务业主导的格局下逐步走向“高端化”。产业内部升级加快，产业驱动力由依靠工业、房地产业转向依靠工业、金融、新兴产业等转变。服务业内部形成了以金融、信息服务、科技服务等生产性服务业为主导的发展新格局；工业内部形成了以汽车、医药、装备制造业等现代制造业、高技术制造业为主导的增长格局；以新一代信息技术、新能源等为代表的战略性新兴产业成为北京市经济发展的新引擎。产业间的融合互动加速发展，涌现出了不少新兴业态，电子商务、互联网金融日渐兴盛。

（四）首都经济特色更加鲜明

伴随首都发展理念的不断深化，首都经济特色更趋突出。**一是服务经济更加突出。**2013年北京市第三产业拉动GDP增长5.8个百分点，贡献率达75.3%；吸纳了北京市超过76%的就业人口，实现了北京市八成以上的收入和九成以上的利润。**二是总部经济进一步集聚。**2013年入围世界500强的总部在京企业达48家，位居全球城市第一。各类总部企业实现的增加值占北京市GDP近半，创造了北京市近一半的增加值和利润，成为推动北京市经济发展的重要力量。**三是知识经济优势进一步彰显。**2013年，全社会R&D经费支出达到2000年的7.7倍，占GDP的比重由2000年的4.92%上升至6.16%。根据《中国省域经济综合竞争力发展报告》，首都知识经济竞争力连续数年在全国排名第一。**四是绿色经济取得积极进展。**万元GDP能耗、水耗分别由2000年的1.311吨标准煤、121.7立方米下降到2013年的0.377吨标准煤、18.66立方米。节能环保产业成为北京市经济的新增点之一。目前北京市节能环保持续保持两位数的快速增长，产值约占全国节能环保总产值的10%。2013年发布的《中国300个绿色经济与绿色GDP指数》

显示，北京市绿色经济指数位居前十位。

（五）经济布局呈“多中心、组团式”发展态势

伴随城市空间战略和发展战略的不断落实，北京市的经济布局呈现出多中心的发展态势，除中心城区外，围绕顺义、昌平、通州等郊区新城，逐步形成了高密度的产业聚集区域。进入“十二五”时期以来，随着“提升六高、培育四新”的功能区建设发展战略的实施，六大高端产业功能区以7%的平原面积、20%的能耗，支撑了北京市四成以上的税收和经济规模，已成为支撑北京市增长的重要引擎。与此同时，依托不断完善的基础设施以及资源要素的优势，产业组团式发展也取得一定成效。初步形成了东部“顺义—朝阳—通州”三大高技术产业组团、南部“大兴—亦庄—房山”三大高端制造业组团、北部“中关村科学城—未来科技城—昌平园”三大科技研发服务业组团。

（六）创新引领和示范作用日渐彰显

随着创新驱动战略的实施，首都创新引领和示范的作用日益凸显。科技对首都经济发展的支撑能力有所提升。2013年，首都高技术产业、科技服务业、信息服务业实现增加值4520.9亿元，是2008年的1.8倍。特别是近年来一批核心关键技术的突破和标准制定填补了国内空白，对首都下一代互联网、卫星应用、生物和健康、节能环保、轨道交通、纳米新材料等新兴产业发展起到了重要的引领作用。与此同时，网络经济等新兴业态、新商业模式蓬勃发展，并广泛渗透到生产、流通、消费等各个领域,成为带动首都经济发展的新增长点。技术创新、商业模式创新，以及管理创新的不断突破，也给各行业发展带来了活力。科技辐射带动作用持续增强。2013年技术合同成交额达到2851.2亿元，是2008年的2.8倍，占全国的38.2%，其中，流向外省市和出口的比重占到近八成。自主创新示范区建设取得积极进展。“1+6”先行先试改革的试点政策取得突破。中关村示范区正在加快成为具有全球影响力的科技创新中心和高新技术产业基地。

二、首都经济发展中存在的问题

（一）经济增长的内生动力不足

一是资源使用效率和要素贡献度不高。受资源价格长期低估，经济管理方式粗放、外延式扩张见效快等因素影响，北京市的资源使用效率和要素贡献度不高。目前，北京国家级、市级开发区、集体产业用地效益平均在165亿元/平方公里、35亿元/平方公里、12亿元/平方公里，大幅低于2000年东京市工业用地地均623亿元/平方公里的产出水平。同时，2000年以来，北京市社会劳动生产率年均实际增速仅为6%，不仅低于改革开放以来平均增速1.4个百分点，而且低于同期地区生产总值增速5.1个百分点。**二是内需增长乏力。**投资效率近年来呈下降趋势，2009~2013年间北京市平均每增1元投资可带动GDP增加0.24元，低于2000~2008年间0.28元的水平，更低于发达国家0.5~1元的水平。消费增长遭遇瓶颈，在当前可支配收入增长缓慢、新增热点匮乏的制约下，消费支撑经济增长的力度明显削弱。**三是创新驱动尚未有效发挥作用。**尽管北京市拥有丰富的科技资源，但受制于企业创新主体不强，科技资源分散、协调成本高、统筹难度大等影响，创新能力尚未有效发挥效用。2013年，北京地区研发经费企业资金仅占地区R&D经费的36.1%，与深圳市企业研发投入占90%以上的水平相差甚远。同时，科技成果转化也与发达国家80%的转化率相差甚远。根据《首都科技创新发展指数报告2013》对国际城市科技创新发展指数的测算显示，目前北京市科技创新发展总指数与纽约、伦敦、东京的差距为30以上。

（二）产业影响力和竞争力不足

由于缺乏长期性、战略性的政策引导，加之资源分属不同部门，条块管理导致资源分散等，带来北京市产业结构、发展环境以及产出效率等方面的一些突出问题，制约着产业影响力和竞争力的提升。**一是产业内部结构不合理，高端化、融合程度不高。**不仅存在着小建材、小家具等粗放型生产行业，还存在着大量加工组装的低端制造环节以及小商品批发、服装批发等低端服务业态。高端制造业增加值率仅为美国、日本等发达国家的一半左右。受制造业自身发展水平、服务业业务领域细分不足等影响，制造业对服务业的中间需求偏小，多数工业企业仍集中于传统的产品制造，未完成向基于产品综合服务集成的模式转变，个性化的生产和服务程度较低，产业融合度有待继续加深。**二是产业发展环境有待优化，部分行业市场化程度不足。**部分行业垄断性强，市场准入门槛限制较多，民营资本进入存在一定障碍，影响了行业的活力和市场竞争。同时，类似教育、卫生等社会公共服务仍由政府主导提供，难以满足多样化、多层次的公共服务需求。**三是产出效率偏低。**受行业经营管理理念精细化不足、行业组织化、规范化程度不高等影响，服务业发展水平与效率有待提高。2009年以来，首都金融、信息、商务等高端行业劳产率提升放缓，仅相当于上海市的七八成。

（三）经济发展的可持续性面临极大考验

一是城市功能大而全，引致了大量耗能高、聚人多等与核心功能不相匹配的行业及业态。除核心功能外，首都还承担着商贸中心、旅游中心、物流中心等多重功能，构建了大而全的经济体系，影响了首都核心功能发展，也带来城市运行的低效，影响经济发展的可持续。**二是由外来人口过快增长所带来的人口急剧膨胀，造成资源环境的压力剧增和经济转型的困难。**2000~2013年，北京市常住外来人口年均增长42万人、增速9.2%，远高于户籍人口年均1.3%的增速。相关测算显示，每新增100万人需要新增土地100平方公里、新增住房建筑面积约0.22亿平方米，年新增电力、天然气、成品油等能源消费分别为24亿千万时、10亿立方米、20万吨。与此同时，外来人口中有约三分之二集中在与首都产业调整方向不一致的行业，给首都经济转型带来较大困难。**三是资源供需紧张，给经济安全运行带来一定风险。**能源需求总量的急速增加，与98%的能源依赖外地调入，加剧了能源供应的安全隐患。按常住人口计算，北京市的年人均能耗约为全国平均水平的2.4倍。人均建设用地面积大幅低于规划标准。水资源近乎15亿立方米的缺口持续存在。此外，雾霾严重、固体废弃物逐年增加等均制约着经济的可持续发展。

（四）经济布局有待进一步优化

由于经济发展过程中未能有效发挥市场对资源配置的决定性作用，以及受规划前瞻性、引导性不足、城市建设局部不断“摊厚”等影响，北京市经济布局仍存在较大的优化空间。**一是新城产业承载不足。**尽管目前新城占据了北京市约70%的建设用地、63%的土地投放，但仅创造了不足30%的GDP。目前60%的就业人口仍集中于中心城区，与新城强大的居住功能相比，昌平区、通州区等地职住比严重不平衡，两地职住比分别为0.2、0.17，远低于北京市0.4的平均水平。**二是产业园区同质化严重。**区县产业园区盲目追求“大而全”，造成园区内行业众多、主导产业特色不突出，“区区有金融、县县上汽车”的产业同质化问题相当明显。**三是区域产业协同发展水平不高。**受产业发展“嵌入式”路径影响，北京市产业领域不同区县相互协作、协同共生的产业格局没有完全形成，大部分产业配套服务环节的发展相对较弱。同时，受过去重化工业主导的影响，京津冀区域重点城市自成体系的发展模式影响较深，资源要素市场相对独立，北京市与周边地区的产业链衔接不紧密，区域产业协同发展水平不高。

三、未来一段时期首都经济发展面临的环境分析

（一）世界经济的深刻调整，给北京市经济发展带来的机遇多于挑战

后危机以来，发达经济体内部复苏分化，新兴经济体传统增长模式难以为继、潜在增长下降，全球经济增长日渐呈现出缓慢、不均衡的新常态。与此同时，发达国家再工业化战略的实施，贸易保护向高端环节延伸等，也引发了全球产业分工和贸易规则的变化。此外，新一轮科技革命正在兴起，产业变革不断加剧，正推动着智能、绿色、低碳成为世界城市发展竞相追逐的热潮。如此复杂多变的外部环境对北京市而言既是挑战也是机遇。一方面，全球经济增长放缓、高端制造业回流发达国家、贸易保护

向上延伸等将给北京市的外部需求改善、资本流动等带来诸多风险与挑战；而另一方面，新一轮科技革命和产业变革正在孕育兴起，我国正由“跟跑者”向“并行者”、“领跑者”转变，首都丰富的科技智力资源与科技创新中心的建设，有利于首都把握机遇，抢占未来科技发展的先机。

（二）国内持续推进的新型城镇化建设、市场化改革等将为北京市经济发展提供良好的宏观环境

随着过去多年快速增长积累风险的凸显和释放，以及人口、资源、环境红利等基本面的悄然变换，我国经济从速度、结构，到动力等都发生了阶段性的转变，经济发展步入新常态。经济韧性好、潜力足、回旋空间大，为今后经济持续健康发展提供了有利条件。与此同时，作为世界第二大经济体，中华民族的伟大复兴正在加速推动中国崛起，更加有利于提升我国在亚太地区乃至全世界经济的主导地位。未来几年伴随新型城镇化的推进、新一轮改革开放的深入，以及丝绸之路经济带、海上丝绸之路等战略倡议的实施，将推动国内经济保持适度增长，北京市经济运行的宏观环境总体向好。**首先**，新型城镇化建设的推进将继续带动交通、通讯等城市基础设施，教育、医疗等社会公共服务设施以及住宅建设等投资需求，大量农民变市民将提升消费规模和消费结构，并将促进产业的集聚和升级，拉动宏观经济增长；**其次**，有关财税、金融、户籍、教育等领域改革的深化，将有利于营造公平开放的市场环境、激发市场活力，进一步发挥市场对资源配置的决定性作用，增强经济发展的后劲；**最后**，在“两带一路”的新区域经济发展战略实施下，中西部通过产业升级，可能成为新的经济增长极，带动国内经济增长。特别是“一带一路”的战略实施，将有利于企业“走出去”、扩大海外市场。

（三）新时期首都城市战略定位的明晰、京津冀协同发展的实质推进为北京市转型发展创造了良好条件

伴随习总书记视察北京市重要讲话精神的落实，北京市将围绕新时期首都城市战略定位落实，继续推动非首都核心功能疏解和人口规模控制，不符合首都功能定位的产业将逐步关停或转移。同时，京津冀一体化发展战略的实施，也将推动北京市自觉打破行政区划思维、破除资源要素流动的体制机制性障碍，首都将进一步明确职能分工、加强产业的对外转移与协作。未来几年，首都将继续处于转方式、调结构、促转型的攻坚阶段，转型期的阵痛仍将持续。但基于长远来看，新时期首都城市功能定位的落实、京津冀的一体化发展将利好于首都提升核心功能、构筑“高精尖”经济结构。特别是资源要素的合理流动、城市空间的高效集约利用、创新示范的集聚引导效应、产业能级的持续提升等将不断为首都经济发展注入活力。

四、未来几年首都经济发展趋势判断

（一）经济增速将保持适度增长

经济增速将延续放缓态势。非首都核心功能疏解的持续推进，使得首都经济存量面临较大幅度的调整和疏解，与此同时，新增产业禁限目录的实施，又将对首都新产能提出更高的要求，而且伴随京津冀协同发展的深入推进，首都将进一步加大落实对周边区域产业对接与转移的力度，短期几年内，首都经济面临的增长压力大于其结构升级优化的动力，经济增速将延续放缓态势。

经济将保持在6.5%左右的适度增长区间。根据纽约、伦敦、东京等世界城市的发展经验看，进入后工业化经济发展阶段，经济增长速度一般会出现明显下降。从首都进入后工业化发展阶段的情况看，要素投入与效率增长亦出现放缓，并下拉经济潜在增长。因此，基于发达国家经济增长的阶段性规律，以及首都经济增长近年来所呈现出的阶段性特征，初步判断，未来几年首都经济发展速度将趋于平缓下降。大致测算，2015~2020年，首都经济增长在6.5%左右。

（二）消费主导的特征将日益巩固

尽管目前需求增长面临多重因素制约，但从发展趋势来看，未来几年消费主导的内需结构特征将持续巩固，多样化、个性化消费渐呈主流；投资结构不断优化，社会效益日趋放大。

从经济发展阶段性的规律看，消费主导经济增长格局将日益巩固，消费率将呈稳中有升的增长态势。诸多国际经验表明，人均GDP超过1万美元后，合理消费率在70%以上，而北京市目前为61%，消费率还有较大提升空间。而且从高收入经济体的发展规律看，消费率呈现稳中有升的增长态势，北京市人均GDP已达到高收入经济体水平，结合近年来消费率稳步增长的情况看，未来消费率增长也将顺应稳中有升的增长规律。

从城市功能定位和产业发展带动来看，服务性消费将有明显上升，并主导消费结构升级。新时期首都的核心功能定位是政治中心、文化中心、国际交往中心和科技创新中心。随着非首都核心功能的疏解以及生产型产业的逐渐外移，北京服务型和消费型城市的特征将持续巩固，这将为服务性消费规模扩大提供条件。同时，从产业发展趋势看，强化生产性服务业的主导优势地位，提高生活性服务业的便利化、连锁化程度，释放教育、卫生、文化、体育等社会公共服务业的发展活力，大力发展新兴服务业，不断满足日益增长的中高端社会公共服务新需求，不仅将释放出诸多服务消费需求，也将加大服务消费的有效供给，从而带动服务消费提升。加之，北京市居民消费结构正逐步向以非物质消费为主转变，传统以珠宝、汽车、住房等为热点的消费将日渐向教育、信息、旅游、文化、保健等热点集中。

人口结构与消费理念的变化将推动个性化消费、绿色消费、银色消费，引领时代消费新潮流。伴随着“80”后、“90”后逐渐成为消费主体，“张扬个性、独树一帜”的消费理念成为众多消费者的追求，不仅传统的家居用品被广泛定制，已模块化生产的电子产品如手机、笔记本电脑、汽车等也正推出个性化定制与服务，多样化需求满足的带动，将促使个性化消费越来越成为引领时代消费的新潮流。同时，随着人口老龄化的日益突出与赡养结构的失衡，针对老年人的医疗保健、养老服务等银色消费正日益兴盛。此外，随着居民消费节能环保、健康安全意识的日益增强，与吃、穿、住、行相关的绿色、有机、环保等消费将逐渐走进更多人的生活。

虽然消费主导经济增长的特征日趋巩固，但**新时期首都城市功能定位的落实、大城市病的综合治理、高精尖结构的构建，均将推动投资结构不断优化，社会效益日渐放大。**投资将向交通、通讯、环保、供水等基础设施和公共服务领域倾斜，不断提高城市承载力。同时，“高精尖”经济结构的构建以及产业疏解和转移的推进将推动投资不断向金融服务、信息服务、科技服务、节能环保、新能源等高端产业环节和业态集中。此外，伴随消费需求的多样化与公共服务领域市场化改革的推进，民间资本有望摆脱制度性障碍，逐步增加对医疗、养老、教育、娱乐等领域投资，公共服务投资主体将日益多元化。

（三）高端引领、新兴支撑的产业结构特征将日益凸显

伴随北京市深入落实城市功能定位，积极推进非首都核心功能疏解，严格控制不符合首都城市战略定位的新增产业政策实施，未来几年内，北京市产业结构调整将沿着新时期首都战略发展目标稳步推进，高端引领、新兴支撑的特征将日益凸显。

以互联网为核心的新技术兴起将推进产业多领域、立体式融合发展。2008年金融危机以来，全球掀起了以绿色、智能为特征的新一轮技术创新和新兴产业发展浪潮，这些以互联网为核心的新技术的兴起为北京市产业发展带来新的契机。北京市作为全国科技创新中心，在数字化、智能化等新技术的研发和应用上位居全国前列，加之各类总部企业集聚、企业兼并重组活跃，更能够加速生产制造业与服务业态的融合。未来几年内，工业设计、汽车金融、电子商务、互联网金融等产业多领域、立体式融合发展业态将越来越多地涌现。

节能环保、新能源、新材料等战略性新兴产业将成为引领北京市工业增长的主导行业。从目前城市发展所面临的能源短缺、大气污染严重、交

通拥堵等发展难题看，节能环保、新能源、新材料等战略性新兴行业不仅符合首都工业高端化、服务化、集聚化、融合化、低碳化的发展方向，同时也有助于城市病的根治，必将是北京市产业发展的重点。从各行业发展速度看，以节能环保、新能源、新材料等为代表的战略性新兴产业正成为后危机时期发展最快的产业。此外，从创新驱动的作用看，北京市科技成果多集中于制造业领域，而且主要集中于电子信息、现代交通、新能源、环境保护、航空航天、生物医药和新材料等战略性产业领域，落地成果转化也集中于以上领域，因此，创新对战略性新兴产业的驱动作用较强，有助于其快速发展。

金融服务、信息服务、科技服务等低碳绿色、科技型的高端服务业与教、科、文、卫等新兴人文服务业将成为促进服务业提质增效的主导力量。一是随着市场对资源配置起决定性作用的发挥，首都金融、科技、文、卫等资源优势将能转化为产业优势。伴随政府角色定位的逐步清晰，制约资源要素合理配置的制度束缚、管理体制束缚将有所放松或解除，庞大的资本、人才、文化等要素将得到更为有效的利用，从而带动金融、信息、科技、文化、卫生等服务层级的提升。二是随着市场化改革的推进，制约服务业发展的更多投资审批许可制度将被取消和下放，阻碍民营资本进入的“玻璃门”、“弹簧门”将逐步被打破，服务业发展的市场环境将有所好转，企业发展活力将逐步释放。三是作为国际交往中心，服务业标准也将日益与国际接轨，服务业的组织化程度将日渐提升，这也将促进服务业质量的提升。四是随着居民收入提高和消费结构升级，对健康、文化、养老等服务需求日趋增长，需求的引导也将促使新兴人文产业的发展。

（四）经济布局将在更大的区域范围展开

市域经济将在中心城与外围新城中形成多中心、分层次并进的格局。一是随着中心城功能疏解的推进，部分低端生产环节和业态的外迁和转移，将为金融、信息服务、商务服务等生产性服务业的拓展提供空间。二是新城建设的持续推进，将不断完善其基础设施与公共服务的配套功能，有助于提升新城对中心城功能的承接。三是在落实城市总体规划的进程中，依托交通线路的扩展、房地产开发建设，引导产业在中心城与外围新城的梯度转移。四是随着“六高四新”以及各类产业园区和功能街区的特色化、差异化的集聚式发展，经济多极化支撑的空间布局将更为明显。

区域经济将在京津冀范围内构筑多中心网络化的空间体系。一方面，伴随京津冀区域一体化实质性的推进，相关领导小组的成立，将有利于打破单个区域行政思维，在更大的空间范围内合理安排产业、贸易等经济活动，同时，有关三地间的产业、交通、贸易等合作框架协议的逐步实施，以及政府间的积极对接，也将有利于促进区域资源要素的合理流动和产业的有序分工和转移。**另一方面，**随着产业价值链不断分解和专业化职能分工加深，以北京市为门户和核心枢纽，天津市为主要枢纽，其他城市为节点，京津创新发展区、秦唐沧临港型发展区、保廊现代产业发展区和张承生态涵养发展区为重点的区域“多中心网络”发展框架体系将具雏形。

五、促进首都经济发展的几点建议

（一）经济发展需与城市功能的战略定位相符合

与国际大都市比，北京作为复合型功能首都，功能多而全，不仅吸引了大量的外来人口，也引发了各式各样的消费需求和产业门类及业态，资源消耗之大、环境承载之重，已日益影响城市与经济的可持续发展。随着新时期首都战略定位的明晰，北京市不应再强调和扩大经济中心功能。为此应树立以下几点认识：**一是转变发展理念，看淡GDP增长。**在经济发展中，应更多地把资源环境作为前提约束条件，构建集约型、节约型的资源利用体系，发展循环经济、低碳经济；将能耗与用水效率作为政府绩效考核的重要内容，摆脱唯GDP论的束缚。**二是放弃大而全的经济体系，促进经济更好地服务于城市战略定位。**对不符合首都城市战略定位的劳动密集型、资源依赖型一般制造业，以及北京市没有比较优势的高端产业的制造环节实施搬迁转移，对继续保留的产业，制定实施更严格的节水、节能、节地、人口、环境、安全、技术等标准，推进现有产业转型升级。深化服务业内部调整，坚决疏解区域性物流基地、专业市场，引导聚人多的服务业“后台环节”向周边布局。

（二）经济竞争力提升需要创新驱动

在当前北京市经济竞争力不高、资源环境承载力有限、要素贡献度下降的背景下，创新驱动已成为经济发展的不二选择。为此，要从以下几个方面努力增强创新驱动的作用：**一是要破解创新制度障碍。**努力营造鼓励创新、宽容失败的良好氛围；加强顶层设计，打破创新资源的条块分割和部门管理，整合资源，提高创新效率；打通人才流动、使用和发挥中体制机制的障碍。**二是要注重发挥企业主体作用，**制定税收减免、贷款补贴等优惠政策，激励企业提高研发费用的占比；充分发挥信息技术、市场竞争对企业商业模式的创新推动，使得科技创新能更多地以市场为导向，形成产学研良性互动链条，提高科技成果转化率和市场化率。**三是要有效发挥产业联盟作用。**鼓励产业联盟参与产业发展战略研究、技术方案选择、重大关键共性技术研究，发挥联盟面向市场、以解决实际问题为导向的区域创新能力。**四是继续发挥中关村自主创新的示范引领作用。**深化先行先试的试点政策研究，切实落实“1+6”政策，加快落实“新四条”政策。认真完善落实科技体制改革重点任务的配套政策措施，加大市级层面政策创新工作力度，出台一批有影响力的政策措施，为落实创新驱动发展战略营造良好的法制和政策环境。

（三）需求动力转换需破解制约消费的瓶颈

未来几年，在资源环境的成本与约束明显加大、世界经济不确定性增大的背景下，投资出口主导型的经济增长模式将难以为继，消费拉动成为稳增长的立足点和战略重点。为此，应从以下几方面打破制约消费增长的瓶颈，释放消费需求：**一是提高居民收入和社会保障。**2008年以来居民收入增长的明显放缓，已成为制约消费增长的主要因素。应综合北京市人口最低生活费用和城镇职工平均工资，适时调整最低工资标准；完善以企业工资指导线、劳动力市场工资指导价位、企业人工成本为内容的工资指导体系，重点提高一线职工工资水平；研究建立机关事业单位工资增长机制，适度调整机关津贴补贴和事业单位绩效工资；促进农民就业、提高农村社会保障水平，增加农民工资性和转移性收入。此外要完善低保、养老等各类社会保障体系。**二是加强教育、医疗等新兴人文服务的有效供给。**随着居民消费结构的升级和人文理念的加强，教育、养老、医疗等消费需求与日俱增，但相关产业发展不足，难以满足需求。为此，要逐步改变以事业单位为主导的服务运营模式，引入民间资本，增强行业规范，提高行业活力和水平，增加有效供给。**三是改善消费环境、创新营销方式。**随着北京市国际化程度的提升、消费主体时尚化的增强，消费者对一站式的购物环境和体验式消费的喜好增强，为此要鼓励现有大企业集团对购物场所进行改造，增加大型综合体的建设；鼓励企业利用信息化技术开展针对消费便捷性、舒适性、多样性的营销创新。

（四）产业结构调整需走“高精尖”的道路

加快构建“高精尖”的经济结构，推进发展模式向内涵式增长转变，是首都北京长期可持续发展的必然选择。为此，应在“退、进、提”三个方面做好工作。**在“退”方面：**一是要逐步退出高耗能、高耗水、高污水，占地多、聚人多，且与首都核心功能不相符的产业和环节；二是要优化产业和功能空间布局，疏堵结合，重心向外迁移，着眼于京津冀区域协调发展，教育、卫生等公共资源应在京津冀区域内均衡分布。加强与周边地区的产业合作，将占地大、聚人多的部分制造业转移到津冀地区，在环京地区建立一批高新技术产业化基地、现代制造业基地以及高附加值的现代都市工业基地，充分发挥基地的辐射作用，跨区域打造、延伸产业链。**在“进”方面：**一是做优做强高端产业高附加值环节，包括大力发展知识技术密集的服务业，培育和引进战略性新兴产业等；二是发展总部经济，提升经济影响力和辐射力；三是加快推进传统行业提质增效，通过提高行业进入门槛、加强行业监管、提升信息化水平、规范市场运营秩序等方式促进传统行业向现代行业转变。**在"提"方面：**根据首都功能的提升，与居民对城市服务发展的多样化需求，大力提高生活性服务业的品质，积极支持规模化、连锁化、品牌化的居民服务业发展。

（五）区域经济合作需注重顶层设计和制度保障

从世界城市发展的历程看，纽约、伦敦、东京等城市的产业发展和经济实力的提升，都离不开大都市区域的支撑。因此，在北京市建设世界城市、推升产业升级的过程中，同样需依托京津冀都市圈的支撑。为此，可以借鉴国内外城市群，尤其是加拿大、韩国等国首都地区治理模式的构建经验，注重顶层设计，加强制度建设，处理好地方与地方、中央与地方的关系。一是设立区域协调委员会、专家咨询委员会，搭建多元主体共同协商、协作的参与平台；二是创新地区的投融资机制，共同设立地区发展基金，用于推动地区间交通和基础设施一体化、加大研发和人力资本投入、推动对环境治理的协调和合作、减少地区间收入差距等；三是创新地区的税收分享机制，积极向国家争取增加地方对相关税制的共享比例，保障城市群建设的财源；四是创建区域共同要素市场，包括资本市场、技术市场及人才市场，以消除各种阻碍要素合理流动的非市场干预等。

第一章 经济增长

经济更加符合城市定位 减速提质态势仍将延续

2014年，中央明确了新时期首都城市战略地位，提出要将北京市建设成为国际一流的和谐宜居之都的目标，作出京津冀协同发展的战略部署，给北京市的可持续发展带来重大机遇。北京市适时出台体制改革、结构调整、人口调控、京津冀区域合作方面的各项政策举措，积极适应首都经济新常态，在保持平稳运行的基础上，经济结构向合理化、高端化方向快速迈进，预计全年经济增长7.3%左右。2015年，北京市将主动融入京津冀区域合作大局，进一步推动非首都核心功能调整疏解，不断加大超大城市治理力度；与此同时，面对外部环境挑战，将进一步强化宏观经济调控和预期管理，加快构建高精尖的经济结构，培育经济新增长点，预计经济将保持6.8%左右的中高速增长，经济减速提质的特征将进一步彰显（见图1~1）。

一、2014年北京市经济运行特征

2008年世界金融危机爆发后，北京市经济发展中存在的能源资源消耗过大等不可持续问题、城市其他功能发展滞后于经济发展等不协调问题、科技创新含量不高和竞争力不足等加速显现。长期以来的高速增长难以为继，经济发展的旧常态被打破，**北京市潜在经济增速正在由高速增长水平趋势性下移至中高速水平。**2014年面临较大的经济下行压力和超大城市治

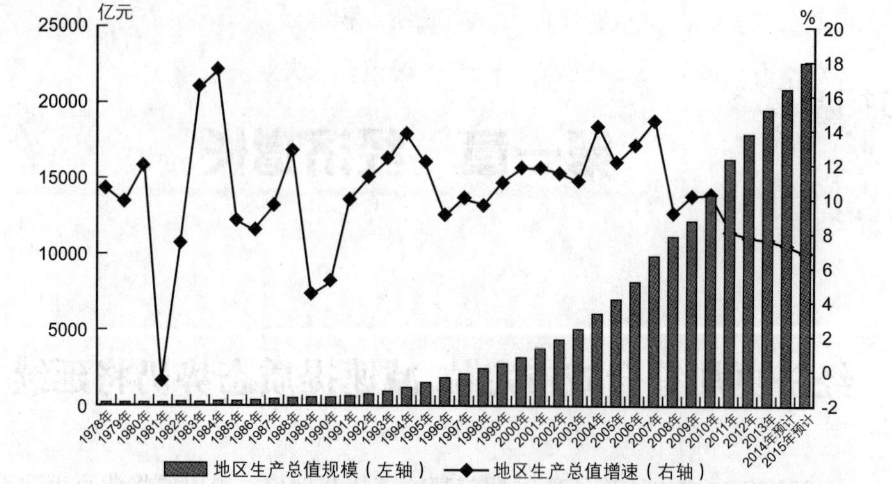

图1~1 1978年以来北京市地区生产总值规模及增速

理的巨大挑战，北京市根据中央指示精神，结合自身实际，综合施策，**2014年经济呈现出中高速增长、产业结构不断优化、创新驱动增强的特征，并且经济功能与城市功能更加趋于协调。**

（一）一系列重大政策举措相继出台

2014年，北京市步入改革元年，一系列重大改革举措密集出台。一**是贯彻党的十八届三中全会精神，全面深化改革，释放改革红利。**北京市成立全面深化改革领导小组，发布《中共北京市委关于认真学习贯彻党的十八届三中全会精神全面深化改革的决定》，明确了57项改革要求和任务，推出行政审批、市场准入、国企国资、资本市场建设、民资参与公共基础设施建设等领域的重大改革政策。**二是全力落实习总书记视察北京重要讲话精神，让经济发展更加服务于城市战略定位。**中央明确提出北京市的四个中心区战略定位并积极围绕科技创新中心建设，出台京科九条、京校十条等政策；推动非首都核心功能调整疏解，发布新增产业禁限目录；主动融入京津冀协同发展大局，签署京津冀三地交通、生态、产业等领域合作的框架协议。**三是不断加强宏观调控，坚持增长底线管理。积极发挥财政的“稳增长、调结构”的政策作用，**落实营改增扩围、小微企业税收优惠71号文等减税政策，进一步加大基础设施和民生相关领域的重大项目建设的财政支持力度；**严守民生保障底线**，积极面对超大城市人口调控带来的影响，实施一系列就业服务政策，城镇登记失业率依然保持在1.5%左右的较低水平。

（二）经济在中高速水平稳定运行

2014年，面对“三期叠加”的复杂形势和深层次调整的紧迫任务，在没有大规模刺激政策的情况下，北京市经济依然保持了7.3%左右的中高速增长，表明经济正在步入更有韧性的中高速增长阶段。

从反映经济运行的景气指数来看，2014年北京市经济运行依然稳定。**一是**从宏观经济景气来看，北京市宏观经济综合警情正呈现出止跌趋稳的良好态势，由趋降的浅蓝灯区向平稳增长的绿灯区下限逐步靠拢，表明宏观经济逐渐趋于稳定（见图1~2）；**二是**从产业景气的指数来看，2014年各月制造业PMI（采购经理指数）和非制造业PMI均保持在50%的扩张区间之内（见图1~3）；**三是**从反映消费需求的景气指数来看，各季度消费者信心指数始终保持在100以上（见图1~4），表明消费者信心总体乐观；**四是**从反映就业状况的景气指数来看，各季度就业状况信心指数、就业状况满意指数均保持在105以上的较高水平（见图1~5），表明就业状况依然较好。

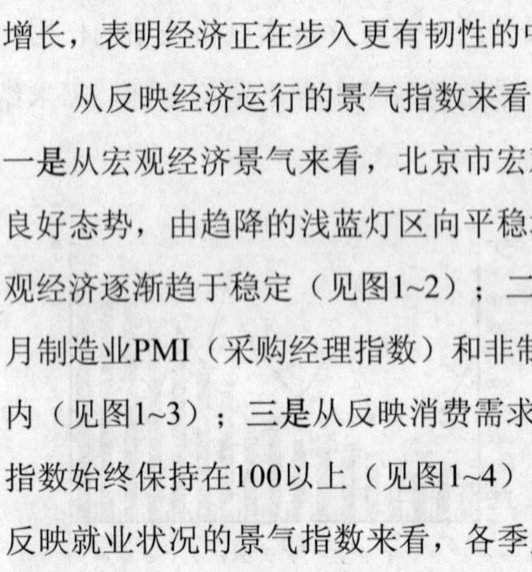

图1~2 北京市宏观经济综合警情

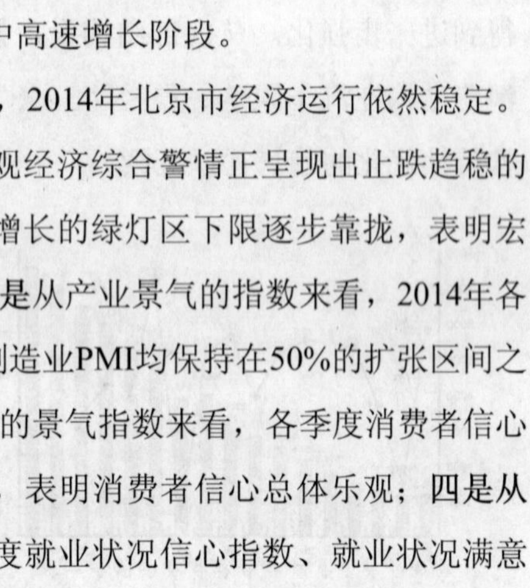

图1~3 北京市制造业与非制造业PMI

图1~4 消费者信心指数

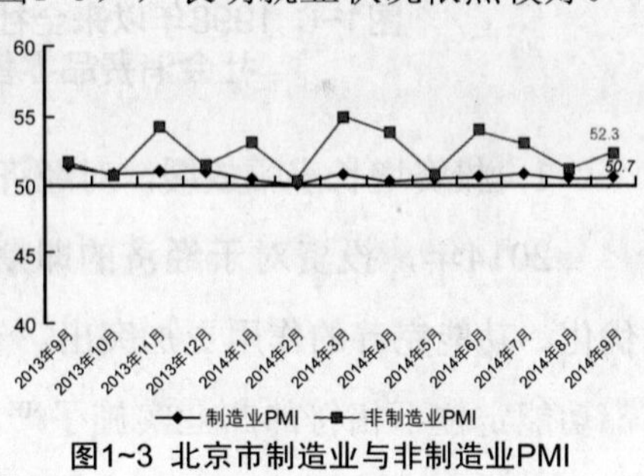

图1~5 就业状况信心指数

（三）需求动力趋于稳定，内部结构持续优化

2014年，北京市需求动力稳步放缓，“三驾马车”均出现不同幅度减速，预计全年全社会固定资产投资、社会消费品零售总额、北京地区出口增速分别增长7.5%、8.6%、-0.8%（见图1~6），对于经济增长的贡献分别为2.6个、5.2个、-0.5个百分点，较2013年同期分别下降0.3个、0个、-0.1个百分点，投资放缓成为下拉经济的主要力量，消费驱动经济增长的格局得到进一步强化。从内部结构看，投资进一步发挥落实城市战略的作用，消费结构在汽车限购、严控“三公”消费等政策引导下更趋合理，需求结构持续优化的趋势得以延续。

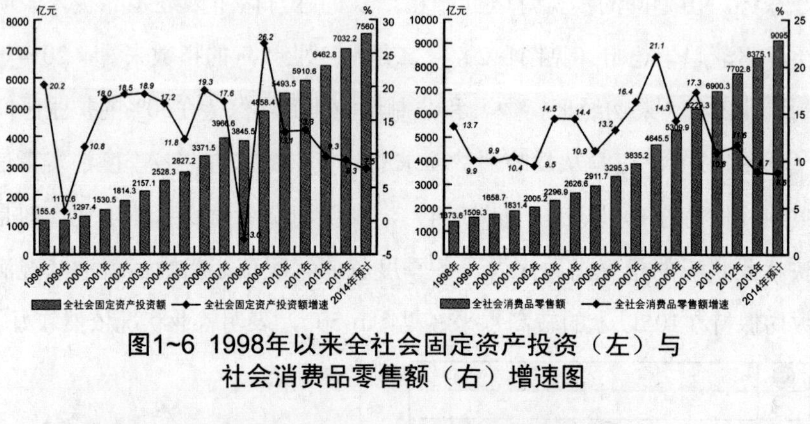

图1~6 1998年以来全社会固定资产投资（左）与社会消费品零售额（右）增速图

1. 投资增长小幅放缓，对经济的支撑作用略有弱化

2014年，**投资对于经济的即期拉动作用有所减弱，但对于城市环境优化、功能完善的作用更加突出。一是产业投资增长乏力。**北京市对与首都功能定位不相符的产业实施了严格的新增产能管理政策，1~3季度制造业、服务业（扣除房地产）投资较2013年同期分别下降19.6%、2.6%。**二是有利于提升城市运行效率、改善城市环境的重点领域投资保持较快增长**，轨道交通、水务投资保持35.3%和43.5%的快速增长，并带动基础设施投资保持8.9%左右的稳定增长。**三是与民生息息相关的自住房和保障房建设稳步推进**，相继推出47宗自住型商品房用地，开工建设13个自住房项目，1~3季度完成投资190.1亿元；保障房新开工套数完成6万套以上，基本

建成（含竣工）8万套以上。

从年内运行来看，在一般性产业加速退出的背景下，投资下行压力有所加大，北京市积极进行投资调度，投资需求呈现出低位开局、逐步趋稳的运行态势（见图1~7）。1~3季度，全社会固定资产投资达到5281.1亿元，同比增长6.9%，预计全年增长7.5%左右。

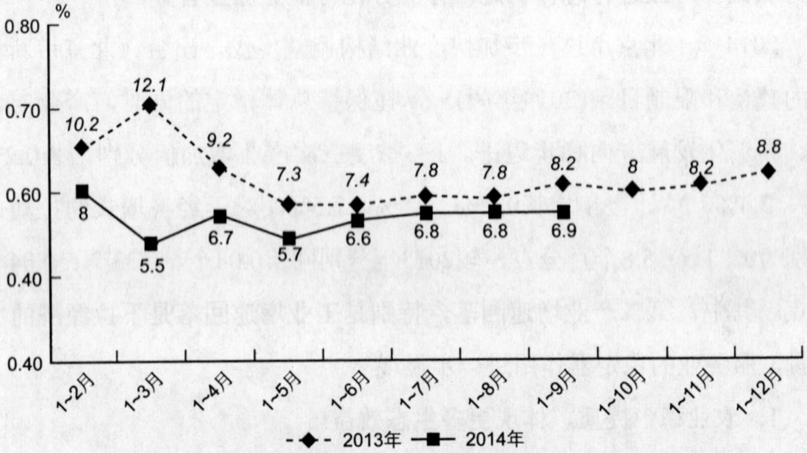

图1~7 2013~2014年全社会固定资产投资月度累计对比图

2．消费需求总体稳定，新型消费成为主要增长动力

2014年，北京市消费需求在总体保持稳定的同时，结构得到进一步优化升级。**一是消费增速保持稳定。**1~3季度，社会消费品零售总额同比增长8.2%，扣除价格因素实际增长9%，实际增速较2013年同期提高了0.2个百分点，规模达到6537.5亿元，位居全国城市之首。预计全年社会消费品零售总额同比增长8.6%，与2014年持平。**二是政策力度不断加码，消费结构更加合理。一方面，控制汽车消费，**大幅削减小客车调控指标，减轻城市交通运行压力和环境承载压力，更好地适应城市发展需要；**不断挤出不合理消费，**严格控制“三公”经费规模、强化财政资金监管，更加高效使用财政资金。**另一方面，适时出台改善消费环境、提高消费便利性、扩大信息消费等促消费政策，**积极应对人口调控升级、批零市场外迁等减速因素的影响。**信息消费快速兴起，**成为拉动消费的主要力量，1~3季度，限额以上批发零售企业实现网上零售额929.3亿元，同比增长61.9%，拉动北京市零售额增长5.8个百分点，通讯器材类商品实现零售额533.3亿元，增长72.2%；**服务消费实现快速增长**，城乡居民服务性消费分别增长10.1%、12.4%，大幅快于同期商品性消费增速，城乡居民服务性消费占消费支出的比重分别为32%、29.7%，较2013年同期上升了0.8个百分点和1个百分点。

（四）产业运行总体稳定，行业分化特征更加显著

2014年，北京市进一步加快产业结构调整步伐，出台《北京市新增产业的禁止和限制目录(2014年版)》，在保持总体稳定的同时，产业向合理化、高端化发展方向稳步迈进。1~3季度三次产业增加值分别增长0.2%、7%、7.4%，预计全年增长0.2%、6.8%、7.5%，对于经济增长的拉动作用分别为0、1.5、5.8个百分点，较2013年分别回落0.03个、0.33个、0.04个百分点。其中，**第二产业增速回落，特别是工业增速回落是下拉经济的主要力量，服务业的稳定器作用进一步显现。**

1. 农业稳中提质，体现更多生态效益

2014年，北京市出台《关于调结构转方式发展高效节水农业的意见》，按照“调粮、保菜、做精畜牧水产业”的农业结构调整思路，重点调整种植业、养殖业结构，北京市农业呈现稳中提质的运行特征，1~3季度增加值同比增长0.2%，预计全年增长0.2%。从内部结构来看，一方面，**种植业**受造林占地等政策性因素、农产品生产价格持续低迷等市场性因素、气候异常等自然因素叠加影响，粮食和蔬菜面积大幅下降。预计全年粮食播种面积181.1万亩，同比减少57.3万亩，下降24%；蔬菜播种面积减少7.3万亩，下降9.6%。**养殖业**在非首都核心功能调整的各项产业政策作用下快速退出，猪肉、家禽存出栏数量出现不同幅度下降。另一方面，有利于提升城市生态环境的**林业**保持较快增长，成为拉动第一产业的主要力量，1~3季度，林业实现产值68.5亿元，比2013年同期增长18.2%，增加值比重提升至24.4%，较2013年提高3.7个百分点，拉动第一产业增加值4个百分点以上。

2．工业运行稳步减速，提质增效特征更加显著

2014年，北京市工业呈现增长速度稳步放缓、转型升级深入推进、发展质量不断提升的良好态势。**一是增长速度稳步放缓**，1~3季度，工业增加值增长6.3%，增速比2013年同期回落1.9个百分点。**二是非首都核心功能疏解倒逼工业加速转型，特别是产业禁限目录所列行业不断加大技改升级力度**。1~3季度，目录所列产业中的工业企业R&D支出48.4亿元，比2013年同期增长17.4%，增幅高于北京市规模以上工业平均水平5.9个百分点；目录所列产业中的工业企业实现新产品销售收入985.8亿元，比2013年同期增长23%，增幅高于北京市规模以上工业平均水平14.9个百分点。**三是战略新兴产业对于工业的贡献率得到大幅提升**，工业向高精尖方向快速迈进，1~3季度，北京市规模以上工业中战略性新兴产业增加值比2013同期增长17%，高于北京市规模以上工业平均水平10.5个百分点，贡献率为55.5%。**四是工业企业劳动生产率明显提升**，劳动生产率达到3.1万元/人，同比增长10.8%，增幅比2013年同期提高4.1个百分点，为2011年以来同期增速最高水平。

3．服务业总体运行稳定，结构分化态势持续

2014年，北京市服务业呈现运行总体平稳、结构分化的发展态势。**一是增长势头保持平稳**，1~3季度服务业增加值同比增长7.4%，连续7个季度保持在7.5%左右的增长速度。**二是行业结构持续优化**（见表1~1）。**着力疏解的批零业、交通业低速增长**，增加值增速分别为5.6%、7.1%，慢于服务业整体增速1.8个百分点和0.3个百分点；**高精尖产业中金融、信息、科技实现双位数增长**，增加值增速分别为11.9%、12.1%、11%；**与民生息息相关的教育、卫生、居民服务业略有提速**，分别增长9.6%、10.6%、11.8%，增幅较2013年扩大了4.0个百分点、0.2个百分点和8.6个百分点；**带动城市功能完善的水利环境和公共设施管理业**明显提速，同比增长11.3%，增幅较2013年同期快7.2个百分点；**房地产业出现深度调整**，同比下降5.7%，较2013年回落14.4个百分点，并下拉服务业0.5个百分点以上。

三是产业功能疏解和人口调控政策作用下就业结构明显优化。服务业法人单位从业人员增长放缓，1~3季度同比增速回落至3.8%，涨幅收窄了1.8个百分点。特别是聚人多、附加值较低的行业下降更为明显，1~3季度批零业从业人员增速下降至-1.6%，较2013年同期回落了9个百分点以上；1~3季度住宿餐饮业从业人员规模更是在2013年同期下降1.2%的基础上进一步减少了1%。

表1~1　　2014年1~3季度服务业各行业增加值及增速

行 业	2013年1~3季度		2014年1~3季度		
	增加值（亿元）	增速（%）	增加值（亿元）	增速（%）	增幅变化
第三产业	10764.3	7.5	11597.3	7.4	-0.1
交通运输、仓储和邮政业	653.7	6.9	713.1	7.1	0.2
信息传输、计算机服务和软件业	1249.7	7.1	1378.1	12.1	5
批发和零售业	1753.8	5.8	1839.1	5.6	-0.2
住宿和餐饮业	262.7	-3.7	267.5	-0.3	3.4
金融业	2015.9	11.1	2269.1	11.9	0.8
房地产业	958.8	8.7	918.5	-5.7	-14.4
租赁与商务服务业	1111.3	7.5	1209.1	7	-0.5
科学研究、技术服务与地质勘查业	1076.9	9.8	1205.3	11	1.2
水利、环境和公共设施管理业	60.4	4.1	67.8	11.3	7.2
居民服务和其他服务业	94.9	3.2	107.9	11.8	8.6
教 育	535.6	5.6	592.3	9.6	4
卫生、社会保障和社会福利业	310.4	10.4	346.3	10.6	0.2
文化、体育与娱乐业	306.1	6.3	314.4	1	-5.3
公共管理与社会组织	374.1	1.5	368.8	-2	-3.5

注：增加值以现价计算，增长速度以可比价计算。

（五）经济质量明显改善，经济效益稳步提升

经济质量明显改善。2014年，在调整疏解产业、优化用能结构、提升能源转换效率、提高用能价格、加大节能监察力度等政策举措带动下，北京市经济质量进一步改善。**一是能源节约保持良好态势。**1~3季度，北京市能源消费总量5557.5万吨标煤，在GDP增长7.3%的同时能源消费总量同比仅增长1.1%，万元GDP能耗下降5.79%。其中，工业能耗大幅下降是带动北京市经济质量改善的主要力量，1~3季度工业能耗同比下降1.7%，单耗下降幅度高达9.6%，拉动1~3季度北京市能源消费量增速下降0.5个百分点。**二是能源消费品种结构大幅优化。**在加大燃煤设施清洁能源改造力度、高耗能高污染企业退出等政策举措作用下，煤炭所占比重同比下降约2.8个百分点，天然气比重上升约1个百分点。**三是能源加工转换效率得到大幅提升，**北京市燃气发电量、燃煤发电量占比一升一降，分别达到51.7%和46.3%，分别比2013年变化了3.1个百分点和-3.4个百分点，带动发电效率和供热效率分别升至49.6%和84.9%，分别比2013年同期提高1个百分点和0.5个百分点。

经济效益稳步提升。2014年，在内外部需求放缓压力加大、市场竞争进一步加剧、大城市治理力度大幅加码、人口调控不断升级的环境中，北京市经济效益依然保持了稳步提升的发展态势。**一是城乡收入基本实现与经济增长同步，且收入差距有所收窄。**1~3季度城乡收入实际增速分别达到7.1%和8.3%，在经济减速的环境中，城镇居民收入增速与2013年基本持平，农村居民收入增幅扩大了0.6个百分点，基本实现了与经济增长同步（见表1~2）；城乡收入差距由2013年的1.85进一步缩小至1.83，城乡低收入组人群的收入增速分别比平均增速高4.0个百分点和0.1个百分点。**二是企业效益稳步提升。**1~3季度，工业利润同比增长16.3%，较2013年同期大幅提高13.5个百分点，高于全国平均水平8.4个百分点；服务业利润保持了双位数的较快增长，1~3季度增长12.6%。**三是财政收入依然保持在合理区间，收入结构更多体现产业结构调整方向。**1~3季度北京市地方公共财政预算收入3095.9亿元，同比增长10.3%，略高于全国地方财政收入10.1%的增幅。从收入结构来看，金融、信息、科研三个行业收入均保持17%以上增速，合计增收贡献率达到53.6%；总部收入贡献稳定在三成以上，占北京市财政收入比重达到33.8%；房地产收入同比增长7.7%，持续低位运行。

表1~2　　2011~2014年北京市城乡居民收入与GDP增速对比

	GDP可比价增速	城镇居民实际增速	农村居民收入实际增速
2011年	8.1	7.2	7.6
2012年	7.7	7.3	8.2
2012年	7.7	7.1	7.7
2011年~2013年平均	7.8	7.2	7.8
2014年1~3季度	7.3	7.1	8.3

二、经济运行中需要关注的问题

在北京市逐渐步入经济新常态的过程中，与新常态不相适应的产业结构、空间布局等方面存在的问题加速显现，并成为制约未来北京市经济转型的重要影响因素。与此同时，短期经济运行也承受了更大的压力，财政增收难度不断加大，如何更好地发挥财政在稳定经济运行、持续推动城市功能完善的作用，成为摆在北京市经济发展面前无法回避的问题。

（一）部分支柱产业正在面临转型挑战

长期以来，北京市借助首都优势形成了大而全的产业体系，在有力支撑经济增长的同时，也加剧了首都核心功能不突出的问题，正在倒逼产业减速转型。2014年，中央明确了新时期首都城市战略定位，北京市进入新的发展时期。在国家加速推动改革、北京市大力推动非首都核心功能疏解的背景下，产业转型的步伐将大大提速，部分支柱产业面临转型挑战。**一是工业、流通服务业正在面临疏解的持续下行压力。**北京市发布新增产业的禁止和限制目录，对147个产业进行禁止或限制，着力弱化影响首都核心功能的区域性集散功能，推动物流基地与专业市场外迁、就地关停污染企业，转移疏解工业项目。在各项举措作用下批发零售、交通运输等流通服务业持续减速。**二是金融业正在经受利率市场化等改革的挑战。**目前，我国利率市场化已进入最后、最关键阶段——存款利率市场化阶段。从国际（地区）经验看，利率市场化将给商业银行带来竞争加剧、利差收窄、利润下降、信用风险管理和流动性风险管理难度加大等问题。考虑到金融业增加值在北京市经济中的比重高达15%左右，而银行业在金融业中的比重高达九成，银行业的风险很容易影响北京市经济稳定。**三是房地产业在由经济属性向民生属性逐步回归的过程中，增长速度将难以回到高位。**党的十八大以来，房地产行业开始在变革中步入民生属性不断增强、地产并购骤增、房企多元化转型的“新常态”，房地产业将继续保持低位增长。

（二）功能区发展现状与首都核心功能的内在要求尚有差距

功能区差异化发展是发挥城市整体优势和提升综合竞争力的重要保障，但与功能定位的要求相比，2014年功能区发展仍然存在着一些问题。**从主体功能区来看，核心区**是集中体现政治、文化中心功能，集中展现古都特色的区域，但金融业和批发零售业两个行业增加值占核心区地区生产总值的比重接近一半，而文化体育娱乐业、科技服务业等符合功能定位的行业占比偏小，且增速均低于核心区平均水平，产业发展不均衡现象仍比较突出；**拓展区和新区**是北京高技术和现代制造业的主要承载区域，承担着工业转型升级重要职能，但拓展区和新区高技术和现代制造业效益欠佳，区域内高技术和现代制造业发展压力依然较大；**涵养区**是首都生态资源和水资源涵养保障区，但涵养区的工业发展带动其增加值能耗始终高于北京市平均水平，1~3季度涵养区万元单位GDP能耗为0.5926吨标准煤，是北京市平均水平的1.6倍。**从产业功能区来看**，六大高端产业功能区在优化城市功能布局方面作用显著，但在引领经济向高端、高效、高辐射发展，推动北京市构建“高精尖”经济结构方面仍然存在着诸多不足。**一是创新投入与产出有待提升**，“六高”规模以上工业和重点服务业企业R&D经费投入强度仅为1.5%左右，工业企业新产品销售收入占产品销售收入的比重仅为1/3左右；**二是部分产业功能区的经济带动作用不足**，1~3季度，奥林匹克中心区收入出现下降，北京商务中心区收入增长低于朝阳区和北京市平均水平，临空经济区实现收入增长低于顺义区和北京市平均水平，金融街实现的收入增速亦低于北京市平均水平。

（三）经济下行中财政对于稳增长的作用正在不断减弱

随着经济增速放缓和结构调整的深入，北京市财政收入面临着较大的下行压力，2014年1~9月财政收入增速为10.3%，成为1996年以来的历史次低水平，远低于“十一五”时期30%左右的增长速度。在以收定支的财税管理体制下，财政支出随之减速，2012年、2013年及2014年1~9月地方公共预算支出分别增长13.6%、13.3%和15.9%，均为分税制改革以来的较低水平，财政对于经济的稳增长作用将有所减弱。一是国家及北京市连续多年实施积极的财政政策，政府债务余额不断上升，财政稳增长的空间在不断缩小；二是近年来国家不断规范地方债管理，特别是2014年出台的43号文、45号文，北京市地方融资平台，特别是区县融资平台受限，融资规模有所下降；三是北京市正在逐步摆脱土地财政依赖，控制供地结构与节奏成为房地产调控的重要工具，加之房地产业进入调整期，未来土地收益不容乐观；四是“营改增”逐步实现扩围，税收减免政策力度不断加码，也成为重要的减收因素。在现有财税体制下，如果经济过快下行或将带来财力无法支撑城市功能快速完善的境地。

三、2015年北京市经济面临的环境

2015年，北京市经济发展的有利因素显著增多。全国经济加速转型、京津冀协同发展提速、北京市主动降低经济增长预期等都将有利于北京市经济结构优化，但也将带来更大的经济下行压力。

（一）国际经济缓慢复苏，贸易摩擦有所增多

全球经济将呈现温和而不平衡的复苏态势。2015年，在美国、英国等发达国家带动下，全球经济增速将略有提升，但多数国家经济难言改观。欧洲国家经济形势的不确定性较大，尤其一部分欧元区国家处在经济

衰退的边缘；日本政府的一揽子财政刺激和货币宽松政策对经济的刺激作用逐渐失效，经济将会出现减速；新兴经济体在周期作用下，增长集体放缓。**全球贸易保护升级。**从贸易政策来看，在经济复苏持续乏力的背景下，各国为有效刺激内需，一些国家不断出台各种贸易保护措施；从产业竞争来看，新兴经济体之间在劳动力成本和资源方面的竞争依然激烈，新兴经济体和发达经济体之间也开始出现产业竞争。**货币政策的不协调性有所加大，加大资本市场波动风险。**美国和英国将逐步退出量化宽松的货币政策，但欧盟与日本仍将维持超宽松政策，这可能会使主要货币的汇率发生巨大波动；地缘政治冲突呈现长期化趋势，可能进一步动摇投资者的信心，推升避险需求，影响全球资本流向和贸易增长。

（二）全国经济加速转型，下行压力有所加大

2015年，国内基本面和改革因素仍可支撑经济中高速增长，但一些因素也将对经济增长造成冲击和制约，保持经济持续平稳增长仍面临很多挑战。**一是政策效应逐步释放。**定向降准、结构性减税、棚户区改造、中西部铁路建设、稳定外贸、扩大信息体育消费，全面降息和基础设施领域推出一批鼓励社会资本参与的项目(PPP)等需要跨年度操作的政策，将在2015年继续释放政策效应；同时物价涨幅相对较低，积极的财政政策和稳健的货币政策还具备较大的运用空间，2015年政策对于扩内需、稳增长的作用将会有所强化。**二是经济发展的基础条件依然较好。**供给方面，人力资本、资本存量等要素供给的质量在提高，一些新的增长拉动因素正在形成；消费方面，目前就业形势良好，经济发展更加惠及人民，收入与GDP增长基本实现同步。为消费持续增长和提升消费占比创造了有利条件；投资方面，“十二五”规划即将收官，一些规划尚未完工的在建工程和尚未动工的大项目，建设进度将有所加快，出口回暖也将带动相关的固定资产投资增长，这些都有利于促进投资增长。**三是改革红利将逐步显现。**已经出台的预算管理制度改革、行政审批流程简化、放宽市场主体准入，以及以充分发挥市场决定性作用为核心的价格改革各项政策已经开始逐渐显效，2015年还将实施一批国企、财税和金融领域的重大改革，对稳定经济运行具有正面作用。**但也需要关注经济运行中的局部风险，房地产市场景气度不断下降**，虽然已出台了解除限购、放宽首套房贷款认定标准和降息等政策，但难以很快扭转低迷态势；**环保指标造成的强约束可能影响经济运行**，“十二五”规划中4项节能环保的约束性指标都未能达标，2015年部分区域可能会采取强制措施确保完成环保指标。这些短期的经济风险，与产能过剩等长期性、结构性问题相互交织，将给国家经济产生较大下行压力。

（三）从总体谋划转向推进实施，京津冀合作步伐将显著加快

目前，京津冀协同发展已经从最初宏观规划、顶层设计走向具体实施的阶段，并成为优化全国经济发展空间格局的三大战略之一。2015年，区域合作步伐将进一步加快，交通、生态、产业等领域的一体化合作项目将快速全面展开。一是将修改完善规划纲要，编制相关领域专项规划，京津冀三地工作将在一个目标下协同、一张蓝图下推进，工作的协同性将得到进一步提升。二是根据确定的重点工作和重大项目清单，将优先启动一批有共识、看得准、能见效的非首都核心功能疏解项目。交通方面，将提速建设京沈客专、京张铁路、京台高速等跨区域交通干线，打通一批断头路，促进交通服务管理一体化；生态方面，协同推进张承生态功能区建设，实施水源保护林等合作项目，推动京津保中心区生态过渡带建设；产业方面，将集中力量打造曹妃甸产城融合发展示范区。加快北京新机场征地拆迁和外围设施建设，推进临空经济区规划编制和启动实施。在北京市主动融入京津冀协同发展的进程中，北京市的优质资源将得到有效激活，也有利于更好地解决自身发展中的难题。

（四）北京主动降速，经济服务城市发展的特征进一步凸显

新常态下北京市战略重点正在深度调整，有利于促进城市功能完善和经济结构调整的因素有所增多，北京市将主动降低经济增长预期，推动经济结构调整。一是中央明确了北京是全国政治中心、文化中心、国际交往中心、科技创新中心的城市战略定位，指明了未来首都发展的方向，北京市上下的凝聚力将进一步提升。二是北京市委十一届五次全会和六次全会进一步明确了新时期首都工作的重点任务，北京市将在调整疏解一般性产业、构建高精尖经济结构、主动融入京津冀发展、控制人口无序过快增长等方面取得积极成效。三是北京市将把握申办冬奥会的历史机遇，有利于打造更加完善的发展环境。四是新机场、新首钢、通州副中心等建设进一步提速为产业升级和城市功能优化拓展了新的承载空间。但面对国家"三期叠加"与北京市推动超大城市治理的双重压力，房产调控持续及国际国内经济不稳定因素，也需要加大宏观经济运行调控，关注经济发展面临的约束。

四、2015年北京市经济形势预测

（一）城市功能调整的节奏和力度是决定经济增速的主要因素

2015年，北京市将全面落实新时期首都城市战略定位，积极推动非首都核心功能调整，着力构建高精尖产业体系，北京市经济结构有望得到进一步优化。**一是长期积累的不合理、不协调的问题有望得到进一步改善。能源资源的消耗强度将会显著下降。**随着京津冀区域合作的深度推进、北京市清洁空气行动计划及《北京市工业污染行业、生产工艺调整退出及设备淘汰目录(2014年版)》政策效果的持续显现，数百家高污染、高耗能的企业将实现关停或外迁。**经济活力将得到进一步释放。**工商登记制度改革、行政审批权限下放等一系列简政放权政策带动下，北京市将有更多的企业，特别是现代服务领域的企业参与经济建设。**二是经济的含金量有望得到进一步提升。企业经济效益将延续稳步提升发展势头。**随着提高增值税营业税起征点、"营改增"进一步扩围等税收扶持政策效果的不断体现，企业的经营负担将会逐步减轻。**科技发展水平稳步提升。**中央赋予北京市科技创新中心定位，北京市科技发展进入新的时期，随着"京科九条"、"京校十条"等相关政策效果的不断显现，企业自主创新能力不断增强。初步判断，在强有力的调控政策下，经济运行总体稳定，经济整体呈现稳中提质发展态势。

在经济步入新常态的背景下，以何种方式适应新常态、引领新常态，成为影响经济的主要因素，特别是城市功能调整的节奏与力度将会显著影响北京市经济增长。调整的节奏与力度也是本书依据全面落实中央对于首都功能定位要求而进行经济增长情景规划的重要依据，在不同情景中经济增速将略有不同。若调整节奏适度加快，力度适度加大，则经济结构调整将会稳步推进，经济增速稳步下移，经济运行保持平稳，即中增速方案，这也是最有可能的情形；若调整节奏进一步加快、调整力度进一步加大，则短期内经济将承受更大下行压力，经济增速下调幅度较大，即低增速方案；若结构调整保持现有节奏，且不再加码，则经济运行将会逐渐趋稳，经济增长速度与2014年基本持平，即高增速方案。各种情况下，北京市主要经济指标预期情况，如（表1~3）所示。

（二）基于中方案情景的2015年北京市经济展望

2015年，在中央确立新时期首都城市战略地位，落实京津冀协同发展的战略部署的环境中，北京市推动区域合作和超大城市治理手段乏力的问题将有所改观，有条件适度加快城市功能调整节奏，初步判断，经济稳中提质的概率较大，预计GDP增长在6.8%左右。

1. 优化、调整、转型中产业将保持稳定增长

2015年，在国家“三期叠加”和北京市推动超大城市病治理的背景下，与首都功能定位不符的产业将会出现较大幅度减速，但优势产业将继续保持较快增长，并带动经济结构逐步优化，总体延续稳中提质的发展趋势。预计在结构调整步伐有所加快的同时，增长速度稳步放缓，2015年GDP增长6.8%，较2014年下降0.5个百分点，下调幅度与2014年基本持平，第三产业比重达到78.4%。

一是优势产业将保持较快增长。科技服务业将在国家《关于加快科技服务业发展的若干意见》等产业促进政策、“京科九条”、“京校十条”

表1~3

2015年北京市高中低方案主要经济指标预测

指标	2013年		2014年				2015年预计					
			前三季度		全年预计		高方案		中方案		低方案	
	亿元	%	亿元	%	亿元	%	亿元	%	亿元	%	亿元	%
地区生产总值	19500.6	7.7	14774.1	7.3	20943	7.3	22899	7.3	22643	6.8	22528	6.3
第一产业	161.8	3.0	112.2	0.2	163	0.2	171	1.0	171	1.0	171	1.0
第二产业	4352.3	8.1	3064.6	7.0	4606	7.2	4824	6.8	4729	6.2	4719	6.1
#工业	3536.9	7.8	2525.8	6.3	3724	6.2	3920	6.5	3827	6.0	3827	6.0
#建筑业	815.4	9.6	538.8	10.6	882	9.5	904	8.0	902	7.0	893	6.5
第三产业	14986.5	7.6	11597.3	7.4	16175	7.4	17804	7.5	17743	7.0	17638	6.4
全社会固定资产投资总额	7032.2	8.8	5218.1	6.9	7560	7.5	8089	7.0	7975	5.5	7824	3.5
社会消费品零售额	8375.1	8.7	6573.5	8.2	9095	8.6	9823	8.0	9777	7.5	9732	7.0
地区出口总额（亿美元）	632.5	6.1	3153.5	2.6	627	-0.8	633	1.0	633	1.0	633	1.0
居民消费价格总指数（%）	103.3	3.3	101.9	1.9	101.8	1.8	102.8	2.8	102	2.0	101.5	1.5
城镇居民人均可支配收入	40321	10.6	32322	9.1	44192	9.6	48523	9.8	48390	9.5	48081	8.8
农村居民人均纯收入	18337	11.3	17830	10.4	20262	10.5	22450	10.8	22390	10.5	22288	10.0

注：1. 高增速方案是指，产业结构调整节奏不变，经济运行更加平稳的情形；中增速方案是指，调整节奏适度加快，经济运行保持平稳的情形；低增速方案是指，调整节奏大幅加快，经济运行呈现偏紧状态的情形。
2. 2014年1~3季度无农村居民纯收入数据，农村收入数据为现金收入。

等盘活科技资源优势政策共同带动下，保持稳定增长，预计增长10%左右，有力支撑国家科技创新中心建设；**信息产业**随着新型信息新技术的不断涌现、4G覆盖范围的不断扩大，将会与批零、餐饮、物流等传统领域加速融合，有望继续**保持快速增势**，预计增长10%左右；**金融业**在强化银行风险控制、债券与保险加速兴起的带动下，结构优化特征将进一步显现，考虑到国家实体经济需求放缓等因素影响，预计增长10.5%。**战略新兴产业**在《北京技术创新行动计划(2014~2017年)》等政策带动下，继续保持蓬勃的发展态势，在经济中的比重进一步提升，在创新进一步驱动经济发展的同时，有力支撑城市可持续发展和服务民生重大需求。

二是在非首都核心功能调整加码的影响下，部分产业将出现调整下行。批发和交通运输仓储业等商贸流通业面临国家经济下行和北京市非首都核心功能疏解双重压力，发展速度或将降至5%~6%的水平。**工业**受市场需求约束增强、新增产能扩张缓慢及部分企业特别是带有“两高三多”特征的行业企业关停外迁因素影响，发展速度将有所放缓，预计增长6%左右。

三是城市发展的一般性产业将加速转型，并有望实现稳定增长。房地产业在刚性需求持续释放、保障房与自住房加快入市、限贷政策趋松的带动下将呈现降幅收窄的运行态势，预计增长2%左右；**住宿餐饮业**在经营税负减免、企业向大众化自主转型及促进居民便利服务相关政策带动下，有望实现小幅增长，预计增长3%左右；**教育、卫生**等公共服务业在体制机制改革持续推进、互联网模式加速融入等利好因素带动下，预计能够实现8%左右的增长。

2. 数量扩张向质量提升进程中需求将稳步扩张

投资需求或将减速提质。近年来，随着市场机制的不断完善、买方市场的逐步形成以及经济结构的不断优化，北京市投资进入相对平稳的次高平台，投资率、投资即期效益、投资对经济增长的贡献均呈现下行态势。与此同时，投资积极适应结构调整需要，资金投向、投资主体及投资的作用机制均出现积极变化。预计2015年，**投资结构将持续优化，但规模扩张步伐受资金来源有限、房地产经济相对低迷影响，或将呈现稳中趋缓发展态势。一是投资需求伴随城市功能调整和经济转型得到优化提升。**投资将更多投向交通、水务等基础设施领域用以完善城市功能，支撑经济增长的模式从带动产能扩张的直接拉动向提升经济效率的间接拉动加速转变；一系列鼓励民间资本进入社会公共服务领域的政策将逐步显效并发挥更加重要的作用，多元化的投资主体结构有利于满足居民多层次的需求；棚户区改造、自住房、保障房等民生投资将保持一定规模，投资的社会效益将进一步体现。**二是投资增速或将出现小幅回落。**2014年商品房新开工面积出现较大幅度下降，将会对2015年投资形成较大制约，房地产投资将出现一定幅度减速；在北京市着力推动非首都核心功能疏解的背景下，**工业投资不容乐观**；在冬奥会申办、京津冀交通生态一体化推进新机场全面开工建设等因素带动下，基础设施投资能够延续稳定增长态势，但由于其占比仅有1/4左右，带动作用相对有限。预计2015年，全社会固定资产投资增长6%左右，对于经济增长的直接拉动作用将下降至2.3个百分点左右，较2014年下降0.4个百分点。

结构优化过程中消费需求将保持稳定增长。2015年北京市消费需求将总体保持稳定，并伴随城市功能调整和经济转型进行内部结构优化，对于城市经济的稳定支撑作用进一步显现。**一是消费主体结构更趋合理。**在继续贯彻中央作风整改精神，集团消费规模将出现进一步萎缩，居民收入稳定增长带动下，居民消费的比重不断提升。二是**消费内容逐步升级**，消费制度更加完善。北京市出台了《关于进一步优化市场消费环境的意见》等系列文件，消费环境更加安全；社会资本加速向旅游、健身以及各种文化休闲娱乐服务进军，正在不断满足居民多层次的消费需求，不断释放消费潜力。**三是消费模式更加便利**，信息技术加速融入市民生活，消费的便利性大大增强，“一刻钟”生活服务圈初步形成；线上消费快速兴起，成为消费增长的重要动力，促进京东、小米等企业不断涌现。**四是消费伴随城**

市功能调整进行转型。北京市将逐步弱化集散中心功能，加快引导动批、大红门等市场外迁，促进虹桥市场等改造升级。初步判断，消费需求延续稳定增长的概率较大，预计北京市社会消费品零售总额同比增长8%左右，消费拉动经济增长约4.5个百分点，与2014年基本持平。

总体来看，在投资需求有所放缓影响下，经济需求将出现小幅放缓，GDP增速或将降至6.8%左右，消费的主引擎作用更加凸显。

3. 价格将进一步发挥引导资源合理配置的作用

2015年，北京市将大力推动公共服务领域价格改革，价格将在引导资源合理配置、加速经济转型、提高城市运行效率等方面发挥出更大的作用。一是在竞争领域中，随着市场约束的明显增强，传统的产品和服务价格涨势趋缓，将自主引导经济资源流向高效率的产业。二是在市政交通领域，北京市推动的公交、地铁价格改革，将有助于缓解交通压力，提升城市运行效率。三是将进一步理顺能源、资源价格，通过经济手段加强经济发展的绿色约束，加速经济转型。四是将继续推动医疗等公共服务领域价格改革，在提高服务主体积极性的同时，适度降低居民的经济负担。

从涨幅来看，预计CPI涨幅将保持在2%的较好水平。其中，政策因素形成的新涨价因素拉动CPI（居民消费指数）约为0.8个百分点，主要是公共交通价格改革、资源品价格改革、医药价格改革带动；市场因素形成的新涨价因素拉动CPI约为1.2个百分点，主要是考虑到经济增速略有放缓的运行环境中价格涨幅不会太高；统计因素产生的“翘尾”拉动作用将会由近十年平均2%左右的水平下降至2015年的0%左右，主要是考虑到2014年年内各月CPI环比涨幅较低，特别是二季度以来CPI出现7个月环比下降，将会显著抑制2015年CPI上涨。

五、政策建议

从产业发展规律来看，产业退出是一个渐进地客观过程。加强政策引导能够加快推动产业结构调整，引导产业按照与城市功能定位相匹配的方向进行发展。但以往实践表明，如果没有明晰的发展规划和实施路径，没有细致妥善的制度安排，节奏过快的产业结构调整将仅仅表现为产业比重的变动，难以带动城市功能的优化。因此，需要创新产业政策，防范产业风险，以合理的节奏推动产业优化、调整、转型步伐。

（一）严格执行新增产业的禁止和限制目录

严格执行《北京市新增产业的禁止和限制目录（2014年版）》，控制不符合首都城市战略定位的新增产业，为高精尖产业腾出发展空间。一是要立足首都城市战略定位，通过改革创新，用目录管理等手段，从源头对高耗能、高耗水、高污染的产业进行限制，对过度集中的功能进行疏解。二是要抓紧研究制定构建“高精尖”经济结构的相关政策意见，对产业调整升级作出总体部署。要坚持首都城市战略定位，瞄准高端环节和业态，大力发展知识经济，提升服务经济发展水平，支持发展总部经济，坚持发展绿色经济，在“进与退”、“增与减”中促进首都经济提质增效升级。三是要因地制宜把管理措施分为北京市、四类功能区域、产业功能区三个层面，北京市层面的管理措施须在北京市范围内普遍执行；四类功能区域层面的管理措施是指在执行北京市层面管理措施基础上，针对四类功能区和产业功能区增加的差异化管理措施。

（二）依据客观实际把握好产业结构调整的节奏

以往实践表明，在没有做好整体设计，没有合理前瞻规划好原有用地用途的情况下，如果过于超前外迁非首都核心产业，则有可能腾出土地建设更加高密度的居住区、商务区等，加剧拥挤，降低城市运行效率。20世纪90年代原东郊工业区改成CBD，由于产业导入速度过快且控制力度不足，出现了大量的高密度居住区，致使区域人口比过去高过数倍，成为北京市交通最为拥堵的区域之一。原北京钢铁设计研究总院从白广路迁往亦庄，大院里的职工部分迁往亦庄居住，由于产业腾退步伐超前，未能及时吸引高端产业导入。在资金压力下，住房被分散出租带来居住人口更多更杂，原有办公楼被改成写字楼和商铺带来人口更加密集，区域人口很快低端化，不但整体经济功能未得到明显增强，且原有的文化功能、科技功能也出现弱化。因此，需要在原有产业疏解外迁之前提前规划好原有产业用地的明确用途，并制定产业进退的发展整体规划和具体实施路径。

（三）创新产业扶持与公共服务发展方式顺利推动结构调整

一是要进一步转换产业扶持的方式，由一企一策式的政策补贴向制定标准转变，成为真正的“裁判员”。根据四类功能区发展特色，对企业的经济带动效果、能源资源消耗强度、劳动力密集度等各个方面进行打分，难以评定的企业可以按照行业平均标准，在此基础上，形成综合打分制度。凡是能够达到标准的企业均给予相应额度奖励，达不到标准企业给予相应的惩罚措施。进一步创新管理模式，不断丰富管理手段，如发挥碳交易市场带动作用，在实现排放总量减少的同时，促进碳排放的空间分布调整优化。**二是要促进主导产业发展与公共服务业之间协调发展。**借鉴上海或香港经验，或改革投资建设方式，或明确居住区配套设施的经营范围和建筑使用用途，对于未按指定用途进行经营的设施，政府有权按照竣工时的市场价格进行回购。对于新建居住区配套设施中的微利性设施，探索以经济适用住房价格进行政府回购的制度，满足居民的生活、文化、教育、健身等需求。

（四）强化城市规划的控制力度保障产业结构调整的成效

明确城市总体规划和控制性详细规划中的建设用地和建筑规模总量指标、城市建设区边界，发展区及其发展时序，将其立法并公布。**一是要按照规划进一步加强控制建设规模力度，避免非核心功能大量衍生。**对于医院等使用划拨土地从事经营活动的各类单位，应确定建设规模总量，鼓励拆旧建新、功能置换、改造利用，或者增加公益性设施，禁止建设规模的净增长。**二是要建立不同区域的建设规模总量控制和动态平衡制度，积极改善中心城部分区域土地利用水平过低的问题，为构建高精尖产业体系创造空间。**如目前中心城区的房地产不具有相应的流动性，破旧的商业楼宇不能满足公司租赁高端写字楼的需求，产权拥有者无力改造楼宇，只能出租给摊贩形成高密度的市场，无法与核心区的功能相适应。建议加大旧城改造力度，用再造理念提升中心城各类功能的整体水平。

（五）提前防范产业集聚发展中的潜在风险

从区域产业发展的一般规律来看，若无强大的产业集群作为支撑，产业很难在国际、国内市场上拥有话语权。如与产业结构和发展政策较为相似的韩国，举全国之力支持电子信息产业和汽车制造业，特别是重点扶持三星、现代等知名企业的经验值得借鉴。国家和北京市持续扶持的中芯国际、京东方等知名企业，目前已在国际、国内市场上初具影响力。但从风险的角度来看，如果产业过于集中，则经济的系统性风险将会有所显现，如北京市亦庄开发区围绕诺基亚搭建起的星网工业园，随着苹果等智能手机的兴起，其竞争优势大幅减弱，产业园区的经济规模连续多年处于收缩状态。目前，北京市信息产业与金融产业在经济总量中的比重接近五分之一，在国家大力推动金融改革和全球信息产业升级的挑战下，产业安全需要进一步关注。因此，北京市在构造高精尖经济结构、培育新增长点的过程中，需要高度关注产业发展趋势，适时调整产业发展方向，才能有效保持产业竞争力优势的持续，从而实现产业安全。

※ 专题研究

——关于首都经济发展新常态的几点认识

刚刚闭幕的中央经济工作会，从九个方面对经济新常态进行了深刻阐述，对今后一段时期我国经济发展具有重要指导意义。首都与全国相比，既有共性，也有个性，在经济增速换挡、产业结构优化和经济增长动力转换方面更早发生了深刻变化，人口资源环境方面也更早遇到了强约束。认识首都经济发展的新常态，对于进一步统一思想、把握规律、率先探寻经济发展方式转变路径，更好地适应新常态、引领新常态、积累发展经验，更好地履行首都职责、服务国家发展具有重要意义。

一、从经济增速看，首都经济进入更有韧性的中速增长阶段

一是服务经济主导的结构日趋稳固，呈现速度稳步放缓但运行更加稳定的特征。近年来，北京市与OECD国家及上海、广州、深圳等国内特大城市相类似，在服务业成为产业主导时，劳动生产率提升速度出现放缓，并下拉经济增速；与此同时，经济抵御外部需求冲击的能力也在不断提高，经济波动的幅度正在逐步收窄，对于就业的影响趋于弱化。在国家经济下行压力不断加大的环境中，北京市服务业增长连续7个季度保持在7.5%左右，成为稳定经济的主要动力。**二是经济增长动力逐步由要素驱动转为效率驱动，经济增长的可持续性不断增强。**从潜在经济增长的动力来看，一方面，创新和城市功能完善对于经济增长的带动作用有所增强，有效发挥出稳定经济增长和提升城市品质的双重作用。近十年来科技与人力资本对于经济增长的拉动作用基本保持在1.5个百分点不变；城市运行效率及其他因素对于经济的下拉作用由1998~2005年的1.4个百分点收窄至1个百分点左右，改善约0.4个百分点。另一方面，要素拉动作用大幅减弱，成为当前潜在增速回落主要原因。在弱化经济增长支撑的同时也起到了缓解人口资源环境的作用。近十年来，资本对于经济增长拉动作用下降了2.1个百

分点，劳动力下降了0.1个百分点。**三是经济发展更加紧密围绕保障和改善民生。**截至2013年底，北京市人均GDP超过1.5万美元，达到中上等发达国家水平，城乡居民收入分别达到4万元和1.8万元，为十年前的3倍左右。

因此，经济发展速度的放缓并没有造成经济发展步伐的放慢，内部结构的优化升级成为经济发展的主要特征。在经济逐渐走向新常态的过程中，以调控GDP增速为核心的原有经济调控手段正在逐渐失灵，开展经济工作的方式也需要适应经济新常态。一是要科学地把握“瘦身”与“健体”的关系，把疏解非首都核心功能与培育新的增长点有机衔接，以合理的节奏引导一般性产业逐步退出；二是要降低经济增速考核比重，使经济增速指标既科学反映经济发展状况，又能够合理引导各区、县各部门工作；三是要将简政放权、转变政府职能作为考评的加分项目，通过“自我革命”进一步释放市场活力。

二、从投资需求看，投资支撑经济的方式正在由即期拉动转为长期带动

一是投资对经济增长的即期拉动作用正在减弱。这既有外部竞争加剧、资源环境约束增强的原因，也有提升投资社会效益、弥补原有基础设施投资和民生投资欠账、弱化投资经济效益的因素。2013年投资率降至40.3%，连续8年波动下行。平均每增加1元投资可带动的GDP增加量由2007年的0.44元下降到2013年的0.23元，距离发达国家0.5元~1元的水平再度扩大。**二是投资更多集中于提升城市承载能力和改善运行软环境的领域，**投资支撑经济的方式由原有的产业投资直接拉动短期经济增长，转为通过提升经济效率进而支撑经济的间接带动长期经济增长。**三是投资具有更大的可挖掘潜力。**落实城市功能定位、推动城乡区域协调发展、促进京津冀协同发展将涌现大量投资机会。

因此，需要处理好政府和市场间的关系，把握投资方向，创新投融资方式，激发民间投资活力，消除投资障碍，进一步发挥投资的关键性作

用。一是改变以投资保增长的政策出发点，实现投资从“重数量”向“重效益”转变，重点投向符合北京市城市功能定位、有利于提升城市综合实力的领域。二是要充分发挥市场的作用，注重引进新业态、新产业、优秀人才和管理经验，更加注重引进在全球产业网络中具有核心地位或控制能力的高端产业资本和金融资本，推动产业集聚化、高端化、智能化和融合发展。三是深化投融资体制和价格形成机制，创新项目投资方式，清除基础设施建设中的投资壁垒，引导社会资本参与城市道路、垃圾处理等基础设施建设。加强配套基础设施特别是地下基础设施建设，提高城市的土地利用效率和综合承载能力。四是要进一步提升投资促进消费的带动作用，按照“保障基本、引导中端、放开高端”的思路，着力在教育、医疗、文化、体育、养老等领域中可产业化、可经营的行业，打通社会资本进入渠道，丰富非基本公共服务供给，有效释放和满足多元化、多层次的消费需求。

三、从消费需求看，消费对于经济的引导作用持续增强

消费作为社会再生产过程中的最终环节，能够最准确地反映出人民群众的物质文化需要，能够最直接地引导未来经济发展。近年来，北京市消费对于经济的引导作用正在不断增强。**一是消费拉动经济增长的主引擎作用不断增强**。目前，消费率已经达到60%，对经济增长的贡献率上升至70%左右。**二是消费结构升级带动旅游和新兴人文等产业快速发展**。随着消费结构向发展型、享受型、安全型转变，绿色、特色、便捷消费需求日益旺盛，带动健康养老、旅游休闲、教育培训、文化娱乐等产业快速发展。**三是消费与科技的融合程度不断加深，正在倒逼传统商业态和社区服务模式转型**。信息技术发展推动网络消费、信息消费高速发展，并持续释放消费潜力，近年网上零售额增长超过60%。

因此，为进一步发挥消费的基础性作用：一是改善消费环境。加强食品安全、产品质量监督管理，规范发展各类新型购物方式，完善信用体系

建设，打造安全的网络消费环境；二是丰富消费产品及服务供给。落实健康、养老、信息服务等意见，着力吸引社会资本进入公共服务领域，创新供给激活需求，解决高端消费供给不足的问题；三是前瞻谋划商业和社区服务发展，制定与信息消费趋势相一致的社区服务内容、标准与规范，推动社区网购投送点等便民设施建设，形成线上线下融合的新业态。

四、从产业发展看，高端化、服务化、集聚化、融合化、低碳化特征更加明显

一是高端产业的比重逐年提升，成为拉动经济增长的主要力量。金融、信息、商务、科技四大产业占北京市GDP的比重达到三分之一左右，十年间比重提高了6个百分点左右，2014年前三季度四大产业拉动经济4.6个百分点，对经济增长的贡献率接近三分之二。**二是产业融合成为发展的主流趋势，近十年来，诸多新兴业态的企业已快速成长为具有竞争力的规模企业。**百度发布全球首个开放大数据引擎，京东商城在美国纳斯达克挂牌上市，小米、奇虎360、乐视等平台型企业规模快速扩张。**三是产业空间集聚趋势进一步显现，**六大高端产业功能区占全市的增加值比重达到四成以上，十年间比重提高了15个百分点左右；2014年前三季度收入规模占据全市半壁江山，收入增长的贡献率接近七成。**四是产业发展更加集约，**万元GDP能耗、水耗分别由十年前的1.06吨标准煤、71.5立方米下降到2013年的0.42吨标准煤、18.7立方米。

但同时也需要看到，北京市正在步入商业竞争力进入难以爬升的瓶颈期。2013年福布斯最佳商业城市排行中，北京市排名第7位，仍然落后于广州、深圳、上海等地，经营成本快速上升、空气质量恶化、居民平均通勤时间过长等问题，成为首都产业发展的最大短板。需要立足首都城市战略定位，着力打造高精尖的产业体系。**一是要以合理的节奏推动一般性产业的疏解和升级，**提前规划产业退出后原有产业用地的明确用途，整体谋划产业进退的发展规划和具体实施路径。**二是要创新政府对于产业的支持**

方式，从对单个项目的直接财政支持转向以基金、股权等市场化方式投入为主的方式，面向北京市重点产业发展环节，围绕孵化期、初创期、成长期、发展期等不同企业阶段，打造天使基金、创业投资基金、产业投资基金、并购基金等“高精尖”系列组合基金。**三是要做好体验经济、文化经济、新三板等新兴产业培育和接续**，积极发展中国技术交易所、中国设计交易所等市场化交易平台。

五、从创新驱动看，创新资源的优势持续转化为首都经济的影响力

近年来，创新已成为服务国家经济发展大局最为重要的领域，是首都经济核心竞争优势的体现，是决定首都资源掌控力的关键因素。**一是北京市形成了具有绝对优势的全国创新资源集聚中心。**每年三分之一以上的科技项目落在北京市，两院院士半数以上在北京市工作和居住，近三成的国家重点实验室，三分之一的国家工程研究中心，超四成的国家重大科学工程、三成的国家重点学科设在北京市。**二是北京市在国家创新体系中发挥出越来越强的创新示范引领作用。先行先试政策成为国内创新政策典范，**辐射推广到武汉东湖、上海张江示范区、安徽合芜蚌试验区；**国家科技金融创新中心的作用进一步凸显**，全国中小企业股份转让系统（新三板市场），北京股权交易中心有限公司作为区域性股权交易市场正式运营；**人才特区的特征更为显著**，北京地区904人入选中央“千人计划”，占全国的27%，科技活动人员规模达到70万人。**三是前沿创新能力不断提升，大批重大科技成果不断涌现，促进形成新的产业链。**如4G技术标准TD-LTE全产业链技术快速发展，第三代核电技术CAP1400完成初步设计、中低速磁悬浮列车、自主品牌纯电动车等新技术新产品的问世，提高了首都经济的影响力和辐射力。

因此，首都创新已成为服务国家经济发展最为重要的领域。在新的发展趋势下，原有的科技体制与技术创新的市场导向机制的要求还存在较大

差距，需要大刀阔斧改革科研体制，把应用性研究推向市场。一是要提高企业在创新体系中的作用，积极发展类似创新工厂、车库咖啡的民间创新主体。鼓励风险投资、创新基金发展。二是要进一步发挥突出政府在优化产业创新发展环境中的引导作用，完善高技术产业要素市场和发展环境，建立“普惠+平台”的支持方式，积极发展中国技术交易所、中国设计交易所等市场化交易平台，完善科技成果公开交易制度，改革准入和监管制度，完善知识产权等司法保护。

六、从城市功能看，逐步由经济主导城市开发向经济服务城市发展转变

一是经济主导城市开发的局面发生了深刻转变，“单中心、摊大饼”式自然发展得到有效抑制，首都产业发展空间格局进一步优化，经济在产业功能区集聚发展的趋势日益明显。**二是城市发展所必需的辅助功能产业发展开始得到控制，**已经明确不再增加普通高等教育建设规模，城六区不再增加医疗卫生机构建设规模，经济结构将更加合理。**三是经济服务城市发展的理念在投资领域已经得到深刻体现，**基础设施投资占北京市非房地产固定资产投资中的比重达到五成以上。**四是现代信息技术在城市管理中的运用更加广泛，**既满足了提升城市软实力的需要，也培育形成了地铁运营管理、城市矿产、节能环保等新的新增长点，并向全国辐射。

因此，需要牢牢把握经济服务城市这一最具“京味儿”的新常态特征，以精明增长的发展方式促进城市品质提升、生态文明改善，人民幸福生活。一是研究和借鉴国际先进城市的发展经验，在城市功能布局、建设管理等方面，与国际一流标准接轨；二是要强化规划的严肃性，加大市级协调力度，明确划定城市增长边界和生态红线，降低区域开发强度；三是要区别对待，构建功能清晰、分工合理的城市格局，要控制中心地区建设规模和部分功能，打造城市副中心，做强新城产业功能区，做优新城公共服务区；四是要通过城乡一体化的办法破解城市可持续发展难题，全面启

动朝阳区六个乡的城市化试点，继续深化50个重点村整治任务，加强三山五园等重点地区的环境建设；**五是**紧密围绕党的十八届四中全会精神，严格依法治理城市环境的痼疾顽症；**六是**提升现有产业能级，构建高精尖产业体系，控制产业功能区发展边界，推动腾笼换鸟，提高土地利用效率；**七是**注重产业功能与城市功能的匹配，促进园区功能优化配置；**八是**下大力气提高城市精细化管理水平，充分引用现代信息技术，加强市政设施运行管理、交通管理、环境管理、应急管理，提升城市精细化管理，增强软实力。

七、从生态环境看，环境正在倒逼经济发展方式转变

一是生态环境变化对产业发展的影响在不断加大。北京市投入产出分析表明，环境对于生产生活服务部门、流通部门的影响力系数分别由2005年的4.5、2.7上升至6.6、3.4，提升幅度分别为47%和28%。在生产性服务业比重不断提升的同时，生态环境对于经济发展的影响进一步凸显。**二是环境友好型的经济发展特征更加显著。**根据中国300个城市绿色GDP指数研究，2013年北京市绿色经济指数排在31个省市及自治区的首位，连续3年领先于上海、广州、深圳，每立方米水和气创造的地区生产总值为全国273个城市平均水平的3倍左右。**三是经济支撑环境改善的格局正在形成。**经济发展创造的财税收入有效转化为生态环境改善、城市运行环境改善的建设资金来源。2013年，用于节能环保的财政支出达到138.2亿元，节能环保产业总产值达到千亿元规模。

因此，在经济增长发展方式加速转变的趋势中，需要营造控制源头消耗、增加生态空间的绿色发展环境。**一是要从源头控制资源消耗，逐步从“低增长”向“零增长”过渡。**实施严格的总量控制制度，物耗增长和污染排放额度逐步缩减；重点推广一体化的节能技术和废弃资源再利用技术。通过提高资源品价格、征收机动车排污费等价格杠杆手段，挤出低端资源消耗产业，降低资源需求。**二是要大力推进城市绿色空间建设。**多渠

道增加投入，提高城市绿地、湿地和林地比例，显著提高区域森林覆盖率和城市绿化覆盖率；充分发挥农业的绿色空间作用，促进农田与郊野公园的整合利用，积极推广“市民租赁、周末耕种、有偿管理”的都市农园模式，促进农业转型升级。**三是要增强我们朝着蓝天净水目标前进的信心**，服务保障APEC会议期间，首都出现的“APEC蓝”证明了补齐生态环境建设和城市环境治理短板的政策是能够实现生态环境改善和城市运行效率提升的。

八、从区域合作看，京津冀协同发展为首都经济增长创造新空间

从世界城市发展的历程看，纽约、伦敦、东京等地区产业的发展和经济实力的提升，都离不开大都市区域的支撑。北京市的发展正在依托京津冀都市圈的支撑，在更大的空间范围内配置资源，改变规模不经济现象。**一是在构建京津冀全产业链的进程中，首都产业链条正在不断延伸。**产业互补发展格局正在形成，目前首都圈区域已成为首都农业和能源资源的重要保障。**二是技术、资本等要素的联系更为紧密。**北京市输出到河北省的技术合同位居全国第二，廊坊市90%以上的科技企业与京津科研院所、高效、企业建立稳定的合作，年引进技术项目和科技成果500多项；北京市法人在京津设立产业的单位超过700余家。**三是政策共享的效果正在体现。**如京津冀通关一体化自2014年7月1日实施以来，通关时间平均节省20%~30%，通关成本较改革前降低三分之一。

因此，一是要主动融入京津冀协同发展，分解落实已经签订的合作框架协议和备忘录。二是搭建创新合作平台，努力推动中关村政策向天津、河北覆盖，推动滨海新区先行先试政策向京冀延伸；逐步创建区域共同要素市场，推动建立企业产权、技术产权、临泉矿权等要素资源的流转。三是加强产业对接协作，大力推进新机场临空经济区、滨海新区等共建产业园区建设；推动区域型物流设施在区域内布局；研究组建铁路公司，加快

交通基础设施互联互通。四是共同设立地区发展基金，用于推动地区间交通和基础设施一体化、加大研发和人力资本投入、推动对环境治理的协调和合作、减少地区间收入差距等。五是完善区域产业合作的经济总量、税收、能源资源使用及排放等分配分担机制。

九、从风险挑战看，经济领域风险与其他领域风险相互交织

一是人口结构呈现老龄化发展趋势，将会带来经济结构变化。截至2013年，北京市60岁及以上户籍老年人口279.3万人，占总人口的比重达到21.2%，高于全国近8个百分点。人口老龄化将会直接影响居民的投资、消费比例及其内部结构，加大居民对于医疗、养老等公共服务的诉求。**二是政策调整将带来经济波动风险。**利率市场化改革将对北京市银行业形成挑战，国家总部企业税收和核算制度改革将会对总部经济产生冲击。**三是社会发展进入矛盾凸显期，建设平安北京的重要性不断提升，需要进一步提高首都安全的保障标准，在一定程度上客观约束经济发展。**如举办大型商务活动，需要通过严格行政审批，给予更高的安全支出。

因此，在机遇与挑战并存的发展环境中，需要提前进行风险防范：一是要充分发挥市场的作用，鼓励引导养老产业发展，将养老产业作为首都经济的新增长点。二是要创新管理体制，化解社会矛盾。推广完善社区化、智能化、网格化的社会管理模式，有效利用官方微博等信息化手段，保持沟通渠道顺畅。三是要增强人才、技术等核心资源的掌控力，通过激活科技资源活力、搭建技术交易平台、把控产业核心链条等方式，在一般性产业外迁的同时，提升北京市经济的掌控力和辐射力。

总体来看，首都经济呈现的新常态特征，既是客观规律作用的结果，也是我们积极工作取得的结果。在经济步入新常态后，将会赢来更多的发展机遇，也将面临更大的挑战。国内外的发展经验和北京市已经取得成效充分表明，我们不仅有能力适应新常态，而且还要更好地围绕国家发展大局，积极引领新常态，努力将北京建设成为国际一流的和谐宜居之都。

第二章 投 资

增长稳中趋降 支撑引导作用增强

2014年，北京市积极推动落实经济体制改革，创新宏观调控方式，加速产业结构调整、强化城市基础建设、加强人口调控、全面开展京津冀区域合作。北京市投资运行平稳，预计全年投资增长在7%以内。2015年，外部经济环境难有明显改善，宏观调控政策相对稳定，经济体制改革将深入推进。在推动北京市城市战略定位落实中，优化投资布局将成为调整疏解首都非核心功能的前提，提高投资质量将成为提升城市建设质量的关键，定向加大投资力度将成为治理大气污染、构建“高精尖”经济结构、促进京津冀协同发展的保障。整体来看，在落实城市功能定位、提升城市建设质量和推进京津冀协同发展的推动下，基础设施投资需求依然较旺，但受制于占比重较大的房地产投资增速下滑、新增工业投资项目较少等因素影响，全社会固定资产投资增速将稳中趋降，预计全年增长在5%~6%之间（见图2~1）。

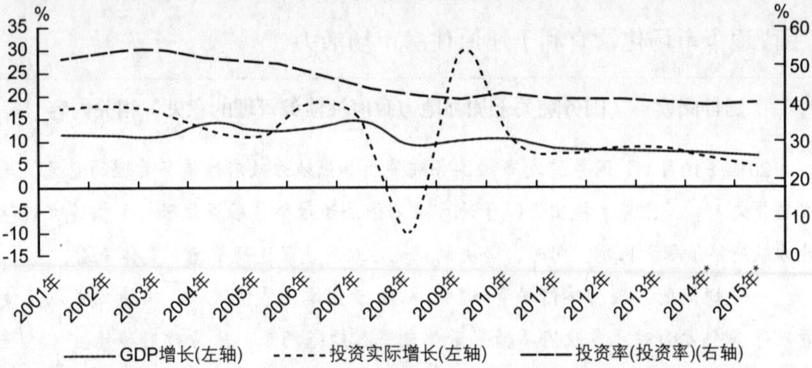

图2~1 2001~2015年北京市GDP增长、投资实际增长和投资率

注：2014年、2015年数据为预测值

一、多项改革稳步推进，投资环境逐步优化

2014年以来，中央及北京市相继出台了一系列有利于调整结构、提升质量、规范管理的政策，推动投资增长和资金投向、主体、布局等结构改善，投资环境逐步优化。

（一）持续简政放权

2013年以来，中央先后取消和下放7批共632项行政审批等事项；2014年上半年北京市分三批累计取消下放381项审批事项，均有利于推动各项行政审批明确标准、简化程序、降低收费、提高效率。

（二）融资方式规范创新

一方面，国家先后出台调整商业银行存贷比计算口径、批准北京等10个地区试点地方政府债券自发自还、要求推广运用政府和社会资本合作模式等政策，将有利于丰富北京市政府投资以及基础设施投资资金来源。另一方面，国务院出台加强地方政府性债务管理意见；修编《预算法》规范预算行为，明确地方违规举债将追责；规范私募基金管理等政策，有利于规范融资行为。

（三）房地产领域调控有抓有放

中央要求进一步加强棚户区改造工作，国家开发银行定向支持棚户区建设，开展用公积金增值收益投资公租房探索等，有利于北京市政策性住房建设资金保障。取消限贷政策，允许地方政府差异化调控，住房市场调控手段逐步市场化，有利于还原住房市场活力。

延伸阅读：《国务院关于加强地方政府性债务管理的意见》相关内容

2014年10月2日，国务院发布《国务院关于加强地方政府性债务管理的意见》（国发43号文）。《意见》提出，赋予地方政府依法适度举债融资权限，加快建立规范的地方政府举债融资机制。同时，坚决制止地方政府违法违规举债。具体来看：

一是规范地方政府举债融资体制。从举债主体、举债规模、举债方式以及债务管理等多个方面对地方政府举债融资体制进行规范约束：地方政府举债主体被严格限定在省、自治区以及直辖市政府；债务规模实行限额管理，限额须由国务院确定并报全国人大或其常委会批准；举债方式分为一般债券融资和专项债券融资两种；

发行债务需纳入全口径预算管理。

二是借新还旧降低存量债务成本，剥离融资平台政府融资职能，对甄别后纳入预算管理的地方政府存量债务，可申请发行地方政府债券置换，以降低利息负担。同时剥离融资平台公司政府融资职能，融资平台公司不得新增政府债务。

三是地方债纳入政绩考核，中央政府实行不救助原则政府性债务将作为一个硬指标纳入政绩考核,各省、自治区、直辖市政府要对本地区地方政府性债务负责任，中央政府实行不救助原则。

四是推广使用政府与社会资本合作模式鼓励社会资本通过特许经营等方式参与城市基础设施等有一定收益的公益性事业投资和运营。

延伸阅读：《关于进一步加强棚户区改造工作的通知》相关内容

2014年7月21日,国务院发布《关于进一步加强棚户区改造工作的通知》（以下简称《通知》）。要求进一步加强棚户区改造工作，扎实推进改造约1亿人居住的城镇棚户区和城中村。《通知》指出，将包括中央企业在内的国有企业棚户区纳入改造规划。

《通知》明确，棚户区改造实行实物安置和货币补偿相结合，由棚户区居民自愿选择。各地区要按照国家有关规定制定具体安置补偿办法，依法实施征收，维护群众合法权益。棚户区改造涉及集体土地征收的，要按照国家相关法律法规，做好土地征收、补偿安置等前期工作。各地区可以探索采取共有产权的办法，做好经济困难棚户区居民的住房安置工作。

《通知》提出要加大金融支持力度。进一步发挥开发性金融作用。国家开发银行成立住宅金融事业部，重点支持棚户区改造及城市基础设施等相关工程建设。鼓励商业银行等金融机构按照风险可控、商业可持续的原则，积极支持符合信贷条件的棚户区改造项目。纳入国家计划的棚户区改造项目，国家开发银行的贷款与项目资本金可在年度内同比例到位。对经过清理整顿符合条件的省级政府及地级以上城市政府融资平台公司，其实施的棚户区改造项目，银行业金融机构可比照公共租赁住房融资的有关规定给予信贷支持。

《通知》提出要推进债券创新，支持承担棚户区改造项目的企业发行债券，优化棚户区改造债券品种方案设计，研究推出棚户区改造项目收益债券；与开发性金融政策相衔接，扩大“债贷组合”用于棚户区改造范围；适当放宽企业债券发行条件，支持国有大中型企业发债用于棚户区改造。通过投资补助、贷款贴息等多种方式，吸引社会资金，参与投资和运营棚户区改造项目，在市场准入和扶持政策方面对各类投资主体同等对待。

二、2014年北京市投资运行特点

（一）投资运行整体平稳，建安投资增速回落

2014年，北京市投资运行整体保持平稳。1~3季度，全社会固定资产投资完成5218.1亿元，同比增长6.9%；扣除价格因素实际增长6.8%。年内来看，整体呈现出低位开局，小幅攀升态势。综合考虑2014年的新增项目和在施建设规模、四季度有重大活动停产停工等因素影响，预计全年投资增长在7%以内。从构成来看，受新开项目偏少、规模偏低，在施项目推进缓慢等因素影响，下半年以来建安投资增速持续回落。1~9月，北京市完成建安投资2418.1亿元，同比增长4.9%（见图2~2），增速同比下降6.5个百分点，但占全社会投资比重为46.3%，同比下降0.9个百分点。

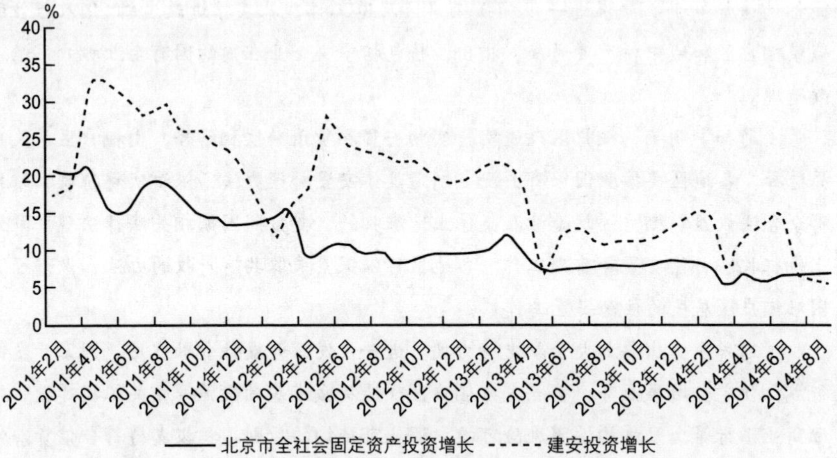

图2~2 2011年2月~2014年9月北京市全社会固定资产投资增长、建安投资累计增长

（二）资金来源整体紧张，内部走势出现分化

2014年年初以来，受宏观经济走弱、流动性整体偏紧等因素影响，北京市投资资金到位情况较差。1~9月，城镇投资和房地产开发投资到位资金同比分别下降5.6%和14.7%，均创下近6年来同期最大降幅。从城镇投资资金来源看：受中央大项目推进缓慢影响，中央财政资金同比下降69.2%；由于实体经济偏弱，占比两成的银行及非金融机构贷款同比下降

9%；占比近五成的自筹资金同比仅增长3.6%。从房地产开发投资资金来源看：由于实体经济偏弱而房地产贷款依然是优质资源，房地产开发投资中金融贷款同比增长18.5%；受住房市场交易低迷影响，占比近三成的自筹资金和占比两成多的定金及预收款同比分别下降17.2%和24.2%（见图2~3）。

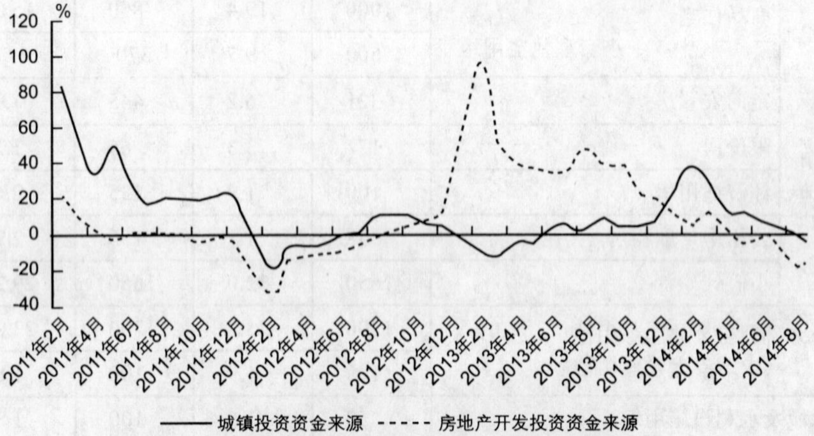

图2~3 2011年2月~2014年9月北京市城镇投资和房地产开发投资本年资金来源增长

（三）土地供应规模调减，结构持续优化

为落实国家严格控制新增建设用地精神，适应北京市资源环境承载力的客观要求，2014年，北京市国有建设用地供应计划总量5150公顷，总规模较2013年减少了500公顷，供应结构持续优化（见表2~1）。继续积极稳妥加大住宅用地供应，同时进一步优化住宅用地供应结构，做到保障性安居工程建设用地将“应保尽保”，同时加大自住型商品住宅用地供应。由于工业用地比例已明显高于世界发达城市平均水平，北京市继续降低工业用地规模、比例。2014年前三个季度，受宏观经济偏弱、供应总量调减、住房市场交易低迷等因素影响，土地交易面积同比下降3.8%。交易地块中，商服用地面积增长一倍多，而且优质地块较多，在地价持续走高的带动下，土地交易总金额为1583.77亿元，同比增加37%，综合考虑四季度即将入市的土地规模及区位，预计全年有望再创历史新高。

表2~1 北京市2013年、2014年年度国有建设用地供应计划用途结构

土地用途		2014年土地供应		2013年土地供应	
		面积（公顷）	占比（%）	面积（公顷）	占比（%）
商服用地		550	10.7	400	7.1
工矿仓储用地		450	8.7	900	15.9
住宅用地	商品住宅	1000	19.4	850	15.0
	其中：中小套型住宅用地	500	9.7	370	6.5
	定向安置房	321	6.2	445	7.9
	限价房	171	3.3	65	1.2
	经济适用房	100	1.9	135	2.4
	公租房、廉租房	58	1.1	155	2.7
	小　计	1650	32.0	1650	29.2
公共管理与公共服务用地		1200	23.3	1300	23.0
其中：养老设施用地		100	1.9	100	1.8
水域及水利设施用地		50	1.0	100	1.8
交通运输用地		1200	23.3	1200	21.2
特殊用地		50	1.1	100	1.8
合　计		5150	100	5650	100

（四）房地产开发投资增长较快，基础设施和工业投资保持低速增长

1. 房地产开发投资实现较快增长

2014年下半年以来，北京市房地产开发投资在费用投资的带动下实现较快增长，成为拉动北京市固定资产投资平稳增长的主要力量。1~9月房地产开发投资同比增长15.2%。占全社会投资比重上升至53%，高于2013年同期3.6个百分点，为近3年来同期最高（见图2~4）。其中，土地购置费同比增长48.3%，占比达到四成以上，同比提高了近10个百分点。具体来看：自住型商品房、小户型商品房等项目续建需求较大，弥补了新增需求不足，带动住宅投资实现较快增长。1~3季度，北京市住宅投资同比增长14.1%，为近3年来的同期高点。在大量续建需求带动下，北京市写字楼投

资同比增长39.8%，为近4年来同期高点，增速高于房地产开发投资24.6个百分点。整体商业地产占房地产开发投资的比重继续小幅上升。

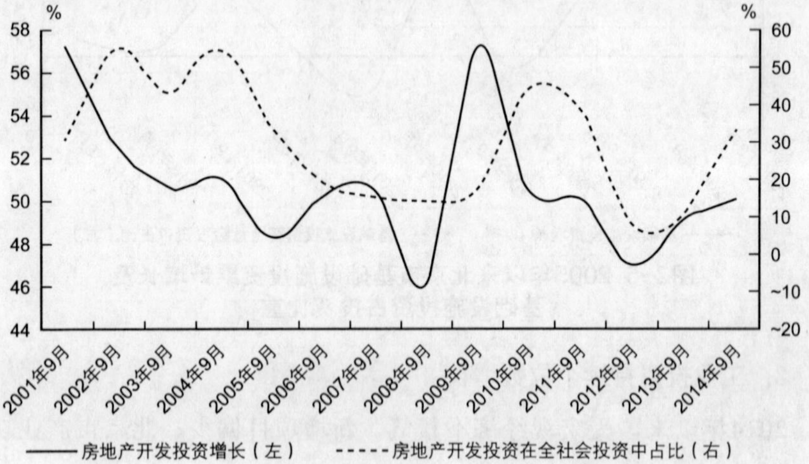

图2~4 2001年以来北京市房地产开发投资累计增长及房地产开发投资占投资比重

2. 基础设施投资增长小幅改善

在新增项目和“十二五”规划重点项目全面收尾的带动下，北京市基础设施投资保持增长，但受部分大项目未能按时开工、征地拆迁难度加大、环境评估制约项目审批等因素影响，投资增速改善有限。1~9月，北京市基础设施投资累计完成投资1295.4亿元，同比增长8.9%，增速同比提高3.7个百分点；占全社会投资比重为24.8%，较2013年同期小幅上升了0.46个百分点（见图2~5）。具体来看，各重点领域完成投资增速均有所回升。虽然占比三成多的交通运输投资同比下降1.7%，但其中轨道交通完成投资增长35.3%；在电力及供热项目加快施工带动下，占比近两成的能源投资同比增长66.6%；占比两成多的公共服务投资同比下降3.1%；在北京市加快水利设施建设的带动下，占比8%的水利投资同比增长17.9%。

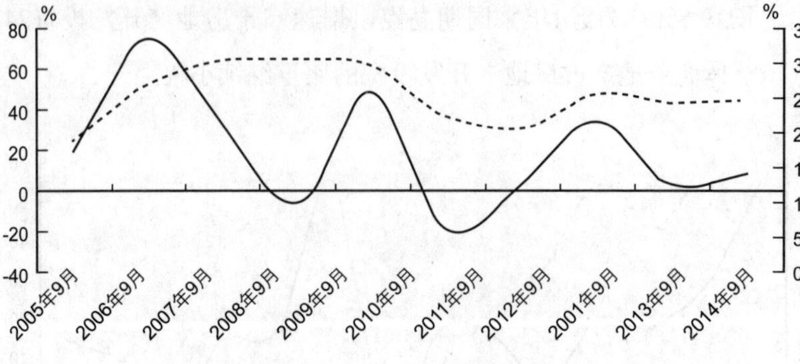

图2~5 2005年以来北京市基础设施投资累计增长及基础设施投资占投资比重

3. 工业投资持续个位数增长

2014年以来，受宏观经济不景气、新增项目偏少、北京市产业功能调整疏解及市场前景不确定等因素影响，北京市工业投资保持个位数增长。1~9月，累计完成投资502.3亿元，同比增长6.1%，增速同比提高2.7个百分点，但占全社会投资比重小幅下降至9.6%（见图2~6）。分领域看，对工业投资支撑较强的四大行业完成投资增速两升两降。占比半数以上的电力、燃气和水生产基础性行业完成投资同比增长66.8%，成为支撑工业投资保持增长的主要动力；占比近两成的汽车制造业完成投资同比增长3.5%；而占比7%左右的计算机通信和其他电子设备制造业完成投资同比

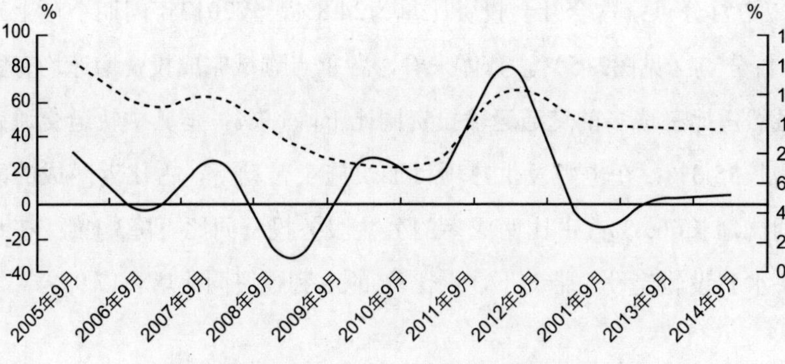

图2~6 2005年以来北京市工业投资累计增长及工业投资占全社会投资比重

下降34.8%；占比6%左右的医药制造业完成投资同比下降17.3%。

（五）中央投资出现下降，民间投资保持较快增长

由于北京新机场项目建设推进缓慢、国家电网、国航年度投资计划下降，以及京张城际、丰台火车站等重大项目拆迁滞后等因素影响，2014年年内中央投资增速持续下滑。1~9月，中央单位完成投资559.3亿元，同比下降21.9%，占全社会投资比重降至10.7%，增速和占比均为近8年来的最低水平。2014年年初以来，北京市民间投资延续了2013年以来的较快增长势头，1~9月同比增长16.6%，占全社会投资的比重升至37.4%，比重较2013年同期提高了3.1个百分点。从内部构成看，房地产业民间投资占比高达80.6%，而公共设施管理、交通运输、教育、文化体育娱乐等重点引进民间投资的领域完成投资均出现下降（见图2~7）。

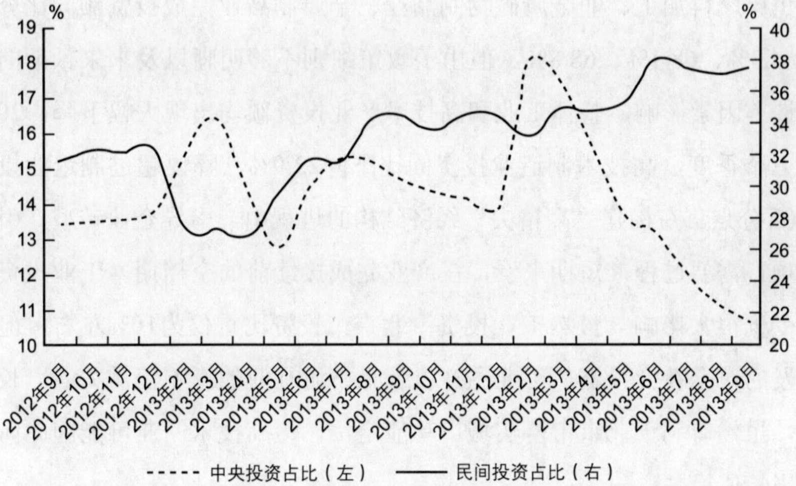

图2~7 2012年9月以来北京市中央投资和民间投资占全社会投资比重

三、投资领域需要关注的问题

（一）新的融资模式将给北京市政府投资带来双重影响

2014年北京市发行了105亿元地方债，2015年有望继续增发。财政部发布《关于推广运用政府和社会资本合作模式有关问题的通知》，要求推广运用政府和社会资本合作（PPP）模式。在推动新融资模式的同时，相

关部门也提出了要求。国务院在《关于加强地方政府性债务管理的意见》中明确指出，地方政府对其举借的债务负有偿还责任，中央政府实行不救助原则。要求地方政府分清政府债务和企业债务的边界，切实做到“谁借谁还，风险自担”。在推动PPP模式时财政部指出，在明确项目收益与风险分担机制时，要综合考虑政府风险转移意向、支付方式和市场风险管理能力等要素，量力而行，减少政府不必要的财政负担。新的融资模式为北京市政府投资提供了新的资金来源，优化了债务结构，缓解了建设资金紧张的局面，但同时也警示了预期风险，对规范政府投资提出要求。

（二）产业调整疏解给投资带来影响

2014年年初以来，在《北京市新增产业的禁止和限制目录（2014版）》的指导下，部分不适宜北京市发展的产业得以控制，其中，石油加工炼焦核燃料加工、非金属矿物制品业、金属制品业完成投资额同比分别下降64.3%、68.1%、68.8%。但由于政策细则不够明晰以及未来预期的不确定性等因素影响，整体工业和高技术产业投资额均出现大幅下降。2014年前三个季度，高技术制造业投资同比下降22.9%，降幅超过制造业投资3.3个百分点。在构建“高精尖”经济结构的进程中，引导企业转型、引入高端项目需要过程，短期来看，在产业完成接续前的空档期，工业投资增长会受到很大影响。虽然工业投资占北京市投资比重仅为10%左右，但由此引发的对全社会投资、工业生产以及上下游行业的影响仍需关注。长期来看，虽然有利于北京市落实城市功能定位，但高技术产业可能因此而受到的影响值得关注。

（三）实体经济对民间资本的吸引力依然较差

经过两年多的政策细化和实施，北京市吸引民间资本已进入实施阶段。2014年年初以来，北京市民间投资增速持续攀升。1~3季度，民间投资完成1952.7亿元，同比增长16.6%，高于北京市平均水平9.7个百分点，占全社会固定资产投资的比重升至34.3%。从民间投资内部结构看，房地产业民间投资占比高达80.6%，比重较前两年还有小幅提高。从国家及北京市重点引进民间投资的几个领域看，吸引到的民间投资不仅占比较低，同比涨幅还出现下降。前三季度，交通运输、仓储和邮政业，教育，水利、环境和公共设施管理业，电力、燃气及水的生产和供应业完成投资中民间投资占比分别为1.4%、1.8%、2.5%、2.1%，同比增速分别为-40.9%、-15.8%、-47.9%、-20.4%。总体来看，实体经济对民间资本的吸引依然较差，一方面，反映出实体经济复苏乏力，企业投资意愿不足；另一方面，反映出房地产行业仍然是资金“蓄水池”，但投资资金尤其是民间资金过多涌入房地产业，不仅会加剧房地产业风险，也会对其他行业经济主体特别是中小企业形成挤出，进一步加剧融资难、融资成本高等问题。

四、2015年投资运行面临环境及形势判断

（一）外部环境保持稳定

从国际环境来看，国际货币基金组织最新报告预测，2015年世界经济将有望实现3.8%的增长，增速高于2014年的3.3%，但世界经济陷入“平庸”增长状态，全球经济发展已日趋分化。经济活动的整体低迷势必将影响国际投资增长。2014年末美联储已经退出量化宽松，2015年美国和欧元区经济仍将实现缓慢增长，资金回流向发达经济体的趋势不会改变。联合国贸发会议公布的《2014年世界投资报告》预测，2015年全球外国直接投资总量有望达到1.7万亿美元，高于2014年的1.6万亿美元，涨幅仅为6.3%，低于近两年平均涨幅。报告中称，全球外国直接投资领域又出现了谨慎乐观情绪，近十年来流入发展中经济体的FDI快速增长的趋势即将改变，未来FDI（外商直接投资）增长将主要来自发达国家。对于我国来说，随着企业不断走向海外，2014年起中国流出的投资很可能超过流入，已经连续20余年的投资净流入将结束。投资净流出并不意味着FDI流入量减少，但整体来说，流动性整体不容乐观。随着近年来我国企业在海外发债规模的上升，发达经济体融资成本上升将会给企业带来一定压力，或将影响这些企业后续投资运营能力。

延伸阅读：《2014年世界投资报告》相关内容

2014年9月，联合国贸易和发展组织发布《2014年世界投资报告》。报告指出，经历了2012年的大幅下滑之后，2013年全球企业在新工厂和其他项目上的长期投资增长了9%，至1.45万亿美元，预计2014年还将再增长12.5%，至1.6万亿美元，2015年有望增长至1.7万亿美元。

报告中称，全球外国直接投资领域又出现了谨慎乐观情绪。有四个趋势值得关注：一是经历了严峻的2012年之后，乐观情绪在2013年回归。无论是发达经济体、发展中和转型经济体，还是前苏联经济体，所有主要经济体组别的FDI流入都出现增长。二是流入发展中经济体的FDI即将停止增长。流入发展中经济体的FDI快速增长，是逾10年来的一大趋势。但这一趋势即将发生改变。三是从中国流向海外的FDI预计将超过流入中国的FDI。主要原因是，中国企业不仅正在发达经济体大举收购资产，而且还在将生产转移至柬埔寨、缅甸和非洲等地，以利用这些地区较低的成本和优惠贸易协定。四是2013年的情况进一步证明西方工作岗位在“回流”。至少世界顶级跨国公司看上去已不再将工作岗位转至海外了。该机构经济学家从100大跨国公司（总部大多位于发达经济体）搜集的数据显示，这些公司的本土产量增速快于海外产量增速。

从国内环境来看，2015年，我国仍将实施积极的财政政策和稳健的货币政策，投资运行的政策环境保持平稳，整体相对宽松。在宏观经济下行压力依然较大的背景下，货币政策放松空间加大；财政政策将更加关注民生投入、基础设施建设，财政支出需求依然较大。我国全面深化改革提出的行政审批、财税、金融、价格等多领域改革陆续推进。国务院已经先后取消和下放7批共632项行政审批事项，2015年将进一步简政放权，深化行政审批制度；中央扩大小微企业所得税优惠政策实施范围、免征收部分小微企业增值税和营业税，完善固定资产折旧政策等，改革红利释放将进一步激发投资动力。

（二）京津冀协同发展和调整疏解非首都核心功能将推动北京市投资布局和结构调整

京津冀协同发展上升为重大国家战略，从区域整体层面规划交通、生态、能源等领域建设的需求将会增加。2014年北京市进一步明确了城市战略定位，并提出要调整疏解非首都核心功能、提升城市建设特别是基础设施建设质量、加大大气污染治理力度等。此外，2014年年初以来北京市已公布了新增产业的禁止和限制目录、启动了地方债自发自还试点工作、出台了政府向社会力量购买服务意见等政策。这些要求和工作将会对2015年北京市投资布局和结构产生影响。

（三）资金环境有望小幅改善

2015年，随着货币政策放松空间加大，2014年中央出台的多项推动融资方式创新的政策将有利于丰富北京市投资资金来源。整体来看，资金环境将适度改善。

1．预算内资金来源持续改善

2014年1~9月，北京市财政总收入同比增长30.8%，增速为近4年来最好水平，土地出让金持续增长带动基金收入实现较快增长是带动财政总收入大幅增长的主要原因。2015年，中央要求节约集约利用工业用地，适度增加住宅和商业用地供给规模，加之土地价格预期稳步增长，基金预算收入仍将可观。2014年北京市开始试点发行105亿元地方债，2015年仍将继续，且规模有望扩大，这些均有利于改善政府投资资金来源。中央允许地方政府用适度的土地出让金偿债，将有利于缓解偿债高峰期对资金挤占的压力。与此同时，国务院加强对地方政府性债务管理、明确地方违规举债将追责等政策，有利于规范政府融资行为；同时，一定程度上也会影响融资规模扩大。综合来看，2015年北京市城镇资金来源中占比两成的预算内资金将保持稳步增长，融资环境有所改善，融资行为更加规范。

2．金融机构贷款规模将保持适度增长

2015年，金融改革将稳步推进，随着货币政策放松空间不断加大，流动性偏紧的状况有望逐步缓解。国家开发银行成立的住宅金融事业部，将通过采取市场化方式发行住宅金融专项债券，向商业银行和金融保险机构筹资的方式，重点支持棚户区改造和城市基础设施建设。央行出台《关于进一步做好住房金融服务工作的通知》，将激发商业银行加大支持保障房建设、支持居民合理住房需求贷款、开发商合理融资需求。金融贷款供给将有望增加。房地产市场有望逐步回暖，土地购置和建设开发需求依然较大，新机场、高铁地铁等大项目加快建设，以及符合首都城市功能定位的"高精尖"经济结构的构建，对金融贷款的需求总体强劲。总体来看，北京市资金来源中占比两成的金融贷款有望保持适度增长。

延伸阅读：《关于进一步做好住房金融服务工作的通知》相关内容

2014年9月29日，央行发布《关于进一步做好住房金融服务工作的通知》，提出要进一步改进对保障性安居工程建设的金融服务，继续支持居民家庭合理的住房消费，促进房地产市场持续健康发展。

一是要加大对保障性安居工程建设的金融支持。鼓励银行业金融机构按照风险可控、财务可持续的原则，积极支持符合信贷条件的棚户区改造和保障房建设项目。

二是要积极支持居民家庭合理的住房贷款需求。对于贷款购买首套普通自住房的家庭，贷款最低首付款比例为30%，贷款利率下限为贷款基准利率的0.7倍；对拥有1套住房并已结清相应购房贷款的家庭，为改善居住条件再次申请贷款购买普通商品住房，银行业金融机构执行首套房贷款政策。

三是要增强金融机构个人住房贷款投放能力。鼓励银行业金融机构通过发行住房抵押贷款支持证券(MBS)、发行期限较长的专项金融债券等多种措施筹集资金，专门用于增加首套普通自住房和改善型普通自住房贷款投放。

四是继续支持房地产开发企业的合理融资需求。要求银行金融机构在防范风险的前提下，合理配置信贷资源，支持资质良好、诚信经营的房地产企业开发建设普通商品住房，积极支持有市场前景的在建、续建项目的合理融资需求。扩大市场化融资渠道，支持符合条件的房地产企业在银行间债券市场发行债务融资工具。积极稳妥开展房地产投资信托基金(REITs)试点。

3. 自筹和其他资金来源将有所改善

2014年中央要求多措并举着力缓解企业融资成本高的问题，对增值税率进行简并下调、核定征收小微企业纳入享受所得税优惠征税范围等措施，将有助于北京市企业效益改善。但受制于宏观经济难有改观，2014年企业盈利下降，加之对北京市落实功能定位举措尚不明确，2015年北京市企业投资意愿和能力将难以提高，自有资金难有明显改善。中央出台《关于进一步促进资本市场健康发展的若干意见》以及《关于进一步做好住房金融服务工作的通知》，提出发展多层次股票市场、规范发展债券市场、培育私募市场、积极稳妥开展房地产投资信托基金试点、住房抵押贷款证券化等都将有利于北京市企业通过信托、私募、发行股票债券等方式扩大融资规模。住房交易市场有望逐步回暖，房地产开发投资中定金及预收款将有所改善。整体来看，北京市资金来源中自筹和其他资金来源有望改善，实现增长。

4. 民间资本落地依然是政策关注重点

2014年4月，中央决定在基础设施、清洁能源等领域推出80个鼓励社会资本参与的项目，鼓励和吸引社会资本以合资、独资、特许经营等方式参与建设营运；9月，财政部发布《关于推广运用政府和社会资本合作模式有关问题的通知》，要求推广运用政府和社会资本合作（PPP）模式，向社会资本开放基础设施和公共服务项目。北京市积极贯彻落实相关政策，将有利于整合社会资源，盘活社会存量资本，推动北京市民间资本落地，也有利于改善多年来房地产投资为民间投资主体以及主要增长动力的局面。

延伸阅读：《关于推广运用政府和社会资本合作模式有关问题的通知》相关内容

2014年9月23日，财政部发布《关于推广运用政府和社会资本合作模式有关问题的通知》（以下简称《通知》），提出要拓宽城镇化建设融资渠道，促进政府职能加快转变，完善财政投入及管理方式，尽快形成有利于促进政府和社会资本合作模式（Public~Private Partnership,PPP）发展的制度体系。

《通知》指出，PPP的实质是政府购买服务。PPP通常模式是由社会资本承担设计、建设、运营、维护基础设施的大部分工作，并通过“使用者付费”及必要的“政府付费”获得合理投资回报。

《通知》要求要开展项目示范，在全国范围内选择一批以“使用者付费”为基础的项目进行示范，重点关注城市基础设施及公共服务领域，如城市供水、供暖、供气、污水和垃圾处理、保障性安居工程、地下综合管廊、轨道交通、医疗和养老服务设施等，优先选择收费定价机制透明、有稳定现金流的项目。

《通知》指出，PPP模式中要充分发挥市场在资源配置中的决定性作用，按照“风险由最适宜的一方来承担”的原则，合理分配项目风险。除传统的项目评估论证外，还要积极借鉴物有所值（Value for Money，VFM）评价理念和方法，对PPP项目进行筛选。《通知》还指出，未来财政部将在结合国际经验、国内实践的基础上，制定政府和社会资本合作模式操作指南和标准化的政府和社会资本合作模式项目合同文本。

（四）基础设施投资增长有望提速

2015年，推动京津冀协同发展将带动一批交通运输类大项目启动，提升城市建设质量将加快首都能源、市政、公共服务等领域的设施建设；而引进社会资本将为稳定资金来源提供保障。预计占比近四成的交通运输投资有望实现较快增长，占比两成多的公共服务和占比一成多的能源投资有望实现稳步增长。整体来看，北京市基础设施投资增长有望提速。

1. 新机场等大项目启动将带动交通运输投资实现较快增长

2015年，首都新机场建设有望陆续启动，由于整体投资量较大，将成为北京市基础设施投资新的增长点。为切实推进京津冀协同发展，结合交通一体化工作，北京市将加快推动京沈客专、京张铁路等铁路项目建设；加快建设京台高速、110国道二期等高速公路项目。为缓解交通压力、配合功能疏解，北京市将加快推动6号线西延、8号线三期、14号线、16号线等轨道交通项目建设。加快广渠路二期、长安街西延等项目建设，以完善中心城区路网建设。在大项目的带动下，交通运输投资有望实现较快增长，在基础设施投资中的比重有望进一步提高。

2. 能源投资和公共服务投资将稳步增长

2015年，为落实北京市清洁空气行动计划和压减燃煤工作方案，北京市将全面推进燃煤锅炉改造，全面提升天然气等清洁能源供给设施水平，大力发展风电、光伏等新能源和可再生能源。虽然新建项目相对较少，但在“十二五”规划重点能源项目续建续期的带动下，能源投资有望保持稳步增长。2015年，给排水等市政工程管理项目仍将是推动公共服务投资稳步增长的重要支撑。北京市将加快推进污水处理厂升级改造，生态河道治理，加快推进水资源基础设施建设；完善排水管网、拓展蓄洪空间，提高城市防灾减灾能力。在推动公共服务投资稳步增长的同时，有效改善城市环境，提升城市建设水平。

3. 积极引入社会资本将成为拉动增长新动力

2015年，北京市将进一步推进体制机制改革，继续在吸引民间资本落地方面进行了积极探索尝试。有望通过股权融资以及BOT模式推进轨道交通领域市场化；继续探索“政府出地，市场出资”模式，在《鼓励社会资本参与机动车停车设施建设的意见》指导下，吸引社会资本参与公共停车设施建设和运营；在借鉴地铁16号线以“股权融资+特许经营”模式引进社会资金270亿元经验基础上，对轨道交通新机场线开展“轨道+土地”的建设模式试点等，以吸引社会资金参与北京市基础设施建设，这也将成为北京市基础设施投资增长的新动力。

（五）工业投资恐将实现负增长

2015年，宏观经济难以企稳，有带动能力的新增大项目较少，再考虑到中央要求工业用地集约节约利用，以及北京市2014年出台的不宜发展产业目录限制等因素，北京市工业投资恐将实现负增长。

1. 工业用地供给调整将降低企业投资意愿和能力

党的十八届三中全会强调要建立有效调节工业用地和居住用地合理比价机制，提高工业用地价格。2014年9月，国土部下发《关于推进土地节约集约利用的指导意见》，要求不断优化土地利用结构和布局，引导城市逐步减少工业用地，逐步增加生活和基础设施用地。加之北京市积极推动功能疏解和人口规模调控，开展了工业大院的拆迁改造和整治工作。预计，在2014年减半的基础上，北京市将继续减少新增工矿用地计划供应，着重盘活存量。在上述政策引导下，北京市工业用地供给规模将逐步减少，用地价格将明显上涨，土地要素供给的变化将加大工业企业生产成本，在一定程度上降低工业企业投资的意愿和能力。

延伸阅读：《关于推进土地节约集约利用的指导意见》相关内容

2014年9月25日，国土资源发布《关于推进土地节约集约利用的指导意见》，提出要切实解决土地粗放利用和浪费问题，以土地利用方式转变促进经济发展方式转变，推动生态文明建设和新型城镇化。

一是总量上控制建设用地规模，盘活存量、提高利用效率。指导意见提出要严格控制城乡建设用地规模，逐步减少新增建设用地规模，着力盘活存量建设用地，有序增加建设用地流量，提高建设用地利用效率。

二是对工业用地带来影响。意见提出要“建立有效调节工业用地和居住用地合理比价机制，提高工业用地价格，优化居住用地和工业用地结构比例。”在地方政府经济竞争中，依靠低价的工业用地招商引资一直是重要的方式之一，造成我国工业用地利用效率低，体现为工业用地供应比例高，容积率低，价格低，我国工业用地比例远高于发达国家，价格约为住宅用地七分之一。

三是对住宅市场会产生影响。提出要适度增加城区人口在100万~300万人的大城市新增建设用地，合理确定城区人口在300万~500万人的大城市新增建设用地，从严控制城区人口在500万人以上的特大城市新增建设用地。根据年初国土部的表态，明确特大城市原则上不新增的建设用地不包括居住用地，因此可能将工业用地进一步转换为住宅用地，以及住宅用地可能提高容积率，从而增加供应。

2．优化产业选择将成为工业投资下滑的重要因素

为积极调整疏解不符合首都功能定位的非核心功能，北京市制定出台了《北京市新增产业的禁止和限制目录（2014年版）》，以优化工业项目选择。数据显示，2013年北京市规模以上工业企业完成投资中有近四成来自于不宜发展的行业。2015年北京市仍将继续稳妥、有序地调整存量产业，受此影响企业投资积极性将有所下降，产能外移趋势仍将明显，工业投资下行压力还将加大。

3．构建“高精尖”经济结构将成为产业投资增长的新动力

加快构建“高精尖”经济结构，突出产业发展的高端化、服务化、集聚化、融合化、低碳化，是落实首都城市战略定位、破解“城市病”的重要举措。2014年8月，国家发文力推高新产业发展，明确透露将抓紧在云计算、物联网、生物等关键领域研究出台一批重大产业政策。北京市将抓住机遇，发挥北京市战略性新兴产业创业投资引导基金的带动作用，加大对新一代信息技术、物联网、生物医药等产业的投资，加快引入高端项目和技术来推动产业实现高端化发展，加大技改投资力度推动传统产业改造升级，使之成为促进产业投资增长的新动力。

（六）房地产开发投资增速将出现回落

2015年，政策环境整体宽松，要素供给相对充裕，房地产交易市场有望回暖，开发企业建设能力和信心将逐步恢复，新增需求将呈现显著增长；但占比五成的住宅投资需求偏弱，导致投资增速将出现回落，预计房开发投资全年实现5%左右的增长。

1. 占比五成左右的住宅投资增速将回落

2015年住宅投资增速将出现回落。一方面，虽然2014年前三季度北京市住宅用地交易面积同比下降39%，但考虑到2013年住宅用地交易面积大幅增长等因素，新增项目需求有望保持平稳。另一方面，前三季度北京市住宅新开工面积同比下降26.4%，预示了2015年续建项目投资需求整体偏弱。

2. 商业地产投资将持续增长

尽管2014年新开供给出现下降，但综合考虑前两年新开工面积均保持增长、商业地产用地交易量连续两年快速增长、商业地产建设周期一般为3~5年等因素判断，2015年，北京市商服地产投资将持续增长，新增和续建需求均较为旺盛。

3. 新增投资需求有望实现增长

2015年，市场交易有望回暖，资金来源相对充裕，企业家新增投资需求有望增加。从政策影响看，2012年国家颁布的《闲置土地处置办法》规定的未动工开发满一年的要征缴土地出让价款20%的土地闲置费，未动工开发满两年的无偿收回国有建设用地使用权，这将倒逼企业加紧开工进度。2013年以来，北京市土地市场交易面积已经连续两年大幅增长，但受市场交易低迷等因素影响，2014年1~9月北京市商品房新开工面积同比下降29.6%，考虑到政策因素，意味着企业势必将加紧开工以避免损失。综合来看，2015年北京市商品房新开工面积将实现较快增长。

（七）全社会固定资产投资增速将稳中趋降

综合上述因素分析、投资先行指标、建设规模和投资结构判断，2014年北京市投资运行将整体保持平稳，增速将稳中趋降。

1．从先行指标看，新开工项目规模偏小，预示2015年投资增长速度将适度放缓。2014年1~9月，北京市城镇固定资产投资新开工规模同比下降32%，房地产新开工面积同比下降29.6%。1~8月，新开工计划总投资10亿元以上的大项目投资同比下降40.4%。

2．根据房屋建设面积匡算，全社会固定资产投资增速将小幅回落。综合考虑2013年北京市全社会房屋和房地产开发施工面积单位投资额分别为3267元和2508元，较2012年均有所上升；近几年商品房施工面积占全社会房屋施工面积持续在65%；2014年前三季度北京市房屋累计施工面积和商品房在施工面积同比分别增长4.1%和2.3%；2015年建设成本仍将稳步上升、在施工面积中新开工面积占比将逐步增大、建设进度有望加快变化等因素影响，初步匡算2015年全社会固定资产投资增速将小幅回落至5%~6%之间。

3．从投资结构分析，房地产投资增速放缓、工业投资持续低迷将影响全社会固定资产投资增速放缓。在全社会固定资产投资中，占比近五成的房地产开发投资增速将回落，占比25%左右的基础设施投资增速有望加快，占比10%左右的工业投资将持续低迷。综合考虑上述各项比例和增速，预计2015年投资增速将小幅回落。

五、政策建议

（一）优化政府融资结构，防范财政金融风险

一是北京市要建立市场化、规范化的地方政府融资机制，还需要强化地方政府的财政纪律约束，健全金融市场约束，强化信息披露和市场化

的竞价机制，健全评级体系等。二是制订应急处置预案，建立责任追究机制。建立包括市级和区（县）两级政府的债务管理信息系统、统计报告制度和债务信息定期通报制度，实现对两级政府性债务的全口径管理和动态监控。三是要重点关注近年成立的多项产业基金的运作，尝试建立约束机制、信用评级、审批制度、预警系统等，杜绝政府违规担保等现象出现。四是要加快政府职能转变，让政府职能真正回归到宏观调控和维护公平竞争、推动可持续发展上来。

（二）努力实现产业投资接续

在北京市经济转型、产业调整陆续淘汰不适于北京市发展产业的过程中，要适时调整投资方向和布局，指导企业转型，引导民间资本流向，多方位实现产业投资增长接续。一是在构建“高精尖”经济结构的进程中，积极引导企业转型，加大技改投资力度；引入高端项目和技术，提高投资质量效益。二是进一步加大政府投资对养老设施、绿化、市政管网等民生领域的投入，以引导社会资金跟进，发挥政府投资的带动作用。三是加快储备一批调整优化首都功能、提升城市建设水平、推动京津冀一体化发展的重大急需项目。

（三）积极推广运用政府和社会资本合作模式

积极落实《关于推广运用政府和社会资本合作模式有关问题的通知》，推广基础设施及公共服务领域的PPP模式。一是按照政府主导、社会参与、市场运作、平等协商、风险分担、互利共赢的原则，探索运用规范的政府和社会资本合作模式新建或改造一批基础设施项目。二是重点关注城市基础设施及公共服务领域，力争从城市供水、供暖、供气、污水和垃圾处理、保障性安居工程、地下综合管廊、轨道交通、医疗和养老服务设施等项目入手开展PPP模式试点。三是加快推动电信、电力等国有资本控股经营的垄断行业实行网运分开、放开竞争性业务，推动公共资源配置市场化。四是进一步加大改建和技术改造项目的支持力度，引导民间资本向改造升级传统产业、先进制造业、战略性新兴产业聚集。

※ 专题研究

——客观看待投资对经济增长的拉动作用

改革开放以来，北京市固定资产投资一直保持着较快增长，对拉动经济增长、提升城市综合实力发挥了重要作用。但近年来，受经济结构持续调整、经济增长不断放缓以及北京市所处发展阶段等多方面因素的影响，投资增速有所放缓，对经济增长的贡献有所降低。投资对经济增长的拉动作用不仅取决于对经济活动的直接投资，也取决于城市承载能力大小和运行效率高低，需客观分析投资对经济增长的作用，进而通过加快体制机制创新，增加有效投资，提高实体投资比重，提升城市承载力和运行效率，促进经济可持续发展。

一、近年来投资及其对经济增长的作用

（一）投资增速稳步下行

改革开放以来，除“九五”时期年均增长8.9%外，其余各次五年规划时期北京市固定资产投资均保持了较快的增长，年均增速基本在15%左右；但近两年出现稳步放缓的发展态势，2012年、2013年分别增长9.3%、8.8%，2014年预计为7.5%左右，已经进入10%以内的增长区间，与2008年以来的上海较为相似。

（二）投资率波动下降

从经济的需求结构来看，1978~1984年北京市的消费需求主导型特征较为明显，1985~1995年演进为投资需求主导型，1996~2005年为投资消费双轮驱动型，2006年以来，投资率开始低于消费率，下降到50%以下，并连续八年呈现波动下降发展态势，消费主导型特征渐趋增强，到2013年已然形成了投资率、消费率“四六开”的发展格局。

（三）投资对经济增长的贡献率在下降

资本形成总额对经济增长的贡献率由2003年的峰值66.3%下降到2008

年的9%，2012年、2013年分别为43.8%和37.3%；拉动作用由2003年的7.4个百分点下降到2008年的0.8个百分点，2012年、2013年分别为3.4个百分点和2.9个百分点。利用剔除进口的非竞争型投入产出表计算得出，单位投资对经济增长的拉动效果也在减弱，2007年北京市每万元投资能拉动本地总产出12877元，比2002年的13258元下降2.9%，对总产出的贡献率也由31.2%降至24.5%；与上海市发展情况较为相似，上海市万元投资拉动本地总产出14943元，比2002年的16318元下降8.4%，对总产出的贡献率也由34%降至22.7%。

（四）投资的即期效益呈现下降态势

2004~2013年北京市投资效果系数，即平均每增长1元投资可带动的GDP增加量，呈现波动下降发展态势，由2001~2007年0.33以上的水平（2007年为峰值0.44）回落到2012年、2013年的0.25、0.23，与发达国家0.5~1的水平的差距在不断拉大。而且，用以度量衡量固定资产投资效益的指标，新增固定资产规模及固定资产交付也呈下降趋势，由2000年的85.7%下降至2012年的39.8%，表明固定资产投资中转化为新产能的能力在不断下降，投资的利用效率不断降低。

二、客观看待投资对经济增长的作用

投资对经济的拉动作用取决于投资规模和投资效率。投资规模扩张步伐伴随北京市步入消费主导型的后工业化社会有所放缓，投资效率与产业结构、投资结构、区域布局有关，也与城市承载能力大小和运行效率高低有关。单位投资对于经济增长的贡献有所减弱，与经济理论和经济发展的一般经验基本吻合，也是首都所处发展阶段和城市功能定位推进的结果。

（一）投资拉动作用减弱符合一般经济发展规律

美国经济学家E.多马提出的投资双重性原理认为，固定资产投资具有创造需求和扩大生产能力的双重作用。也就是说，投资对经济增长的作用在于：一方面通过扩建、新建新的工程和改建原有的项目，形成新的生产能力，扩大有效供给；另一方面，通过投资链条的传递，可以带动相关的各个环节，发挥乘数效应，增加新的消费需求，拉动经济增长。在买方市场形成之前，工业投资占比达到30%以上，产业结构基本呈现“二三一”格局，投资对经济增长的供给和需求作用呈现同步变化，投资的乘数效应较为明显。随着买方市场的形成，投资扩张带来的生产能力过剩使得乘数效应大打折扣，投资对后期新的生产能力和有效供给的形成引致的带动能力不断减弱。

从国际经验来看，城市经济进入城市化和工业化后期阶段以后，随着城市基础设施和工业设施建设趋于完善，简单扩大投资规模以实现“保增长”的发展模式不仅难以达到预期效果，而且还可能制约产业结构的自我调整步伐，不利于经济的长期可持续发展,投资对经济增长的推动效应也会逐步减弱。而且，当经济发展到一定阶段时，消费将成为城市经济增长主要的动力，经济会逐步由生产性经济向服务型经济转变，会由追求速度增长向效益提高转变，会由低附加值、高能耗产业向高附加值、高技术含量产业转变，科技进步、效益因素在经济发展中的作用将日益增强。经过改革开放30多年的发展，北京市已经进入工业化和城市化的后期阶段，以服务业为主的产业结构和以消费为主要需求动力的格局已经确立，首都总部经济、消费经济、知识经济和绿色经济的特征更加突出，经济发展步入了“速度下台阶，质量上台阶”的增长转换期，投资对经济增长的拉动也在由量向质转变。

（二）投资结构及其存量影响投资对经济增长的拉动作用

投资对经济的拉动作用不仅取决于当期投资规模，更取决于当期投资和资本存量的产出效益。与上海市相比，近年来北京市的投资规模扩张较快，但投资效率相对较低，对于经济增长的拉动作用及两地经济增速基本相当。

近年来京沪两地全社会固定资产投资规模增速虽然均进入到次高增长平台，但由于两市不同的城市定位、区位优势和产业政策，北京市投资逐步赶超上海市。1978年至90年代中期，北京市固定资产投资规模仅为上海市的60%~80%，1996年更降至45%。而自1997年开始，北京市固定资产投资规模与上海市的差距迅速缩小，到2010年已经赶超上海市，2013年更比上海高25%，其中2011年北京新增固定资产更是达到上海市的一倍。

受投资结构、产业结构调整及市场环境的影响较大，投资对经济增长的即期拉动作用大大削弱。一是全社会固定资产投资中占比三成左右的基础设施投资由于投资周期长，造成当期固定资本形成较低，加之近年来拆迁成本高，土地购置费上升快，也影响了投资转化为固定资本形成的效率。但基础设施完成后提升了城市综合承载能力，会在未来一段时间逐步体现。二是加强房地产市场调控背景下企业放缓开发进度也是带来整体投资效率降低的重要原因。占投资半壁江山的房地产业固定资产交付使用率由2004年的57.6%降至2013年的32.7%，上海市则由2004年的66.9%降至2011年的61.5%。三是制造业固定资产交付使用率降幅明显是北京市投资效率降幅明显低于上海市的重要原因。北京市制造业固定资产交付使用率出现明显下降，由2005年最高时的91.4%降至2011年的36.4%，同期上海市则保持在60%左右，这可能与京沪两地工业结构及产业链环节有关。四是北京市投资对服务业的拉动效果并不相同：对信息服务业、批零业的拉动作用明显，但对金融业和商务服务业的作用较小，这也会影响到投资对经济增长的拉动。

存量规模扩大有利于减弱经济波动，但随着投资规模的逐步扩大，投资的扩张步伐与投资效率改善的速度也将趋缓，对经济增长的贡献也会逐步减弱。一方面，固定资产投资放缓必将影响资本存量形成从而制约经济发展。一是投资率下降消费率上升的态势，表明北京市新创造的财富中用于资本扩张的比例在降低。二是随着固定资本存量规模的扩张，需要更多的固定资产投资抵扣折旧，固定资本存量增速回落幅度会比投资更大。另一方面，在当前的发展阶段中，资本效率提升的难度也在不断加大。一是随着经济规模的不断扩张，闲置经济资源越来越少，以盘活存量方式带动资本效率提升的效果势必受到影响；二是投资增速放缓背景下，通过新建项目和新增投资这种“以增量带存量”的方式促进资本效率提升的作用正在逐步弱化；三是科技进步又受转化率不足等问题影响难以发力，短期内难以实现“优存量”的目标。

与此同时，稀缺资源对经济的制约愈加显著，高昂成本推动下各种资源效率提升的协调难度加大，也对资本效率提升产生制约。加之，资本具有更强的流动性，其效率下降也会影响北京市资本集聚力，影响对经济增长的拉动作用。

（三）消费需求呈现多元化发展趋势，亟须引进能够提供多层次供给的社会资本以释放经济增长动力

在消费主导型经济格局中，促进经济稳定增长需要更多依赖于扩大消费规模、推动消费结构升级，需要把优化投资与促进消费、增加就业、改善民生有机结合起来，促进投资与消费良性互动，通过增加与消费结构升级联系密切的行业投资，更好地促进消费增长，这也是新时期投资带动经济增长的应有之义。

投资结构调整滞后，影响投资对经济的拉动作用。2000年以来，以通讯产品、汽车、住房为代表的第三次消费结构升级开始启动，加之申办奥运成功与“入世”的带动，全社会固定资产投资、房地产开发投资、基础设施投资年均增长分别为15.5%、18.7%和19.2%，达到历史较高水平，并带动经济增长11.7%。但由于城市发展整体谋划不够前瞻，在城市承载力和运行效率制约下，采取了住房汽车限购政策，使得住房、汽车的高需求难以持续扩张，而投资结构并未实现同步调整，房地产投资依然占据半壁江山，影响投资乘数效应，从而影响投资对经济增长的拉动。

体制机制约束下优质公共服务有效供给相对不足，难以满足民众的多样化多层次需求，制约投资对于经济的拉动。一方面，伴随居民消费结构的持续优化，人民群众对优质公共服务、文化生活等提出了更高要求，目前北京市正处于养老、医疗、健康、培训等发展型消费增加、消费需求日趋多元化的阶段。另一方面，这些行业对经济的拉动作用明显，利用投入产出闭模型测算得出，每增加万元教育产业和文化体育娱乐业的投资，可以带动消费分别增加5276.8元和4773.7元，效果明显好于居民和其他服务业、住宿和餐饮业、批发和零售业等生活性服务业。从供给来看，公共服务长期由政府通过社会事业单位举办，所提供的基本公共服务标准还很单一，服务质量、服务管理水平难以满足广大市民高层次、多样化的需求，而非基本公共服务发展的体制性和政策性制约因素较多，造成公共资源优势难以充分发挥，优质公共服务有效供给相对不足，需要破解制度障碍，推动体制机制创新，营造良好发展环境，促进产业门槛公平化、经营市场化、发展规范化，丰富产品和服务供给，满足消费多样化的需求。

（四）产业融合发展程度影响投资对经济的拉动作用

产业融合是在经济全球化、高新技术迅速发展的大背景下产业提高生产率和竞争力的一种发展模式和产业组织形式，它是社会生产力进步和产业结构高度化的必然趋势，是经济增长的新动力。主要有三种方式：一是高技术的渗透融合，这成为提升和引领高新技术产业发展的关键性因素；二是产业间的延伸融合，即通过产业间的互补和延伸，实现产业间的融合，更多表现为服务业向第一产业和第二产业的延伸和渗透；三是产业内部的重组融合，更多表现为以信息技术为纽带的、产业链的上下游产业的重组融合。

服务业与各行业的融合发展有待提高，投资乘数效应难以发挥，各行业投资通过行业融合带动经济增长的作用难以充分体现。尽管北京市第三产业占比已经超过76%，远高于上海市58%的水平，接近甚至超过部分发达国家城市水平，但服务业对其他产业发展的带动和促进作用并未得到充分的发挥。一是从对各行业的影响力系数和推动力系数计算结果看，北京市包括金融业、信息服务业、批发零售业、公共服务业在内的多数服务业行业处于迟钝关联型区域，即这些行业不仅对各部门产出拉动作用有限，而且对整体经济的推动作用也在全部产业中居于平均水平之下。二是通过对比各行业完全消耗系数的变化，可以在一定程度上反映产业融合程度的变化，结果显示，服务业中的交通运输业、批发零售业、商务服务业、科技研发业和教育与各行业的融合发展相对较深，而金融业、信息服务业和房地产业与各行业的融合发展有待提高。三是进一步分析投资占比较高的行业，如交通运输业、信息服务业、房地产业、水利环境和公共设施管理业，可以看出，交通运输业60%以上是对自身的消耗；信息服务业的消耗主要集中于信息技术设备的生产和流通领域，对其他行业的带动作用并不明显；科技服务业对制造业的带动有所加强；房地产业的带动则主要集中于电力热力生产供应业和交通运输仓储业。

（五）强化区域经济联系客观上会加大投资的溢出作用

伴随北京市城市定位的调整与明确，北京市经济发展经历了从工业门类齐全到进退并举、彰显首都经济特征的过程。在产业链广泛延伸的过程中跨地区间的经济联系更为紧密，投资不仅会对本地经济产生促进作用，也具有较强的溢出效应，即会对周边地区的相关产业形成需求，产生强有力的拉动作用，这在客观上也产生了弱化投资拉动本地经济增长的影响。基于2007年中国区域间投入产出模型进行测算，北京市万元固定资本形成对本地区以外区域总产出的拉动作用显著，约为本地产出的68%，而且对全国其他地区总产出的拉动作用要高于对周边地区（天津河北）的拉动。相比而言，上海市万元固定资本形成对本地区以外区域总产出的拉动约为本地产出的57%，而且对周边地区（江苏浙江）总产出的拉动作用要高于对全国其他地区的拉动作用。从行业来看，北京市投资对本地、周边地区和全国其他地区的制造业及交通运输及仓储业，批发和零售贸易的拉动效果较为均衡，对本地区以外区域的拉动主要是资源开采加工类和金属冶炼类企业。上海市由于本地工业体系较为完备，其投资对本地制造业的拉动作用要高于对周边和全国其他地区的拉动作用。

（六）将投资配置到提升城市承载能力和改善运行软环境有利于增强投资对经济增长拉动作用的持续性

伴随城市功能定位的不断明晰以及产业结构和布局的调整，提升城市综合竞争力，有利于增强经济增长的持续性。一方面，投资加大了向城市基础设施和公共服务领域的倾斜，提升了城市承载能力和运行软环境。交通、通讯、环保、供水、供电等城市基础设施建设明显加快，城市运行保障能力更具持续性，城市运行与管理逐步向精细化、人性化方向转变，使得城市承载能力明显提升；市场制度、城市管理、城市基本法规等软环境不断改善，大幅降低了经济运行的成本，城市竞争力得到快速提升。另一方面，叠加全国城市化、工业化和全球化进程中释放的大量资源，产业投资更加注重引导作用，加速了资源集聚和生产规模的扩张步伐，六大高端产业功能区初步形成集聚态势，以10%的平原面积、20%的能耗支撑了北京市四成以上的税收和经济规模，已经成为北京市发展高端、高效、高辐射产业的集聚区，推动经济效率进一步提升。但是由于在整体推进过程中，系统谋划不足，忽视了城市功能的系统有机联系，带来城市功能协调、匹配不够，在经济快速增长、人口快速集聚的过程中，北京市特大城市的特征更为明显，城市运行效率下行的力量正在不断加大。需要充分发挥投资引领的作用，提升城市承载能力和改善运行软环境，盘活存量资源的作用，增强投资对经济增长拉动作用的持续性。

三、下一阶段推动投资拉动经济增长的几点考虑

进入首都经济发展的新时期，投资需要担负起更多职能：既需要担负起在“三期叠加”时期中的稳定经济运行的任务，又需要担负起落实城市战略定位、治理“城市病”的任务，还需要引导产业投资，构建“高精尖”经济结构的重大任务。未来一段时间，北京市要立足持续增强首都服务功能、培育首都经济新增长点，在完善市场机制释放市场主体活力的同时，引导投资致力于推动城市功能合理配置、引领城市要素有序聚合与扩散，提高投资效率，促进城市品质全面提升，推动经济持续健康发展。

一是要加快转变投资理念，改变把以投资保增长作为政策出发点的思

维习惯，通过提升对低增速的容忍度，培育长期增长动力，最终实现“促增长”的目标。二是要实现投资从“重数量”向“重效益”转变，重点投向符合北京市城市功能定位、有利于提升城市综合实力，且投资具有显著拉动效果的行业。三是要注重厘清政府与市场的关系，注重引进新业态、新产业、优秀人才和管理经验，更加注重引进在全球产业网络中具有核心地位或控制能力的高端产业资本和金融资本，推动产业集聚化、高端化、智能化和融合发展。四是要深化投融资体制和价格形成机制，创新项目投资方式，清除基础设施建设中的投资壁垒，引导社会资本参与城市道路、垃圾处理等基础设施建设。加强配套基础设施特别是地下基础设施建设，提高大城市的土地利用效率和综合承载能力。五是要按照“保障基本、引导中端、放开高端”的思路，着力在教育、医疗、文化、体育、养老等领域中可产业化、可经营的行业，打通社会资本进入渠道，丰富非基本公共服务供给，有效释放和满足多元化、多层次的消费需求。六是要加强京津冀区域在规划布局和基础设施体系方面的整体考虑，加快公共服务在区域内均等化发展进程，促进城市群加快形成和良性发展，为北京市产业升级和发展提供更大的空间。

第三章 消 费

消费增长逐步企稳 拉动作用持续增强

2014年，受经济下行压力加大、“三公”支出明显缩减、居民收入增速放缓及消费结构调整等多重因素影响，北京市消费品市场小幅放缓，1~9月社会消费品零售额同比增长8.2%，依然处于历史低位，预计2014年全年社会消费品零售额增速在8.5%左右。民生消费和居民服务性消费保持稳定，涉公消费“泡沫”逐步被挤出，消费结构更趋合理，消费增长模式更加健康。展望2015年，居民传统消费基本趋于饱和，而教育、医疗、养老等新兴需求短期内还难以对接到有效供给，预计2015年北京市消费整体上仍处于调整转型期，北京市社会消费品零售额增速在8%左右，新兴消费和服务性消费比重有望继续保持提升，消费对北京市经济增长的拉动贡献将进一步增强。

一、2014年北京市消费领域运行特点

2014年，北京市消费品市场总体上延续了2012年初以来的下滑态势，但零售额累计增速呈现逐月稳步回升的向好势头，且发展型商品[①]消费和服务性消费表现好于生存型商品[②]消费，显示北京市潜在消费需求依然充沛。总体上看，当前北京市消费领域呈现出“商品消费趋于饱和、服务消费供给不足，处于转型升级关头、亟待恰当政策助推”的阶段性发展特征。

---

① 包括书报杂志类，电子出版物及音像制品类，家用电器和音响器材类，文化用品类，家具和建筑及装潢材料类。

② 包括粮油、食品、饮料类，服装、鞋帽、针纺织类，日用品和中西药类。

（一）消费品市场额逐步企稳，贡献率稳步提升

2014年，受2013年消费基数较低、消费多元化供给增多和信息消费快速增长等有利因素带动，北京市消费品市场呈现“低开高走、逐月回升”良好走势。1~9月，北京市实现社会消费品零售额6573.5亿元，同比增长8.2%，较年初提高5.2个百分点，扭转了自2012年初以来连续下滑势头，虽然累计增速仍处于历史同期低位，但年内企稳回升的势头已然确立。

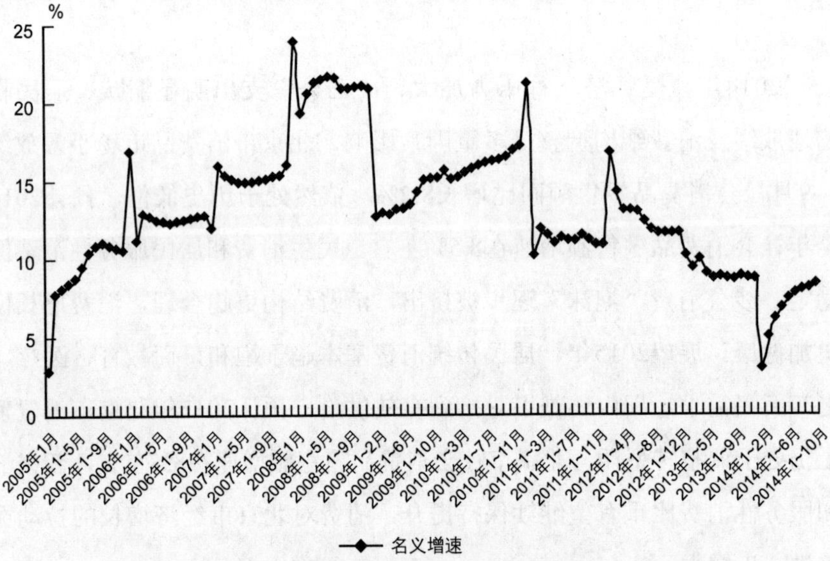

图3~1 2005年以来北京市社会消费品零售额名义增速

从拉动经济增长的投资、消费、净出口传统三项看：北京市投资正面临房地产市场调整、工业投资增长乏力、民间投资积极性不高的境况，投资整体处于低迷走势；净出口则连续几年低速增长，2014年以来更是连续出现负增长。受外需不足影响，手机、芯片、机电等产品出口下滑明显；相对平稳增长的消费成为“三驾马车”中唯一有刺激空间的领域。数据显示，自2006年消费率超过投资率以来，消费始终都是对北京市经济拉动作用最强的因素，对稳定经济增长起到了基础性作用。在2013年北京市GDP 7.7%的增长中，最终消费率为61.3%，比2013年提高1.7个百分点，高于资本形成率（投资率）21个百分点。据初步测算，2014年北京市投资、消

费、净出口分别拉动经济增长约2.7个、4.5个和0.1个百分点，消费仍是北京市经济提质增效的首要动力。虽然限车限房、人口调控、疏解非首都核心功能等主动而为的政策调整从短期看将在一定程度上削弱消费增长的基础，信息消费、养老消费、服务消费等新兴市场成熟也有待时日，但与纽约、伦敦、东京等一线国际大都市普遍85%左右的消费率（居民消费率更是在70%以上）发展水平相比，北京市消费拉动仍具有较大发展潜力。随着消费动力转换的逐步完成，北京市消费拉动作用有望进一步得到体现，“消费主导型”驱动发展格局得到进一步巩固（见图3~2）。

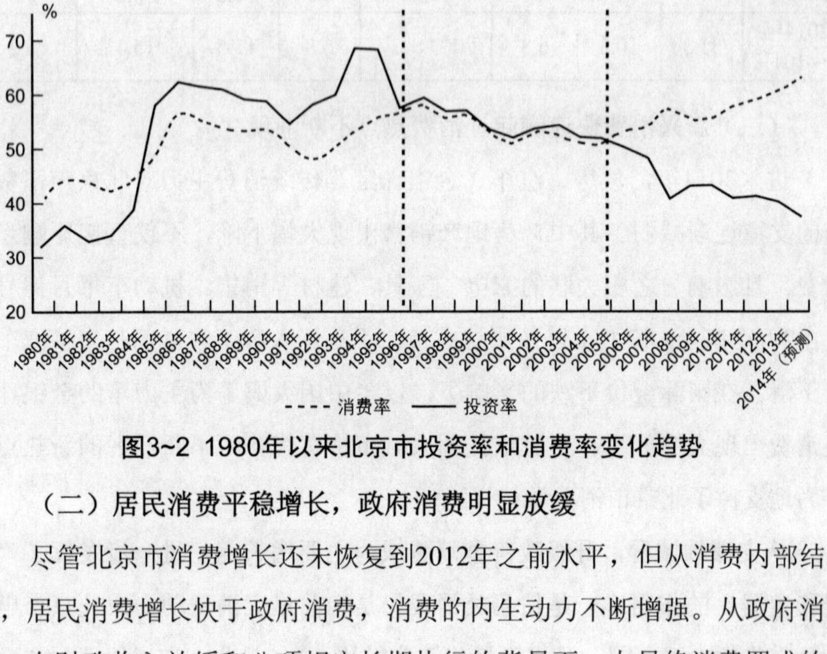

图3~2 1980年以来北京市投资率和消费率变化趋势

（二）居民消费平稳增长，政府消费明显放缓

尽管北京市消费增长还未恢复到2012年之前水平，但从消费内部结构看，居民消费增长快于政府消费，消费的内生动力不断增强。从政府消费看，在财政收入放缓和八项规定长期执行的背景下，占最终消费四成的政府消费尤其是“三公支出”出现明显放缓迹象。从居民消费看，虽然受到经济放缓、物价回落等因素影响，居民消费并没有出现明显放缓。2014年1~9月，北京市城镇居民人均消费性支出同比增长7.2%，其中服务性消费支出同比增长10.1%。城镇居民在食品和衣着类的消费性支出平均为9612元，占人均消费性支出的41.7%，呈逐年下降态势，而城镇居民服务性消费支出比重为42.2%，连续6年比重稳步上升（见表3~1）。

表3-1 2006年~2014年1~10月北京市城镇居民八类消费支出结构变动（%）

时间	食品	衣着	居住	家庭设备用品及服务	医疗保健	交通和通信	教育文化娱乐服务	其他商品和服务
2006年	30.8	10.7	8.2	6.6	8.9	14.7	17.0	4.2
2007年	32.2	10.9	8.1	6.4	8.4	15.2	15.6	4.2
2008年	33.8	10.6	7.8	6.7	9.5	13.9	14.5	4.3
2009年	33.2	10.0	7.2	6.9	7.8	15.5	14.8	4.7
2010年	32.1	10.5	7.9	6.9	6.7	17.2	14.6	4.3
2011年	31.4	10.3	8.8	7.1	6.9	16.0	15.0	4.4
2012年	31.3	11.0	8.2	6.7	6.9	15.7	15.4	4.8
2013年	31.1	10.6	8.1	7.5	6.5	15.6	15.2	5.3
2014年1~10月	31.3	10.3	6.8	7.8	6.8	15.5	15.1	6.2

（三）新兴消费快速崛起，消费热点不断涌现

进入2014年，住房、汽车、金银珠宝等传统消费主力对北京市消费市场的支撑逐渐减弱。其中，房地产销售出现大幅下降，不仅直接影响当期消费，且影响与之相关联的家电、家具、建材等销售。机动车每月摇号数量由2万个减至1.17万个以及周边省市二手车迁入政策收紧都带来了汽车消费下滑。在国际金价下跌的影响下，以“中国大妈”为主力军的金银珠宝类消费出现大幅放缓。不过依托超大城市特有优势，不断涌现的新热点仍有力地支撑了北京市消费保持平稳增长。

从支撑领域看，升级改善型消费成为主要增长点，进一步发挥了“消费稳定器”的作用。一是信息类消费仍是当前最大消费动力。北京市电子产品零售领先于全国，且更新换代速度较快。1~9月北京市通讯器材和家用电器类的零售额增速分别高于全国20个和10.3个百分点。预计随着4G网络建设及电子产品更新加快，信息内容消费增速有望进一步扩大。二是以节能环保、有机健康为内涵的绿色消费有望保持较快增长。防止污染、重视健康、绿色环保等理念逐步融入居民消费行为之中。参加北京市新能源汽车摇号的人数大幅增加，空气净化器、防霾口罩销售增长翻番，有机食品市场快速发展。三是远郊休闲旅游需求快速增长。1~9月北京市乡村旅游共

计接待游客同比增长7.8%，乡村旅游收入同比增长11.7%。**四是住房销售市场逐步摆脱低迷。**首先，随着近期央行及住建部发布房贷新政，首套房认定认贷不认房，并放松利率折扣，直接刺激了改善型需求的释放，北京市新房和二手房成交量均出现明显回升。其次，保障性自住商品房上市以来因价格低于同地段、同品质商品住房价格30%左右受到市场热捧，2014年以来共有约1.5万个家庭购买了自住型商品房，成交金额约300亿元。

从业态影响看，以网购为代表的电商份额不断扩大，将全面激发北京市消费需求增长。一是消费渠道结构持续改变。网购已逐渐成为居民的新消费习惯，前三季度北京市网上零售额同比增长40%左右，在17个零售业态中超过百货店，排名列第三，已成为北京市带动零售增长的主要动力。苏宁、万达等传统实业企业和亚马逊等海外企业纷纷加入国内电商大战。**二是消费类型突破传统商品边界。**除了日常用品以外，虚拟商品、外包服务、增值服务等这些非同寻常的商品现在只需要鼠标点一点也能送到家。企业借助电商平台对接消费者细化需求，"私人定制式"消费开始增多。**三是消费空间不断拓展。**利用电商平台消费逐步克服地域和门店位置限制，过去受制于交通的北京市远郊区县和广大农村地区，可以通过电商平台释放潜在的消费需求。**四是消费季节性因素发生改变。**"双11"、三八妇女节等非传统季节性购物正在成为新的消费时节。此外，门槛更低、时间更自由、模式更灵活的电商还带动了北京市就业创业氛围，进一步激发消费需求增长，新业态模式带来的消费增量不容小觑。

延伸阅读：北京信息消费发展领先于全国

运用北京商品性信息消费的计算方法和系数进行估算，2014年1~10月，全国商品性信息消费规模达5171亿元，北京占18%。北京市商品性信息消费起步早、增长快，发展程度高于全国；从规模看，北京市商品性信息消费占北京市社会消费品零售额的比重为12.6%，高于全国10.2个百分点。2014年1~10月，北京市商品性信息消费同比增长48.6%，高出全国增速33.3个百分点。其中，手机类增速高于全国50.4个百分点；电脑类高3.1个百分点；电视类高1.6个百分点。（见表3~2）

表3~2　2014年1~10月北京和全国商品性信息消费规模和增速

单位：亿元、%

	北京		全国	
	1~10月消费额	增速	1~10月消费额	增速
商品性信息消费	932.0	48.6	5171.0	15.3
手机类	632.8	76.8	2024.2	26.4
电脑类	172.0	14.5	916.9	11.4
电视类	106.3	10.0	2139.9	8.4
电子出版物类	21.0	-6.8	90.0	3.2

（四）农村消费增势较好，郊区消费比重提升

随着城市化进程加快、新建住宅和常住人口不断外移，以及郊区县轨道交通、商业设施逐步完善，北京市远郊区县的消费能力将持续释放，已成为当前北京市消费的新增长极。2014年1~9月，城市发展新区和生态涵养区消费品零售额分别增长12.4%、9.5%，高于核心区的6.9%和拓展区的7.5%水平。城市发展新区和生态涵养区零售额比重也分别由2008年的14.6%、3.8%提高到2014年9月的20.2%、5.3%（见图3~3），北京市消费重心正逐步从核心城和拓展区向发展新区和涵养区调整转移。

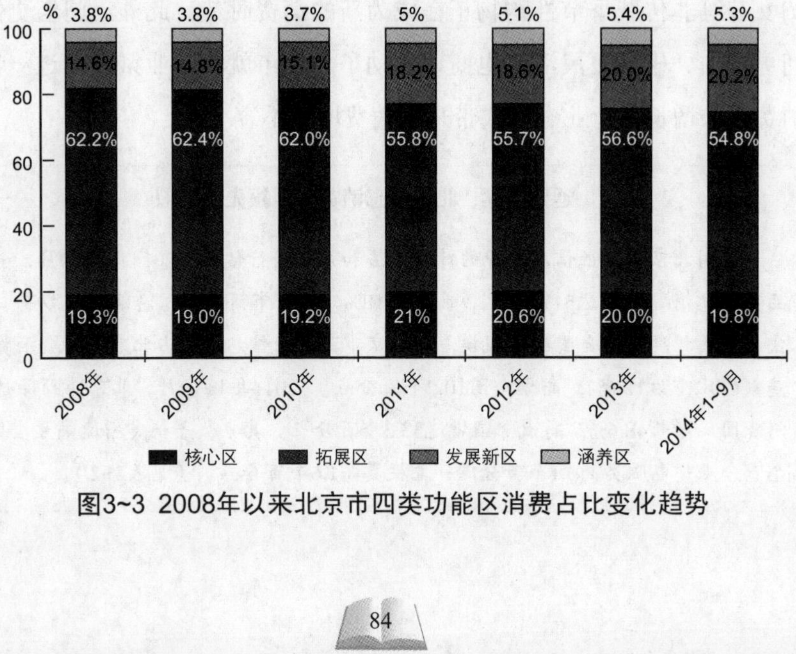

图3~3　2008年以来北京市四类功能区消费占比变化趋势

二、当前北京市消费发展面临的突出问题

当前，北京市居民消费处于转型升级关键期，但收入增长放缓、消费信心不足、资环境约束加大、新兴消费供给不足等问题严重制约着北京市消费转型升级的进程。

（一）居民收入增长缺乏长效机制

一是企业职工收入与效益协调增长机制虽已建立，但是企业工资指导线的落实程度总体偏低，尤其是在外资、合资、私营企业中知晓率低、执行力度弱。2013年北京市国有企业从业人员平均工资较2012年增长7.9%，明显低于12%的工资指导线基准线。二是工资的市场调节机制不健全，劳方在工资议价中仍处于弱势。近年来企业职工工资集体协商工作的总体进展较为缓慢。三是机关事业单位职工工资正常增长机制有待建立。北京市机关事业单位职工的工资标准已经多年没有进行调整，工资正常增长机制尚未建立，机关事业单位职工工资增长对临时性增资政策的依赖性较强。近年来机关事业单位职工工资水平、增速均低于社会平均水平。2008~2013年，北京市城镇在岗职工平均工资年均增长11.3%，其中公共管理、社会保障和社会组织行业的在岗职工平均工资年均增长7.1%，增速比城镇在岗职工增速低4.2个百分点；2013年，北京市公共管理、社会保障和社会组织行业的职工平均工资为78310元，比城镇在岗职工平均工资低16.7%。

（二）城镇居民消费倾向持续下滑

尽管政策环境、市场热点、结构调整和城镇化战略都较好地支撑了北京市消费需求扩张，但作为消费主体的居民却明显动力不足。自1979年以来北京市城镇居民平均消费倾向总体呈现下滑趋向，2014年1~9月更是进一步降至历史最低点0.56（见图3~4）。究其原因：当前北京市经济处于调整转型阶段，企业效益增长相对缓慢，产能严重过剩导致部分企业经营困难，企业职工工资收入增长预期不佳；资本市场持续低迷，居民财产性收入较差；房地产市场风险显现，部分居民资产面临缩水；社会保障和公共

服务水平不高，居民医疗、教育和养老等压力犹存。以上原因导致了当前北京市居民对未来经济预期不乐观，一定程度上影响到北京市消费需求的平稳增长和进一步扩张。从与北京市类似的日本、韩国、中国台湾地区等消费滞后型经济体（即居民储蓄率较高但消费不足）的发展经验看，在经济完成转型升级进入成熟增长阶段之后，可以通过适时的政策来助推消费实现趋势性地扩大和升级。

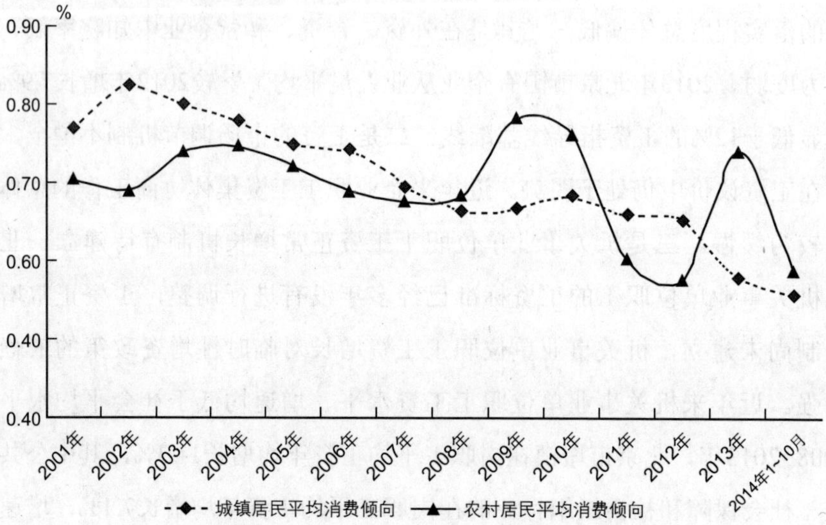

图3-4 2001年以来北京市城乡居民平均消费倾向变化

（三）资源环境的新约束制约消费需求增长

以2013年初全国中东部大范围雾霾天气为标志事件的生态问题的爆发，对北京市消费带来的影响是始料未及的。虽然带动了口罩、空气净化器等防护商品热销，但对贸易、会展、入境游等行业冲击很大。以入境游为例，2014年1~9月北京市接待入境游客312.9万人次，同比下降5.9%，日韩美等主要客源国游客数量全面下滑。实现旅游外汇收入33.3亿美元，同比下降5.9%，达历史低点。入境旅游的持续下滑还对星级酒店收入造成很大影响，2014年下滑超过10%。此外，环境问题还对消费政策制定产生负面影响，2014年机动车限购和使用进一步收紧，24万个小汽车摇号指标将减至15万个，重度污染天单双号限行。从长期看，环境污染问题可能成为制约消费发展的首要因素，对居民消费理念、消费行为和政府消费政策均将产生深远影响。

（四）信息消费存在着诸多制约发展因素

北京市信息消费发展起步早，发展水平领先于全国，市场潜力巨大，但仍然存在一些制约发展因素。一是支撑信息消费增长点较为单一。近年来，智能手机和智能电视产品的出现带动了通讯器材类和家用电器类商品的增长，但产品种类仍显不足，企业集中度高，支撑点较为单一。手机在商品性信息消费中占比接近七成，仅小米一家占比近六成。而一些概念产品距离走入平常百姓家还有一定距离，信息消费市场仍需要多元化的信息产品为其进一步发展奠定更加坚实的基础。二是服务价格偏高。目前北京市计算机、智能手机、宽带以及无线网络普及率虽然高于全国水平，但在网速、带宽和价格等方面仍与发达国家有较大差距。据国际电联（ITU）测算的固定宽带价格指数，中国为3.1，而美国和日本仅为0.6和1.1。另外，手机4G网络建设尚待加强，网络覆盖率以及资费偏高仍待解决。只有将价格空间真正让利于民，才能进一步促进信息消费发展。三是信息消费环境有待优化。信息泄露、网络欺诈以及利用网络进行诈骗的金融案件屡屡出现，严重损害了消费者的消费信心。据调查显示，18.4%的被访者在网购过程中有过“信息被泄露”的经历，2.6%的被访者有过“因网购而使银行卡被盗刷”的经历。

（五）新兴消费产业发展不足导致中高端需求流失严重

近年来，北京市生产性服务业快速发展，但消费性服务业和公共服务业发展相对滞后，消费性服务业占经济比重由2006年的20%下降至2013年的16%，教科文卫体等公共服务业改革步伐缓慢，已无法满足中高收入群体日益增长的多层次、个性化需求。数据显示，2014年1~9月，20%城镇高收入家庭消费倾向仅为58%，远低于20%城镇低收入家庭85%的消费倾向。事实上，对于北京市这样一个已经进入富裕型特征的大都市，目前的主要矛盾并不是消费需求问题，政府应更多从供给端入手研究消费问题，尤其是通过有效制度推动新兴消费的市场多元化供给，而近些年来北京市已出现较为明显的中高端消费流失境外迹象。

延伸阅读："海淘"成为国内消费流失新渠道

电子商务让日常消费跨越国界。许多居民开始将消费眼光转向广阔的国外市场。他们通过互联网检索、购买海外商品，由国际物流将货物运到国内。这些被称为"海淘族"的购物人群是目前中国的中坚消费力量。"海淘"人群和购买物品种类急速扩展背后，是中国巨量消费的跨国界流失。数据显示，2012年，中国境内消费者通过支付宝"海淘"消费的规模同比增长117%，高于国内网购64.7%的增长速度。而"海淘"消费中，奶粉、辅食等婴幼儿食品类的交易占总体近四分之一，成为"海淘"最火爆的消费品。

三、2015年影响北京市消费需求的因素分析

（一）宏观政策环境有利于消费潜力的稳步释放

一是中央连续发布了全面深化改革和全面推进依法治国的两个重大决定，决定中关于"建设统一开放、公平竞争的市场体系，使市场在资源配置中起决定性作用的基础"、"完善产权保护制度，激发非公有制经济活力"、"深化行政体制改革，建设法治政府和服务型政府"等重要提法有利于营造良好消费环境，提升北京市居民消费信心和增强消费意愿。二是近期国务院研究了关于推动扩大信息消费、促进绿色消费、稳定住房消费、升级旅游休闲消费、提升教育文体消费、鼓励养老健康家政消费等六个重点消费领域的优惠政策，其中放宽提取公积金支付房租条件、给予新能源汽车充电设施奖励、落实职工带薪休假制度、完善民办学校收费政策、扩大中外合作医疗等政策对北京市消费影响最为直接，预计2015年相关政策效应将有所显现。三是2014年以来北京市相继实施了关于加快保障性住房建设、启动110个棚户区改造、上调6项社保待遇标准、完成102个"一刻钟社区服务圈"等政策措施，这些举措也将在2015年对北京市消费增长起到促进作用。从本届政府施政风格看，预计不会有大规模直接性补贴政策的出台，2015年北京市消费将以内生式增长为主。

延伸阅读：国务院部署加快推进消费扩大升级

2014年10月29日，国务院总理李克强主持召开国务院常务会议，部署推进消费扩大和升级，促进经济提质增效。会议指出，消费是经济增长重要"引擎"，是我国发展巨大潜力所在。在稳增长的动力中，消费需求规模最大、和民生关系最直接。要瞄准群众多样化需求，改革创新，调动市场力量增加有效供给，促进消费扩大和升级，带动新产业、新业态发展，推动发展向中高端水平迈进，打造中国经济升级版。会议要求重点推进信息消费、绿色消费、住房消费、旅游休闲消费、教育文体消费、养老健康家政消费六大领域消费。

（二）民生保障持续向好有利于消费稳步增长

北京市社会保障投入力度不减，为居民敢于消费守住了底线。首先，从北京市就业形势看，随着经济增速企稳和就业扶持力度加大，2014年北京市就业形势好于2013年同期水平。截至2014年9月，北京市城镇登记失业率保持在1.45%的较低水平，同比下降0.6个百分点。其次，北京市基本公共服务支出力度加大。2014年1~9月，北京市基本公共服务支出占地方公共财政预算支出的比重为69%，比上半年提高1.5个百分点。其中，医疗卫生和科学技术的支出增速分别达到23.7%和21.4%，高于15.9%的地方公共财政预算支出的增速。最后，北京市保障性住房建设稳步推进。2014年1~9月，北京市保障性住房销售284.6万平方米，增长13.7%，占全部商品房销售面积的比重超过3成，对稳定住房消费市场起到了积极作用。

（三）新型城镇化为消费需求增长创造出更大空间

新型城镇化战略将加快农村人口向城市转移速度，使有能力在城镇稳定就业和生活的常住人口有序实现市民化，有助于带动相关消费增长，最大限度地撬动内需。对北京市而言，一是城乡结合部52个重点村的城市化改造即将完成，届时14万农民将面临生活生产方式转变，12平方公里区域的基础设施、公共服务和产业发展也将经历城市化改造，相关消费需求将有所体现。二是随着新建住宅和常住人口不断外移，以及轨道交通、商业设施逐步完善，新城和远郊区县的消费能力持续释放，将成为未来北京市消费的新增长极，消费重心也逐步从核心城和拓展区向发展新区和涵养区调整转移。三是京津冀协同发展上升为国家战略，随着区域一体化进程的加快，消费市场和消费群体的进一步扩大，有利于推动北京市消费需求扩大和消费结构升级。

延伸阅读：O2O电商新模式

2014年以来，出现了一种新型的网上与网下相结合的购物模式—O2O(Online To Offline)模式，即在网店订购，然后到网下实体店体验消费，形成了网上看商品及网上交易，网下体验消费和享受。这种模式促成网店与实体店形成一个互相联系的互补关系，吸引了供应商、消费者上网，做到网上与网下互动，进而充分发挥传统零售商开网店的优势。

（四）人口红利减弱影响消费需求持续扩张

人口是消费增长的基础因素。从增量看，2014年以来，北京市常住人口增量有所下降，首都功能核心区和生态涵养发展区流动人口规模有所下降，批发零售、制造、住宿餐饮、建筑、居民服务业等外地就业比较集中行业的外来就业人口比年初有所减少。随着北京市人口调控和中心城非首都核心功能疏解步伐的进一步提速，人口快速增长势头还将继续回落，之前人口高速增长所带来的消费增量优势正在逐步丧失。从结构看，2013年北京市人口抚养比达到22.6%，北京市65岁以上老龄人口比重达到9.3%，远超国际7%的老龄化社会标准，人口老龄化速度加快。虽然“银发族”群体收入稳定，更愿意在旅游休闲、养生保健方面增加消费支出，但国内外经验显示，老龄人口的消费支出较中青年群体相比总体上还是呈下降趋势。可以预计人口结构变化将对2015年北京市消费规模和需求结构产生一定影响。

延伸阅读：人口消费红利

研究表明，少年儿童和老年人的需求相似，两者的消费需求是成年人的70%。在中国，老年人口的消费水平一般要低于劳动年龄人口的消费水平。劳动适龄人口的消费水平高于少儿人口和老年人口的消费水平的研究结论或客观事实，表明人口年龄结构变化引起的劳动适龄人口比重的提高将可能导致居民消费总量的额外增加。而且，劳动适龄人口与少儿人口和老年人口的消费差距越小，劳动适龄人口比重提高的消费效应就越小，人口消费红利也就越少；反之，消费效应就越大，人口消费红利也就越多。

四、2015年北京市消费需求展望

展望2015年，影响消费的不确定性较往年更强，但主导性利弊因素均不突出，加之北京作为特大型消费城市，具有“规模大、结构稳、刚性强”的特点（见图3~5），综合判断：结构调整和转型升级仍是2015年主基调，北京市消费将延续稳中趋缓走势，预计全年社会消费品零售额将进一步放缓至8%，但消费结构更趋合理，增长基础更为坚实，消费主导地位更加巩固。

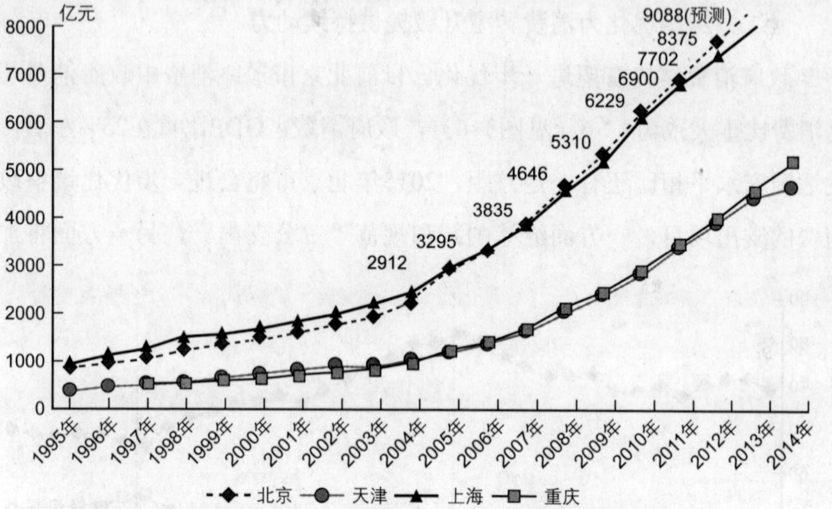

图3~5 1995年以来四大直辖市社会消费品零售总额对比

（一）消费需求规模将继续保持稳中趋缓势头

展望2015年，北京市消费需求将总体保持稳定，并伴随城市功能调整和经济转型进行内部结构优化，对于城市经济的稳定支撑作用进一步显现。一是消费结构更趋合理。2015年将继续贯彻中央作风整改精神，集团消费规模将出现进一步萎缩，居民收入稳定增长带动下，居民消费的比重不断提升。二是消费内容逐步升级，消费制度更加完善，北京市出台了《关于进一步优化市场消费环境的意见》等系列文件，消费环境更加安全；社会资本加速向旅游、健身以及各种文化休闲娱乐服务进军，正在不断满足居民多层次的消费需求，不断释放消费潜力。三是消费模式更加便利，信息技术加速融入市民生活，消费的便利性大大增强，“一刻钟”生活服务圈初步形成；线上消费快速兴起，成为消费增长的重要动力，促进京东、小米等知名企业不断涌现。四是消费伴随城市功能调整进行转型。北京市将逐步弱化集散中心功能，加快引导动批、大红门等市场外迁，促进虹桥市场等改造升级。初步判断，消费需求延续稳定增长的概率较大，预计北京市社会消费品零售总额同比增长8%左右，消费拉动经济增长约4.5个百分点，与2014年基本持平。

（二）结构优化为消费转型升级提供持续动力

政府消费结构有望进一步优化。目前北京市最终消费中政府消费与居民消费比重大致为4：6（见图3~6），政府消费占GDP比重在25%左右，与发达国家水平相比还有一定差距。2015年北京市将会进一步优化调整政府消费的支出项目，一方面继续削减和规范“三公支出”，另一方面将加大

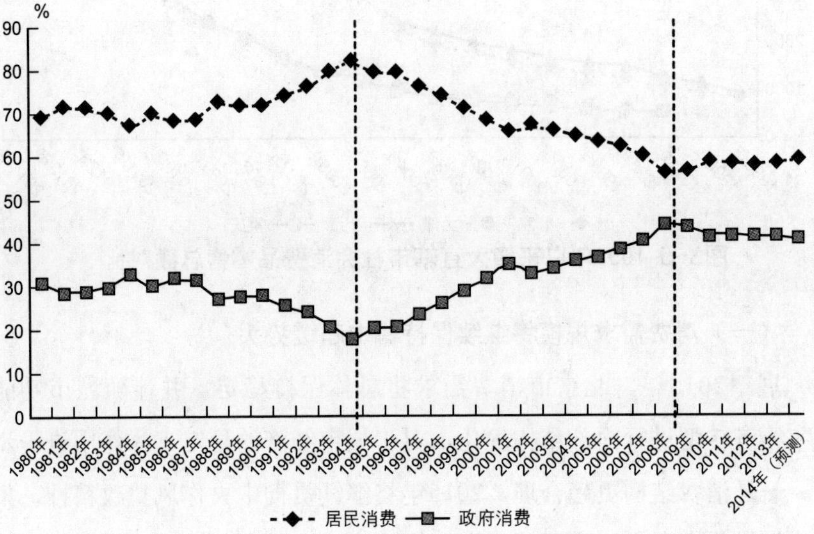

图3~6 1980年以来北京市居民消费与政府消费比例关系变化

投入来保障改善民生和完善首都城市功能，不断提高在教育、医疗、保障性住房等公共支出方面的比重，做好消费保障托底，有利于拉动整个消费规模的提升。

居民消费结构逐步走向成熟。随着生活水平的不断提高，北京市居民的消费理念、行为和模式正逐步走向理性和成熟。表现为：一是商品消费比重回落，服务消费比重提升。从近年来北京市城乡居民八大类消费需求结构变化看，当前北京市居民服务消费所占比例已超过三分之一，商品消费中非耐用品消费约占四分之三，耐用品消费只占约四分之一，消费结构正接近富裕国家水平。二是发展型和享受型消费比重将进一步提升。北京市民们不再满足于物质上的消费，而开始追求高质量、高品质的生活，尤其是中高端收入群体在奢侈品、出国旅游、养生保健、子女留学等方面的消费需求呈现快速增长势头。三是个性化消费需求不断涌现。随着80后、90后逐渐成为北京消费主体，消费能力大幅增强。他们越来越注重个人享受，越来越重视对个性的情感诉求，也越来越忠于自己喜爱的品牌，消费不仅是满足物质需要，更是个性彰显。

延伸阅读：模仿型排浪式消费

2014年中央经济工作会议指出，从消费需求看，过去我国消费具有明显的模仿型排浪式特征。现在模仿型排浪式消费阶段基本结束，个性化、多样化消费渐成主流，保证产品质量安全、通过创新供给激活需求的重要性显著上升。

什么是模仿型排浪式消费？即一段时间内以某一种消费为主导的消费方式就称为“模仿性排浪式消费”，即形成了像波浪一样的消费。排浪式消费的优点就在于，能够在一波大潮中获得极高的增长率，并且获得强大的市场话语权。其弊端是消费不稳定、持续性差。

（三）三大领域有望成为2015年消费热点

当前，北京市已经进入中高等收入国家之列，继住房热、汽车热之后，2015年消费热点有可能涌现在以下三个领域。

大信息消费。近年来，随着智能终端普及、网络设施提速和信息内容丰富，激发了居民对信息服务为主的“软消费”市场的需求，以微博、微信为代表的社交信息消费，以淘宝、京东为代表的在线购物消费呈现爆炸式发展态势。2013年，北京市城镇居民通过互联网购买的商品和服务支出是2005年的6倍，信息消费系数(信息消费支出占消费支出的比重)和人均网络流量居全国之首。未来，随着4G牌照发放、宽带中国实施和产业高度融合，可以预计各类大流量数据的应用将力助信息消费需求的扩张，以穿戴式设备为代表的硬件消费和以在线教育、远程医疗、智能家庭、虚拟社区为代表的内容消费的“大信息消费”，有望成为继住房、汽车之后北京市消费新的支柱型增长点。

延伸阅读：在线零售市场至2018年年均增速将达25%

全球知名咨询机构贝恩近期发布报告称，尽管中国经济正在减速，但中国在线零售市场仍保持较快增速，预计至2018年的年均增速将达25%，是正在放缓的传统零售业增速（8%左右）的3倍。至2018年，中国在线零售的一半收入将来自三线及更小的城市。另外，随着中国加快宽带建设及智能手机的普及，国内移动电子商务市场正飞速成长，中国有望2015年超过美国，成为全球最大的移动电子商务市场。

大休闲消费。随着生活水平的提高，人民群众对精神文化生活需求日益提高，文化娱乐和旅游休闲成为北京市消费市场的两大亮点。看演出、进影院、逛书店、观展览已成为很多北京市民假日生活的首选，2013年北京市113家营业性演出场所的演出场次、观众人次和演出收入创下历史新高，2013年首届惠民文化季消费就达到3200万人次。旅游作为当前北京市居民家庭生活中最重要的一种“体验式”消费也是一派繁荣景象，黄金周长假挤爆各大旅游景区即是最好的例证。此外，旅游还极大地拉动交通物流、住宿餐饮、文化娱乐等消费需求的释放。

大健康消费。随着生活水平提高、财富增长和老龄化时代来临，人们在医疗健康和体育运动方面的支出明显增加。数据显示，2013年北京市城镇居民人均保健器具、滋补品消费支出同比分别增长14%和36%，中高收入群体需求增长尤为明显。北京市经常参加体育锻炼人数比例达到49.1%，与国际先进城市水平相当。北京市养老需求也呈现快速发展势头，北京市百名老人拥有床位数从2007年的1.8张增加到2012年3.0张，但仅能满足北京市约4%的机构养老需求。目前北京市居家养老和社区养老都还没有成熟模式和完善社区服务支撑，未来养老服务市场潜力巨大。

延伸阅读：北京市健康消费存在明显的代际和群体差异

调查显示，随着年龄的增长，北京市居民对健康消费的关注度不断提升，但消费水平却呈下降趋势。2013年，31~40岁被访者的健康消费支出分别是41~50岁、50岁以上被访者的1.3倍和1.6倍，呈现明显的代际差异（见图3~7）。

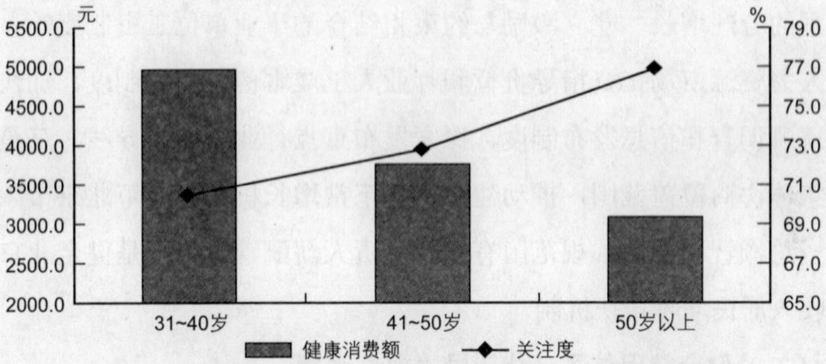

图3~7 北京市不同年龄段的健康消费支出及关注度

从性别看，女性健康消费的关注度和消费额度均高于男性；从学历和收入看，各类群体对健康消费的关注度差距不大，但高学历和高收入群体健康消费水平更高（见表3~3）。

表3~3 2013年不同群体对健康消费的关注度及人均消费额

分类		关注度（%）	消费额度（元）
性别	男	61.8	3488.1
	女	77.3	4063.2
学历	低学历	68.5	1948.6
	中等学历	68.4	3540.7
	高学历	72.3	4817.5
收入	低收入	65.0	1685.5
	中等收入	74.4	4056.3
	高收入	73.3	7016.1

五、政策建议

当前，北京市居民消费升级进程加快，消费市场需求旺盛，北京市消费扩张处于良好机遇期。建议北京市抓住国家全面深化改革的契机，综合施力，下决心解决抑制消费的深层次问题，打造有利于消费需求释放的政策环境。

（一）增加居民收入，让居民“能”消费

一是加快推进北京市公务员、事业单位工资改革，重视基层公务员收入水平的合理增长，建立激励与约束相结合的事业单位工资制度等。二是完善人力资源市场工资指导价位和行业人工成本信息指导制度，加快建立企业薪酬调查和信息发布制度，探索发布重点行业工资指导线。三是扩大工资集体协商覆盖范围，推动建立工资正常增长机制。改革北京市国有企业工资总额管理办法，规范国有企业负责人薪酬管理。四是健全北京市城乡低收入居民增收帮扶机制。

（二）健全社保体系，让居民“敢”消费

一是继续提高北京市医疗保险保障水平，全面推开大病保险，统筹推进社会救助体系建设。二是进一步向基层以及新城、城乡结合部、大型居住区等公共服务资源相对薄弱的领域和地区倾斜，促进基本公共服务均等化。三是创新社会政策，推进社会领域深化改革，着力吸引社会资本进入公共服务领域，促进非基本公共服务社会化、市场化发展，着力解决当前北京市市民特别关注的入学、就医、养老等公共服务“短板”和“缺口”问题。

（三）改善消费环境，让居民“愿”消费

一是营造更加安全的消费环境。落实北京市刚出台的《关于进一步优化市场消费环境的意见》，进一步完善部门联动的协调机制，研究协调解决市场消费环境建设中存在的重大问题和消费者集中反映的热点问题。规范发展各类新型购物方式，打造安全的网络消费环境。二是培育北京市新兴消费热点。重视信息产品消费，运用信息技术、电子商务、云计算等先进技术对传统消费渠道进行升级改造，扩大跨境电子商务试点，推动社区

便民投送点建设；推进绿色消费与环保消费，重视特大城市新能源汽车的推广工作，在税费政策方面予以倾斜。三是稳定北京市房地产市场。加大廉租住房、公共租赁住房等保障性住房建设和供给，做好棚户区改造，保障低收入群体住房需求，确保基本保障性住房市场扩容；坚持首套房优惠和多套房限贷政策的长期化，对于首次购房、自住性需求的个人房屋按揭贷款予以支持。

延伸阅读：《北京消费环境建设意见》即将出台

随着经济社会发展，人们的消费观念、方式和手段都发生了新的变化，电子商务、旅游、文化等新兴领域消费快速增长。面对新的消费需求和持续增长的消费能力，必须加强消费环境建设，才能有利于培育消费热点、拉动消费内需、规范市场秩序、保障消费者权益。据悉，北京市工商部门目前正在调研，准备就优化北京市的消费环境制定一个政策性文件——《北京消费环境建设意见》，为市民安全、放心消费编织一张“防护网”。

（四）针对需求变化，适时调整政策方向

当前，解决北京市消费问题在于积极调动消费供给。**对于商品消费**，政策引导方向要从“普通家用型”向“舒适升级型、节能环保型”转变，对居民日趋饱和的普通家电、日常百货等不必再给予过多优惠促销政策，应转向加大鼓励体现升级方向、市场容量较大、带动产业发展的节能、科技类商品上来。**对于服务性消费**，政策引导方向要及时转向当前居民真正需要的、市场供给相对不足的生活服务业上来。对于已有成熟运行模式的产业，如医疗教育、文娱旅游等，政策重点应放在放宽企业准入门槛、吸引社会资本进入、培育品牌企业和重点项目上来；对于尚属新兴市场、运行模式尚不成熟的产业，如养老服务等，政策重点是给予长期稳定、有针对性的优惠政策，鼓励社会资本大胆进入。

延伸阅读：北京市社区商业消费设施结构有待优化

调查显示，北京市社区商业消费设施配置更趋向城镇地区和城六区。除小卖店和家电维修店，农村覆盖率高于城镇外，其余购物、餐饮及生活性服务业场所农村地区覆盖率显著低于城镇，差距基本在10个百分点以上（见表3~4）。其中，差距最大的是快餐店，城镇覆盖率比农村高44.6个百分点。应针对城乡差异，进一步优化配置各类型社区商业消费设施结构，提升其利用效率，改变社区商业消费设施城乡分布不均衡。

表3~4　北京市城乡社区各类商业消费设施供给情况

社区商业消费设施		覆盖率（%）		城镇比农村高出点数（%）
		城镇	农村	
购物	大中型超市	88.5	50.1	38.4
	商场百货	75.9	38.1	37.8
	菜市场	88.9	67.5	21.4
	小卖店	97.5	98.6	-1.1
	便利店	86.3	69.6	16.7
	路边地摊	77.9	68.5	9.4
餐饮	中高档餐厅	75.2	35.6	39.6
	大众餐厅	95.7	82.0	13.7
	快餐店	86.0	41.4	44.6
	茶馆	49.4	11.0	38.4
	咖啡店	51.0	8.9	42.1
	大排档小吃铺	82.8	70.6	12.2
生活性服务	美容理发店	96.6	82.4	14.2
	健身娱乐场所	76.1	82.6	23.5
	家电维修店	58.7	61.1	-2.4
	洗衣店	89.4	49.3	40.1
	修鞋店（摊）	78.2	54.7	23.5

（五）增加闲暇时间，提升居民消费意愿

当前北京市已处于后工业化阶段，休闲时间已取代收入水平成为影响消费的最主要因素，增加闲暇时间无疑对居民消费增长具有重要促进作用。闲暇时间的增多，不仅能够提高行为人的效用和效率，还可以促进消费增长和经济增长。事实显示，近年来城乡居民服务性消费持续较快增长，文化娱乐消费需求迅速扩张，其中旅游度假带动作用最为明显。近期，北京市政府发布APEC会议在京召开期间调休放假公告，给本是旅游淡季的11月带来重大利好。据悉，10月份多数旅行社短线产品咨询量和点击量都有较大幅度增长。在居民对休闲有较强消费意愿的情况下，增加闲暇时间无疑对居民消费增长具有重要促进作用。

（六）促进旅游业发展，释放新阶段新需求

一是增加旅游产品附加值，促进旅游业提质升级。《旅游法》的实施、国家对“三公”消费的限制政策以及自驾游、自助游的兴起，一定程度上冲击了传统旅行社和住宿行业的发展。北京市应积极推动旅行社和住宿业企业要主动适应市场变化，尽快完成发展转型和自我角色的再定位，创新旅游产品，有针对性地开拓自助游、自驾游市场。二是加强旅游软实力建设，提升游客旅游体验。北京市要加大旅游信息中心、散客集散中心、旅游解说系统等旅游软实力体系建设力度，建设实用性强、操作性简便的旅游解说系统，完善散客集散中心和旅游信息中心职能，涵盖游客多样的文化背景、国别差异和旅游需求，充分体现北京深厚的历史文化底蕴和鲜明的现代化国际大都市特征，提升游客旅游体验。三是加大会展、节事旅游市场开发，形成多元化旅游消费格局。北京市要继续加大会展设施、交通通讯、会展人才等软硬件建设，提升首都在策划、营销、组织国际、国内会展的竞争力。同时，大型节事活动的举办可以缓解旅游目的地淡旺季差别，增强北京旅游市场的吸引力，提高北京众多会展中心、体育场馆等设施的利用率，有助于形成多元化的产业格局，促进旅游业持续健康发展。

第四章 价格

上涨压力明显减弱，价格水平温和运行

2014年，北京市价格水平温和，各领域延续分化运行态势。CPI温和上行，1-9月同比上涨1.9%，涨幅比2013年同期下降1.4个百分点，预计全年涨幅为1.8%左右，为近五年来低点。在产能过剩依然突出、去库存持续进行的影响下，PPI、PPIRM持续下跌，预计年内两者跌幅将有所收窄。2015年，受消费结构不断升级、劳动力成本不断上扬以及价格改革加快推进等综合影响，北京市价格上涨压力比2014年略有增强。各领域价格将延续分化运行态势。其中，受服务类价格持续较快上涨，食品、居住类价格上行压力加大，预计2015年CPI涨幅将在2%左右。受资源品价格改革进一步推进，北京市非居民污水处理等价格将上调，生产类价格降幅将继续收窄，但产能过剩、需求不足等仍将限制其上行空间，预计2015年PPI、PPIRM同比分别下降0.2%、0.1%。此外，资金价格可能有所降低，股票、住房等价格可能小幅上行。

一、2014年北京市价格运行特点

2014年，北京市价格上涨压力减弱，价格总水平处于2010年以来的低位。但各领域价格涨跌有所不同，分化态势较为明显，预计全年CPI、PPI、PPIRM分别为101.8%、99.5%、99.6%（见图4~1）。

（一）消费者价格涨幅明显回落

2014年以来，北京市价格水平温和上涨（见图4~2）。1~9月，CPI同

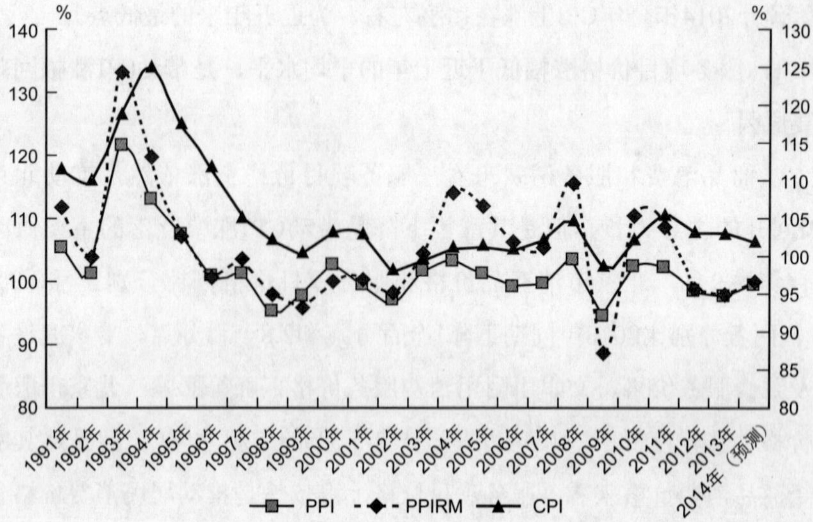

图4~1 1991~2014年CPI（左轴），PPI、PPIRM（右轴）月度累计走势变化

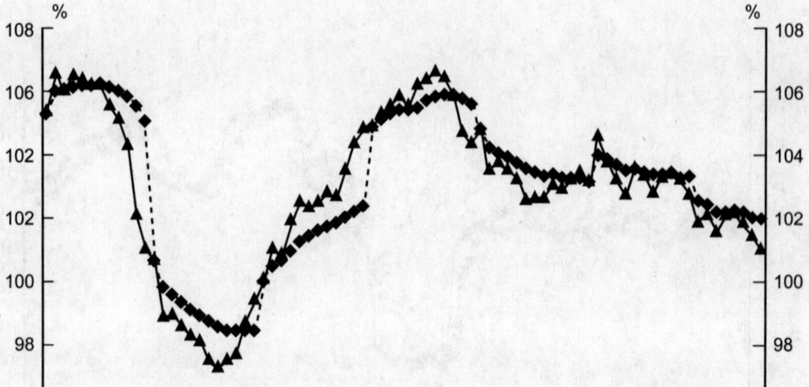

图4~2 2008年以来北京市CPI当月（左轴）及累计指数（右轴）走势

比上涨1.9%，涨幅比2013年同期回落1.4个百分点。食品、居住类项目价格上涨压力减弱，服务项目价格涨幅回落是CPI涨幅回落的主要原因。四季度，尽管面临公共交通价格有所上调，但考虑其实施时间在年底，对年内价格影响较小，因此，CPI整体并无明显上涨压力推动，CPI涨幅仍将处于

回落预计2014年全年CPI上涨在1.8%左右，为近五年来的最低点。

1．服务项目价格涨幅低于近十年的平均水平，是带动CPI涨幅回落的主要原因

从商品消费和服务消费来看，服务项目价格上涨依然是推动北京市CPI回升的主导力量，但是其涨幅下降是带动CPI涨幅回落的主要原因。2014年1~9月，北京市消费品价格和服务项目价格同比分别上涨0.8%和3%，两者分别比2013年同期下降1个百分点和2.8个百分点。受家庭设备用品及维修服务价格、文娱用耐用消费服务价格下降等影响，北京市服务项目价格上涨幅度低于2013年以及近十年5.3%的中枢水平①，但是从其涨幅高于商品消费价格来看，服务项目价格上涨依然是推动居民消费价格上涨的主要力量（见图4~3）。四季度，服务需求、用工成本基本稳定，服务项目价格上涨压力不大，预计全年服务项目价格上涨3%左右。

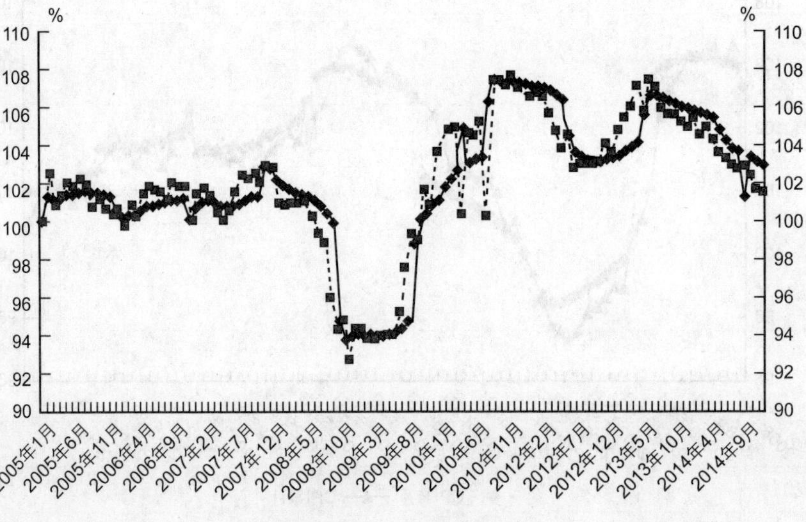

图4~3 2005年以来北京市服务项目价格指数（当月左轴、累计右轴）

2．食品和居住类价格涨幅下降带动CPI涨幅回落

2014年1~9月，构成居民消费价格指数的八大类项目中，除了烟酒及

① 2011年以来服务项目价格指数平均涨幅已从1991~2000期间的2%明显上移至5.3%。

用品等三类价格指数下跌外，其他五项价格指数均有不同程度的上涨（见表4~1）。其中，在北京市CPI构成中占比近四成的食品、居住类价格同比分别上涨3.6%、1.6%，两者[1]涨幅分别比2013年同期下降3个百分点和2.7个百分点。食品类和居住类价格涨幅回落是2014年CPI价格涨幅回落的主要原因。四季度，尽管北京市保障房以及回迁房供给增加，租房供应有所增加，但租赁需求持续较旺，再加上“9·30”房地产限购政策逐步放开带来房地产交易有所升温，北京市非居民用热、燃气价格上调，居住类价格仍将面临上涨压力；而食品类价格随着季节性供需变化，上行压力有所增强。

表4~1 2001年~2014年9月北京市八大类居民消费价格指数变化

单位：%

年份	居民消费价格指数	食品	烟酒及用品	衣着	家庭设备用品及维修	医疗保健和个人用品	交通与通信	娱乐教育文化用品及服务	居住
2001	103.1	101.5	101.5	100.4	97.0	98.7	100.8	114.2	104.2
2002	98.2	98.0	100.6	95.9	97.0	100.2	99.5	96.6	101.9
2003	100.2	103.2	100.2	97.1	97.7	100.1	97.8	98.3	101.6
2004	101.0	104.8	101.2	98.9	96.9	99.2	95.7	101.5	101.4
2005	101.5	104.9	100.0	100.1	99.7	98.0	97.5	99.7	105.9
2006	100.9	102.8	99.9	99.7	101.2	101.1	99.3	98.7	101.4
2007	102.4	109.2	101.8	100.0	100.4	100.3	95.7	99.2	103.5
2008	105.1	116.1	106.0	99.1	104.4	102.0	97.6	98.0	103.0
2009	98.5	102.4	102.2	98.4	100.3	99.9	95.9	97.6	89.8
2010	102.4	105.5	101.1	98.4	99.4	101.5	100.8	99.4	105.0
2011	105.6	110.6	102.5	102.7	104.2	103.7	101.5	99.7	108.5
2012	103.3	106.6	102.2	100.9	102.8	101.5	99.1	102.3	103.9
2013	103.3	104.7	100.1	101.5	101.7	100.2	99.0	103.9	105.6
2014年1~9月	101.9	103.6	99.8	100.2	100.4	99.9	99.7	104.0	101.6

[1] 2014年，受房地产市场调整影响加大，居住类价格当月价格涨幅基本逐月回落。

3. 娱乐教育文化用品及服务类价格上涨减弱CPI涨幅回落水平

与全国其他地方相比，娱乐教育文化用品及服务价格上涨幅度较大，成为2014年带动首都居民消费价格上涨的重要动力（见表4~2）。在北京市CPI构成中，占比近15%的娱乐教育文化用品及服务类价格，1~9月，同比上涨4%，涨幅比2013年同期扩大0.7个百分点。随着消费结构升级，居民对教育、娱乐等需求有增无减，年内娱乐教育文化用品及服务类价格将保持上涨态势。

表4~2　　全国及直辖市CPI、食品、居住类和娱乐教育文化用品及服务价格对比

	CPI（%）		食品（%）		居住（%）		娱乐教育文化用品及服务（%）	
	9月	1~9月	9月	1~9月	9月	1~9月	9月	1~9月
全国	1.63	2.15	2.32	3.26	1.65	2.29	1.88	2.19
北京	1.10	1.90	2.60	3.60	0.70	1.60	1.90	4.03
上海	1.00	2.05	3.26	3.44	3.83	4.96	1.57	1.58
天津	1.00	2.05	1.20	3.10	1.26	2.20	3.17	1.57
重庆	1.60	1.69	2.07	3.51	1.32	1.69	2.30	-0.50

4. 生活必需品价格涨跌互现

2014年，与居民感受密切相关的生活必需品价格涨幅呈现分化态势，受生产周期以及供给下降等影响，鸡蛋、鲜果价格上涨较快，肉禽及其制品、粮食价格平稳，鲜菜价格略有下降。1~9月，北京市粮食、肉禽及其制品、蛋、鲜果价格同比分别上涨2.5%、0.2%、8.1%和13.6%，鲜菜价格下跌0.31%，其中，粳米价格虽然较2013年同期有所回落，但依然在高位运行。受生产周期以及国家冻肉收储等影响，猪肉价格年内呈现先波动下行，再上涨而后波动下降态势。批发价从年初的16元/千克波动下降至4月份的12.65元/千克的年内低点，又回升至9月19.65元/千克的高点，现在稳定在16.5元/千克。受禽蛋生产能力下降等因素影响，禽蛋类价格呈现波动上涨态势，8月份鸡蛋批发价格一度升至11.25元/千克，为2000年以来的历

史高点（见表4~3）。随着水果、蔬菜等必需品季节性供给短缺、运输成本较高，预计鲜果类生活必需品价格全年内仍将上升，而禽蛋类价格也将保持上涨，猪肉价格将稳中略降。

表4~3　2014年新发地农副产品批发市场主要农产品价格变化

单位：元/千克

日　期	鸡　蛋	大　蒜	生　姜	大白菜
2014年1月3日	8.48	3.20	7.80	0.80
2014年1月17日	7.98	3.20	8.00	0.76
2014年2月7日	7.16	3.60	10.50	0.99
2014年2月21日	6.94	3.30	10.30	0.95
2014年3月7日	7.62	3.60	11.30	0.05
2014年3月21日	8.08	3.60	12.70	1.10
2014年4月11日	9.16	3.70	13.50	1.00
2014年4月25日	9.34	3.70	11.00	0.80
2014年5月9日	10.11	3.80	13.20	0.60
2014年5月23日	10.00	4.00	12.70	0.48
2014年6月13日	9.11	3.60	12.50	0.55
2014年6月27日	9.29	3.35	12.20	0.75
2014年7月11日	9.93	3.30	12.20	0.90
2014年7月25日	9.55	3.70	12.50	0.63
2014年8月1日	10.57	3.70	14.00	0.65
2014年8月8日	10.80	3.80	14.50	0.60
2014年9月5日	10.80	3.70	16.00	0.65
2014年9月12日	10.89	3.75	16.00	0.63
2014年9月26日	10.07	3.30	14.50	0.70

（二）生产者价格持续下滑

2014年，工业品市场总体供大于求的状况并未改变，特别是实体经济下行压力增大的情况下，北京市PPI、PPIRM延续28个月以来的下降态势，但降幅呈现收窄态势。1~9月，PPI、PPIRM同比分别下降0.9%

和0.7%，降幅分别比2013年同期收窄1.8个百分点和1.9个百分点（见图4~4）。在产能过剩矛盾并未得到实质性化解，需求端持续低迷的影响下，四季度北京市PPI、PPIRM仍将延续下降态势，降幅可能继续收窄，预计全年PPI和PPIRM分别下降0.5%、0.4%左右。

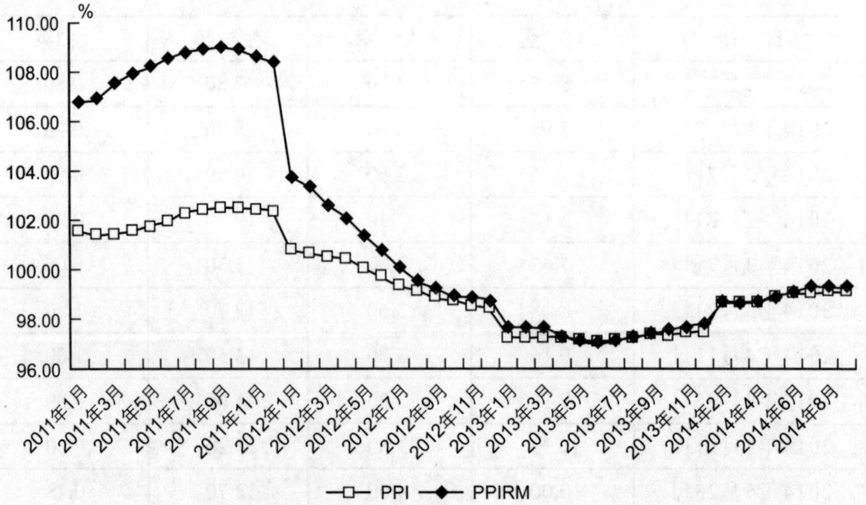

图4~4 2011年~2014年9月北京市PPI以及PPIRM月度累计变化

1．生产资料价格回落主导PPI持续下行

近两年，随着国内外及北京市经济增速放缓，需求疲软、产能过剩制约企业生产经营，其中以化学原料和化学制品、电器机械和器械制造业、黑色金属及有色金属冶炼等为代表的采掘、加工工业等行业生产资料价格持续下降，占PPI权重80%的生产资料价格持续通缩，是北京市PPI下跌的主要原因（见图4~5）。2014年1~9月，生活资料同比上涨0.9%，而生产资料价格同比下降1.3%，降幅比2013年同期收窄2.2个百分点，比PPI扩大0.4个百分点。随着国内经济和北京市经济缓中趋稳，需求将有限改善，近期PMI数据显示制造业总体平稳运行。总体上，四季度PPI降幅将继续收窄，但由于产能过剩的大环境并未改变，工业生产者出厂价格指数仍将保持下降态势，预计全年PPI同比下降0.5%左右。

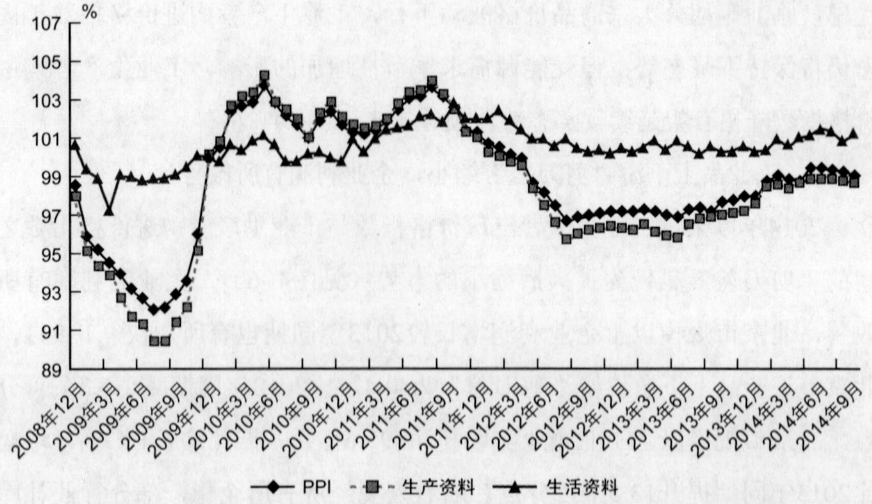

图4~5 2011年~2014年9月北京市PPI、生产资料、生活资料月度累计同比走势

2．黑色金属材料类等原材料价格回落带动PPIRM持续下降

2014年，受需求疲弱、下游工业品产能过剩以及原油、铁矿石等价格波动下行等影响，北京市PPIRM价格小幅下滑，九项分类中（见表4~4），除燃料动力、纺织原料类价格外，其他七类均有不同程度的下跌，在这七类原材料价格下跌的拉动下，北京市生产者购进价格指数延续2012年8月以来的下降趋势。1~9月，北京市生产者购进价格指数同比下降0.7%，跌幅比2013年同期收窄1.9个百分点。随着欧美经济和国内经济缓中

表4~4　2014年1~9月生产者购进价格各分项指数变化

单位：%

	PPIRM	一、燃料、动力类	二、黑色金属材料类	三、有色金属材料和电线类	四、化工原料类
当月同比	99.1	100.7	96.0	97.7	99.4
累计同比	99.3	100.7	95.6	94.7	99.5

	五、木材及纸浆类	六、建筑材料及非金属类	七、其他工业原材料及半成品类	八、农副产品类	九、纺织原料类
当月同比	100.4	97.4	98.7	96.6	100.7
累计同比	99.8	97.0	99.1	98.9	100.7

趋稳，原油等部分大宗商品价格波动下行，工业生产者购进价格指数年内恐仍将保持下降态势；但受能源需求季节性增加的影响，工业生产者购进价格指数降幅有望延续收窄态势，预计年末下降0.4%左右。

3．工业品上下游“剪刀差”缩小，企业利润有所改善

2014年以来，工业生产者出厂价格指数与工业生产者购进价格指数之间的“剪刀差”呈现先扩大后缩小的态势（见图4~6），企业毛利率有所改善，北京市规模以上企业利润增长较2013年同期也有所加快。1~9月，北京市工业品上下游价格“剪刀差”为-0.4，比2013年同期减小1.2个百分点。北京市规模以上工业企业实现利润995.6亿元，同比增长16.3%，增幅比2013年同期提升13.5个百分点。随着宏观经济有所企稳，部分行业补库存意愿增强，工业品上下游的价格“剪刀差”有望在低位波动。

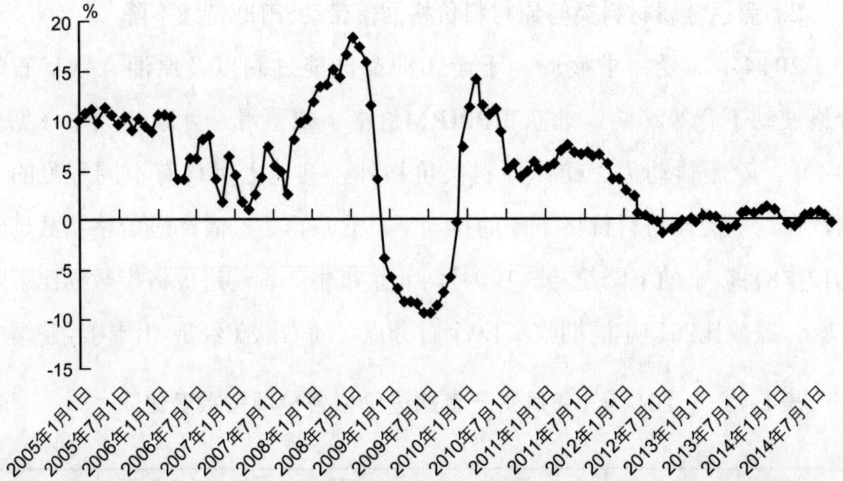

图4~6 2005年以来北京市工业品上下游价格“剪刀差”累计变化

（三）资金价格小幅下行，资产价格有所下滑

1．金融改革加快推进，资金价格小幅下行

2014年，为了调结构、稳增长，中央出台了一系列微刺激政策[①]，定向降准，下调县域商业银行和合作银行存款准备金率，对涉农贷款和小微企业贷款达到一定比例的商业银行降准；向五大行定向发行常备借贷便利（SLF）；启动地方债发行试点等。受这些政策的影响，市场资金成本有所下调，北京市实际利用资金利率有所下降。2014年10月22日，银行间隔夜、1周shibor以及银行间7天加权拆借利率（见图4~7）分别为2.42%、

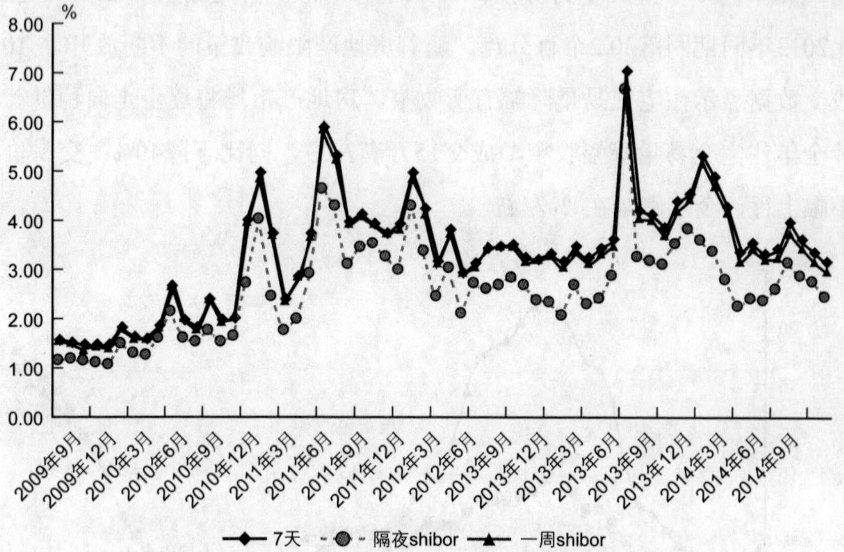

图4~7　2009年以来银行同业拆借利率变动

---

① 9月30日，发布《国务院关于加强地方政府性债务管理的意见》，规范地方政府发债。8月14日发布《国务院办公厅关于多措并举着力缓解企业融资成本高问题的指导意见》，出台具体措施缓解企业融资贵，要求保持货币信贷总量合理适度增长，维持流动性平稳适度，落实好“定向降准”措施。国务院7月23日常务会议决定，加大支农、支小再贷款和再贴现力度，对小微企业贷款实行差别化监管，有序推进利率市场化改革。银监会6月30日公布，商业银行存贷比的监管计算口径自7月1日起调整，仅对人民币业务实施存贷比监管考核。中国央行6月9日宣布，从6月16日起，下调符合要求且“三农”和小微企业贷款达标的商业银行存款准备金率0.5个百分点。央行6月16日并在微博上称，此次定向降准的范围包括国有商业银行、股份制商业银行、城商行、农商行等多类机构。中国央行4月22日公布，将县域农村商业银行和农村合作银行的存款准备金率分别调降2个和0.5个百分点，即执行16%和14%准备金率，自4月25日起生效。

2.93%和3.14%，比年初和2013年同期均有所下降。四季度，后期信贷投放力度不减，预计年内资金价格将延续小幅下行态势。

2．住宅交易有所下降，销售价格、租赁价格有所下滑

2014年，伴随宏观经济整体走弱，房地产限购政策持续以及北京市保障房供给大量上市，住房市场出现了小幅调整行情，住宅交易量有所下降，购房者观望情绪加重，房地产销售价格小幅调整，新建住房价格涨幅逐月回落，二手住宅价格有所下滑（见图4~8）。1~9月，北京市商品住宅销售量105695套，同比下降44%，新建住宅销售价格同比上涨0.4%，涨幅比2013年同期下降16个百分点；二手住宅销售价格同比上涨-2.4%，涨幅比2013年同期回落20.2个百分点。随着房地产限购政策的不断放开，10月成交数据显示住宅交易量降幅有所收窄，房地产市场将逐步走向稳健。预计全年住宅交易量降幅收窄，成交15万套左右，同比下降40%；交易价格小幅上行，全年涨幅在4%左右。

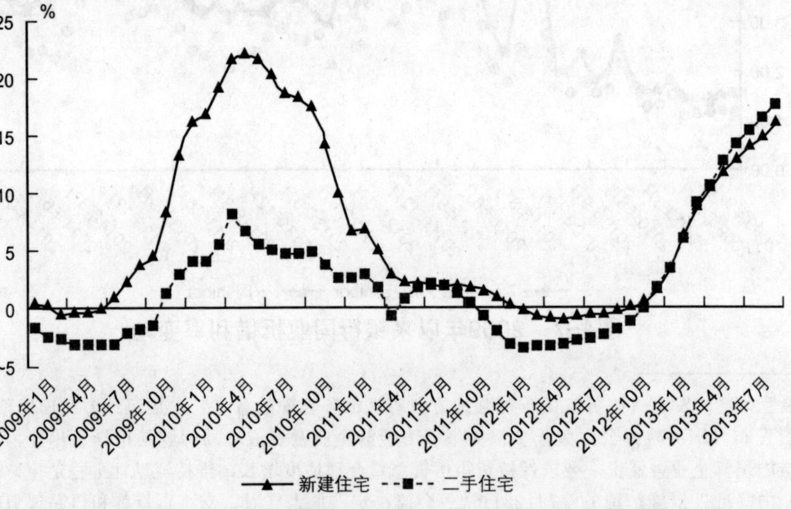

图4~8 2009年以来北京市新建住宅和二手住宅价格各月度涨幅变动

2014年，受二手房买卖交易萎缩导致由卖转租、以及部分企业外迁等多因素影响，北京市二手房租赁市场的供需关系得到明显缓解，租金价格涨幅有所回落（见图4~9）。根据中原地产数据显示，2014年9月，北京市二手住宅租金价格指数为161.1%，比2013年同期下降1.6个百分点，依然处于高位运行。四季度，虽然住房淡季到来，住宅交易市场回暖，交易价格有望小幅上涨，租金价格可能仍将保持高位运行。

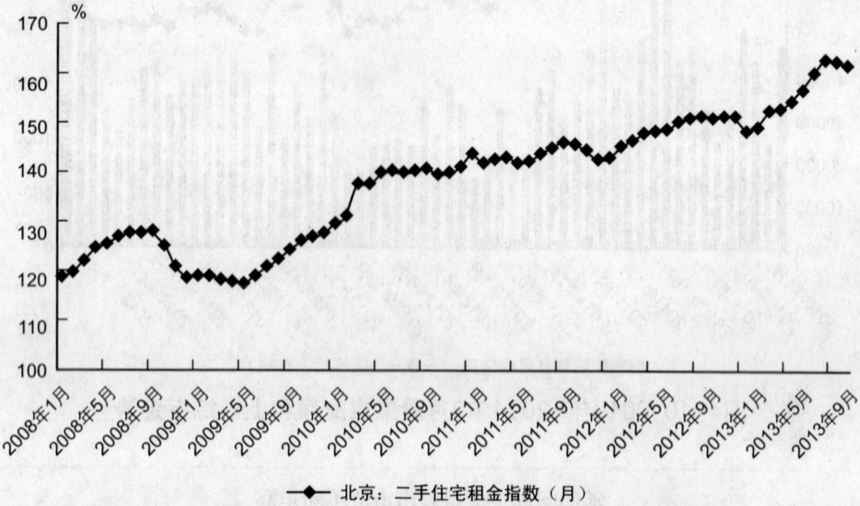

图4~9 2008年以来北京市二手住宅租金价格指数月度变化

3. 证券市场交易保持上涨，交易价格持续低位

2014年5月，国务院发布了《关于进一步促进资本市场健康发展的若干意见》[①]（新“国九条”），从制度顶层推动资本市场全面深化改革，进一步释放活力。虽然经济疲弱，但在IPO重启、融资融券试点扩大、国企改革等推动下，资本市场活跃度进一步提升，国内股市有所回暖，与全球新兴市场股市一致小幅走高。上证综指上半年在2100点内波动，7月之后，波动上行至10月末的2300多点。9月，国内股票市场成交额达到76699.5亿元，是2010年11月以来的月度最高值（见图4~10）。北京市证券市场交易额14081亿元，同比上涨97.9%。随着沪港通开通，金融改革加快推进，股票市场将小幅波动上行，到2014年9月上证综指在2400点左右。

① 5月9日，国务院发布《关于进一步促进资本市场健康发展的若干意见》（简称《意见》），市场称之为新“国九条”。5月12日是《意见》公布后的第一个交易日，二级市场高开高走，多个热点集体爆发，两市近60只个股涨停。市场用行动给推动资本市场全面深化改革的顶层设计投下赞成票。

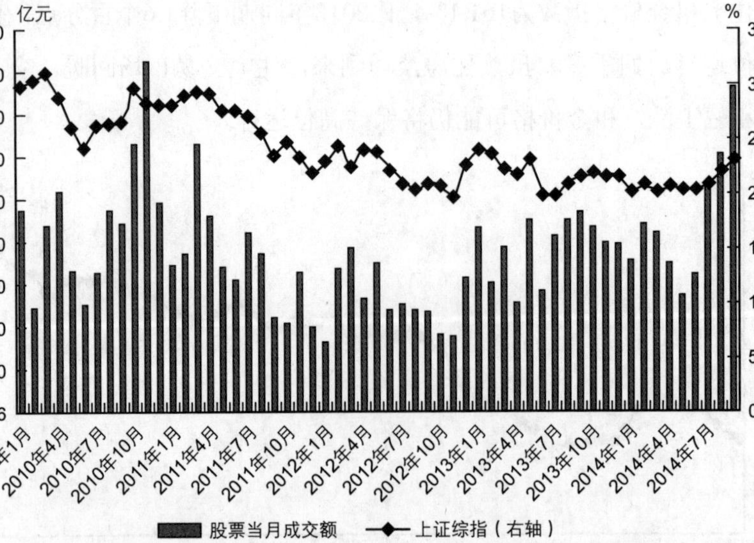

图4~10 2010年~2014年9月股票成交额和上证综指走势

延伸阅读：全球股市市值不断走高

2014年8月以来，从印度到美国，全球股市齐奏凯歌。随着美股标准普尔500指数突破2000点以及新兴市场股市回升，全球股市总市值飙升至66万亿美元的历史新高。

根据彭博资料，自8月7日以来，全球股市总市值激增超过2.2万亿美元，创下66万亿美元的历史新高。**新兴市场股市抢眼**。乌克兰、伊拉克等地的地缘政治因素依旧困扰市场，但全球股市无惧危机，依然昂首上扬。与此同时，MSCI世界指数自本月低点上涨近4%，MSCI新兴市场指数也创下近3年以来的新高。日本股市东证指数直逼2014年1月以来的最高水平，此前一度大跌的俄罗斯指数过去12个交易日累计上涨超过9%，创下俄罗斯股市自2005年以来的最长连涨纪录。巴西股指一度突破60000点大关，2014年以来累计上涨超过16%。沙特阿拉伯股指8月以来也上涨近7%，因该国准备向外国投资者开放本国股市。印度股市近期屡创新高，印度股指突破26500点，2014年以来累计上涨超过25%。投资印度股市的对冲基金成为了大赢家。根据新加坡数据供应商的统计，2014年前7个月投资印度的对冲基金账面回报率高达26%。

二、值得关注的问题

（一）CPI与PPI的涨跌持续背离加大经济运行风险

2014年1~9月，北京市CPI和PPI分别上涨1.9%和下跌0.9%，这种涨跌背离的现象已经持续28个月（见图4~11）。与全国相比，两者的背离程度相对较小，北京市消费者价格指数与生产者价格指数的背离程度相对较小，主要原因是两者的产业结构及其特征差异，即北京市第二产业占比较小，服务为主的经济特征明显，产业结构升级步伐快于全国。随着北京市产业结构不断向内部结构优化方向调整以及非首都核心功能疏解的不断进行，两者的偏离程度相对全国有可能会继续缩小。但是这种持续背离的现象，不仅反映出北京市经济运行中结构性问题依然突出，也加大实体经济运行风险。一是实体经济需求疲弱，产能过剩问题依然凸显。企业前端市场需求依然疲弱，产能利用率较低，供给大于需求的矛盾依然突出，去产能化进程持续影响企业后续生产。二是价格传导机制不够顺畅，影响企业盈利能力。上游原材料和劳动力成本的上升不能向下游产品转移，终端消费需求很难拉动生产领域的需求。随着PPI和CPI差值持续存在，必然会超

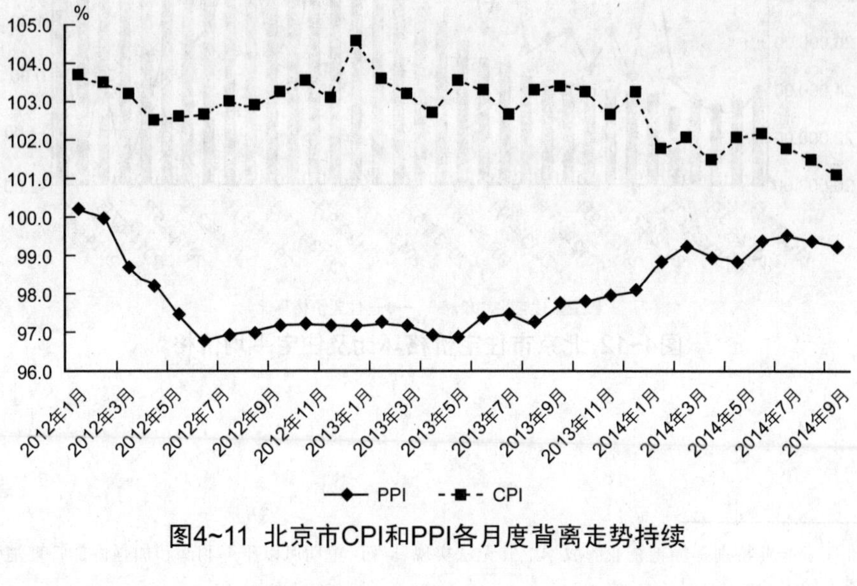

图4~11 北京市CPI和PPI各月度背离走势持续

过企业的消化能力[①]，严重影响企业盈利能力。

（二）资产价格高位运行影响企业运营成本

2014年以来，虽然北京市新建住房销售价格涨幅有所回落，二手住宅销售价格略有下降，但整体住宅价格依然处于高位运行（见图4~12）。住宅价格高位运行，商务成本居高不下，影响产业竞争力提升。较高的房价意味高昂的土地和办公租金成本，北京市优质写字楼、优质零售物业、物流仓储、研发等地产租金也处于高位（见表4~5）。2014年9月，优质写字楼、优质零售物业租金价格分别为411.2元/平方米·月、44.3元/平方米·月，虽然比年初有所下降，但比2013年同期都有所上涨。租金成本的提升，产业尤其是商务服务、金融贸易等行业的商务成本不断增加，将影响北京市现代服务业、高端制造业等产业的发展。

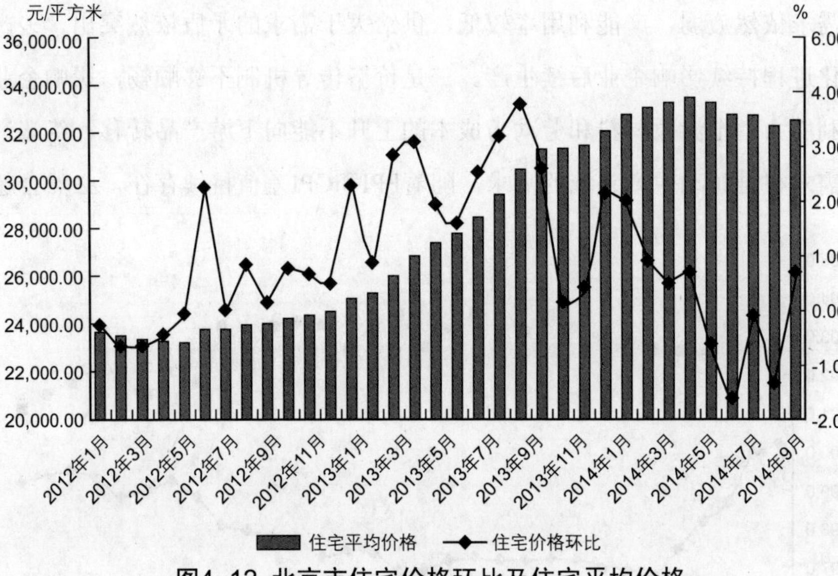

图4~12 北京市住宅价格环比及住宅平均价格

① 工业企业特别是加工企业的成本上升无法实现转嫁，短期可以压缩利润和加强内部管理消化成本的上升。

表4~5　　北京市优质写字楼等租金价格变化

单位：元/平方米·月

	优质写字楼	优质零售物业首层	物流仓储	研发用房
2009年09月	192.60	30.10	26.80	91.85
2009年12月	194.40	29.90	26.50	90.10
2010年03月	197.30	31.50	26.50	90.70
2010年06月	205.40	32.10	27.30	94.90
2010年09月	217.90	32.40	28.00	96.90
2010年12月	232.20	33.70	28.70	101.20
2011年03月	248.50	33.90	29.40	102.40
2011年06月	301.10	35.90	30.90	104.40
2011年09月	327.60	38.90	32.60	106.40
2011年12月	349.80	38.30	33.90	107.30
2012年03月	387.00	38.70	34.50	109.50
2012年06月	401.30	38.00	35.30	125.60
2012年09月	407.40	39.40	35.70	135.50
2012年12月	409.03	40.20	37.60	145.00
2013年03月	409.40	40.80	38.20	147.10
2013年06月	409.60	40.90	38.30	149.50
2013年09月	410.10	41.30	38.40	150.50
2013年12月	412.90	41.70	37.70	149.00
2014年03月	413.60	43.20	37.80	149.10
2014年06月	414.20	44.20	37.60	149.50
2014年09月	411.20	44.30	37.30	149.50

（三）部分领域价格积累矛盾影响首都调结构、促转型

在资源品、公共服务等领域，由于价格改革相对滞后，长久以来积累的矛盾在一定程度影响首都调结构、促转型步伐。资源品的低价，在产业发展中造成了资源的低效利用和产业结构升级步伐的缓慢，在一定程度上制约了企业自主创新热情。在公共服务领域，由于价格市场化程度不高，不仅形成了公共服务供需的结构性错位，还影响了服务质量和水平的提

升。在公共交通等领域，低票价不仅未起到有效疏解和合理引导人口流动的作用，还加大了财政负担。总体来看，价格领域的诸多问题已经影响了经济和社会运行效率的提升，需要加快推进改革。

三、2015年影响价格的因素

2015年，虽然输入性通胀压力减弱、国内商品市场总体供过于求的局面不会改变，但劳动力成本持续上涨、城市功能疏解带来成本上升，推动价格上涨的压力将略有增强。

（一）全球需求疲弱带来输入性通胀压力减弱

2014年，美国将持续复苏，欧洲经济持续疲软，新兴经济体走势分化，但尚能保持弱势复苏，总体上全球经济仍将保持温和复苏。IMF最新预测2015年全球经济增长3.8%，好于2014年的3.3%。虽然世界经济温和复苏，有效需求有望略有改善，但大宗商品价格面临一定上涨压力。主要经济体服务业复苏好于制造业，以及新兴经济体复苏势头走弱，将限制大宗商品需求改善空间，同时美国退出量化宽松政策预期、美国页岩油气技术发展等也将缓解原油等大宗商品价格上涨压力[①]。总体上，大宗商品价格上涨有限，2015年国家及北京市价格所面临的输入性压力有所减弱。

（二）国内和北京市经济缓中趋稳，推升价格的需求压力较小

当前，国家和北京市正处于发展方式深刻转变、结构调整加快进行以及潜在增长水平下移的阶段。2015年，受发达国家和发展中国家复苏分化，我国外部环境好转有限；随着改革创新的不断推进，经济增长动能或有所好转；党的十八届四中全会后，财税、金融等更多项改革全面推进，将进一步激发市场活力，去杠杆进程趋于平稳，实体经济需求趋于稳固，

---

① 全球原油市场供需面已经处于“失衡”状态，新增供应量庞大，需求短期却受到压制，很难回暖。最新数据显示，受益于页岩油气技术发展，美国原油产量持续上升并处于历史高位，石油输出国组织近来供应量也在增加，俄罗斯原油产出接近前苏联解体以来最高水平。尽管2014年6月至今地缘危机持续发酵，但并未造成明显供给中断，利比亚等地区近期供应还出现明显回升。然而，由于外界担忧全球经济增速放缓等因素，原油需求近期一直萎靡不振，国际能源署10月14日大幅调降了2014年和2015年全球原油需求预估，并指出油价还可能进一步下跌。

国内经济和北京市经济呈现缓中趋稳的运行态势[①]。初步预测国家经济增长7.1%，北京市经济增长在7%以内，均较2013年有所放缓。总体上，经济增长的放缓势必会带来总需求增长趋缓，物价上涨的需求动力有所减小。

（三）货币流通波动增强或将加大价格波动压力

2014年，我国货币政策在坚持区间调控的基础上，实施定向调控，出台了定向降准、定向SLF等系列“微刺激”政策；货币存量已经超过110万亿元，保持世界排名第一。2015年，为推进国内结构调整，货币政策仍将保持稳健，但出于稳定经济增长、价格水平等方面的考虑，降息等调控手段可能将发挥作用，货币存量依然将保持高位。随着进一步规范地方政府债，利率市场化、沪港通实施等金融改革加快推进实施，货币市场通道进一步打通，无效资金需求将进一步减少，整体资金流通效率和利用效率均将有所提升，货币流通的波动性将增强，进而加大价格波动压力。而跨境资金“有进有出”将成为常态，短期跨境资金流动加大外汇占款投放波动，也会对价格波动形成一定压力。

（四）资源品、公共服务价格改革等将继续助推价格上涨

为发挥市场在资源配置中的决定性作用，资源品、公共服务以及某些垄断领域的价格改革将加快推进，以便进一步理顺价格体系，提升资源利用效率；同时缓解资源环境[②]和公共服务领域的要素使用低成本、低效率等问题。2015年，水、电、气、热等资源品、垃圾处理收费等领域价格仍将面临上调，同时医疗、教育等公共服务价格收费也将调整，这些都将进一步推动价格上涨。大规模价格改革实施，势必引起多种能源资源类产品价格上涨，进而带动其他产品价格的上涨，推高物价涨幅。

---

① IMF2014年10月份的报告预测，2015年中国经济增长7.1%，比2014年的7.3%有所放缓。发达国家和发展中国家经济复苏出现分化，我国经济发展的外部环境好转有限；房地产投资增速放缓，投资缺乏增长动力；在反腐背景下，消费结构升级尤其是新型城镇化加快推进后，居民消费能力与意愿提升有望推动消费平稳增长。

② 近年来的雾霾天气进一步倒逼资源价格改革的步伐加快。

延伸阅读：北京市公共交通调价方案

2014年10月28日，北京市发改委举行北京公共交通价格调整听证会，此前公布的第二套价格调整方案获得参会代表普遍青睐。同时听证会上还提出，拟同时建立公共交通价格动态调整机制，将根据公共交通企业主要运营成本变化、CPI变动等因素，制定调价公式。

本次公共交通价格调整提出两种方案。方案一：轨道交通起步3公里内每人次2元，3~6公里每人次3元，6~18公里每6公里加1元，18~42公里每12公里加1元，42公里以上每18公里加1元，票价不封顶；地面交通起步5公里内每人次1元，以后每增加10公里加价1元，取消一卡通普通卡刷卡优惠，学生卡刷卡5折优惠。

方案二：轨道交通起步6公里内每人次3元，6~12公里每人次4元，12~32公里每10公里加1元，32公里以上每20公里加1元，票价不封顶；地面交通起步10公里内每人次2元，以后每增加5公里加价1元，一卡通普通卡刷卡实行5折优惠，学生卡刷卡实行2.5折优惠。

此外，为减轻轨道交通通勤乘客费用负担，两个方案均对轨道交通月支出累计满一定金额的乘客给予阶梯折扣优惠。同时，为防止利用优惠政策进行一卡通的不正当交易，设置折扣封顶金额。具体为：每自然月内，乘客乘车使用市政交通一卡通支出累计满100元后，超出部分给予8折优惠；满150元后，超出部分给予5折优惠；支出累计达到400元后，不再享受打折优惠。

（五）劳动力成本上升是推动价格上涨的长期压力

近几年劳动力成本持续提升，成为推动价格上涨的重要因素。2006年~2014年，北京市城镇单位在岗职工平均工资累计上涨幅度达到134.3%。随着人口红利拐点到来[①]、新型城镇化加快推进以及产业向中西部转移，劳动力结构性短缺更为严重；随着保障水平不断提升、就业市场不断完善以及惠农政策的实施，务工机会成本也在不断提升。在劳动力人口结构逐步转变的背景下，工资刚性将持续存在，人力资本价格只涨不跌，增加商品和服务的生产成本，从而推动物价水平上涨。

① 由于生育持续保持较低水平和老龄化速度加快，2011年15~64岁劳动年龄人口的比重自2002年以来首次下降，为74.4%，2012年该比重进一步下降至74.1%，2013年继续下降至72.8%。

延伸阅读：最低工资标准不断上调推升用工成本

据不完全统计，截至目前，2014年全国已有重庆、陕西、深圳、山东、北京、上海、天津、山西、青海、甘肃、云南、四川、江西、贵州、内蒙古等15个地区上调了最低工资标准。其中，四川省2014年月最低工资标准由2013年的4档调整为3档，最高档为每月1400元；江西省一类区域最低工资标准为1390元，较2013年提高160元；贵州省一类区上调为每月1250元；内蒙古一类地区由每月1350元上调为每月1500元。

从最低工资标准的绝对数来看，2014年全国月最低工资标准和小时最低工资标准最高的均为上海，分别达到1820元和17元。

人力资源和社会保障部公布的数据显示，2011年全国有24个省份调整了最低工资标准，平均增幅22%；2012年有25个省份调整最低工资标准，平均增幅20.2%；2013年全国有27个地区调整了最低工资标准，平均调增幅度为17%。

（六）北京市部分产业发展成本提高将推动价格上涨

2014年以来，北京市发展重心更为偏重城市功能优化提升、环境保护和改善民生，围绕大气污染治理、中心城功能疏解等方面采取了一系列举措。尤其是2014年习总书记来京考察时，明确首都要进一步强化四个中心功能定位，调整疏解非首都核心功能，优化首都城市功能的力度将进一步加大。7月，北京市发布《北京市新增产业的禁止和限制目录（2014年版）》，预计2015年，各项细则有望不断落实，企业发展的准入成本将有所提升；与此同时，随着促进人口合理布局与疏解非首都核心功能的各项政策举措出台实施，相关产业发展成本及人口外迁安置成本将随之增加。这些措施有利于推动首都发展转型，但无疑也提升了城市发展成本，对价格上行将产生一定压力。

延伸阅读：北京市发布《北京市新增产业的禁止和限制目录》

2014年7月，市政府办公厅在首都之窗网站发布了《北京市新增产业的禁止和限制目录(2014年版)》，以严控不符合首都城市战略定位的新增产业，为“高精尖”产业腾出发展空间。

其中，核心区(东城、西城)在执行北京市管理措施的基础上，严格禁止制造、建筑、批发业，禁止新建和扩建高等学校、大型医院，严格限制酒店、写字楼、展览馆等大型公建，北京市不再新建高尔夫球场，禁止在居民楼内改扩建餐饮业和产生废气的服装干洗业。

《目录》按《国民经济行业分类标准》编制，保障规范性和可操作性，便于项目审批、企业登记及统计、税务等有关部门共同遵循，也便于市场主体使用。这个标准与国际通行的分类标准基本一致，涵盖了国民经济20个门类、96个大类、432个行业中类、1094个小类，分类科学、细致。

管理措施分禁止性、限制性两类。禁止性是指不允许新增固定资产投资项目或新设立市场主体，主要是一些明显不符合首都城市战略定位的行业；限制性是指对一些行业做出区域限制、规模限制和产业环节、工艺及产品限制，主要考虑从北京市现阶段发展实际出发，有区别地加以限制。同时，充分考虑了四类功能区的差异性。北京市分为四类功能区域(首都功能核心区、城市功能拓展区、城市发展新区、生态涵养发展区)，管理措施分为北京市和四类功能区域两个层面，北京市层面的管理措施须在北京市范围内普遍执行；四类功能区域层面的管理措施是指在执行北京市层面管理措施基础上，增加的差异化管理措施。

四、2015年价格形势展望

（一）消费价格将小幅回升

2015年，受消费结构不断升级、劳动力成本不断上扬以及价格改革加快推进等综合因素影响，服务项目价格将延续较快上涨态势，食品、居住类价格上行压力也会加大，加之公共票价调整的滞后影响，整体CPI上行压力略有所增加。但在总需求增长疲弱的影响下，消费价格上涨有限，预计2015年上涨2%左右。

服务项目价格上涨依然是推动CPI回升的主导力量。2015年，随着北京市居民消费结构升级，对教育、医疗、娱乐文化等服务类的需求将进一步提升；劳动力成本的持续上扬也将促使服务价格进一步提升，同时加上医疗服务收费上涨，服务项目价格涨幅相对2014年将有所提升，预计全年服务价格指数涨幅在3.6%左右。

食品、娱乐教育文化用品及服务类、居住类、交通类价格上涨驱动CPI回升。2015年，随着消费结构的升级，居民对娱乐文化、教育[①]等商品和服务的需求较旺，娱乐教育文化用品及服务类价格仍将保持较快涨幅。房地产市场限购政策的逐步放开将带动处于调整期的房地产市场逐步企稳，住房交易价格稳中有升，推升租赁成本，租赁需求依然较旺，租赁价格整体将稳中略升，同时加上水、电及燃料价格上调等影响，居住类价格相对2014年涨幅将有所提高；但随着北京市非首都核心功能调整疏解措施的实施以及回迁房、公租房的大量上市，供给有所改善，居住类价格涨幅有限。对食品类价格影响较大的猪肉价格[②]，受养殖成本上升以及进入上升周期影响，有望见底回升；而对北京市食品价格影响较大的果蔬类价格，在季节性供需紧张、运输成本上升、不时爆发的极端气候共同作用下，将保持上涨。预计2015年，食品类价格涨幅将比2014年有所扩大。与此同时，2014年公共交通价格改革推进也将加大交通服务类价格上涨压力。

生活必需品价格总体保持分化。2015年，世界粮农组织预测，全球谷物库存量将达到15年来的最高水平。加之，我国粮食连续丰收，虽然种植、运输、人工等各项成本有所上升，总体粳米等比重较大的粮食价格将保持相对稳定。受国际大豆产量增加，国际市场大豆、豆油价格面临下行压力，北京市食用油价格总体将趋降。而水果、蔬菜等必需品价格，受季节性供给短缺、运输成本变动，全年恐仍将上升；而不确定的自然灾害、

[①] 随着居民消费结构升级，对于旅游、文化娱乐、教育、养老等商品和服务需求持续较旺，比如对可移动穿戴设备等娱乐文化用品消费需求不断增强。

[②] 观察生猪供应量的变化，其增速自2013年底以来始终保持较为陡峭的下行趋势，按照价格传导逻辑，供给量的剧烈下行将于12~14个月的时滞后传导到价格，2015年初猪肉价格或将开始见底回升。

疫情也将增加生活必需品价格波动的不确定性。综合考虑，生活必需品价格仍将保持分化，粮食价格高位平稳运行，食用油价格将趋于下降，果蔬类价格趋于上涨。

从CPI先行合成指数[②]和一致合成指数走势看，2014年以来先行合成指数走势由波动下降逐步趋于稳定（见图4~13），根据先行合成指数领先CPI约6个月的时间规律推断，2014年底至2015年上半年CPI总体水平相对稳定，涨幅略有下降，2015年全年涨幅略有上升。粗略估算，翘尾因素对北京市2015年CPI的影响约为0%，新涨价因素为2%，全年CPI在102%左右，比2014年略高。

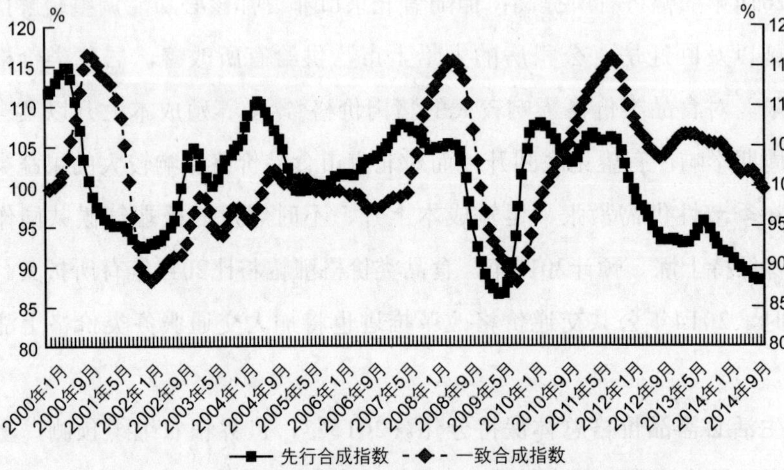

图4~13 2000年以来CPI先行合成指数（左轴）及一致合成指数（右轴）走势

（二）生产类价格跌幅延续收窄

2015年，全球经济温和复苏，需求疲弱，大宗商品价格上涨动力不足；国内经济缓中趋稳，结构性问题抑制生产类价格上行空间。同时，资

① 观察生猪供应量的变化，其增速自2013年底以来始终保持较为陡峭的下行趋势，按照价格传导逻辑，供给量的剧烈下行将于12~14个月的时滞后传导到价格，2015年初猪肉价格或将开始见底回升。

② 由货币供应量M_0、流通环节生产资料价格、北京市工业增加值、城镇居民可支配收入构成。

源品价格改革进一步推进，北京市非居民用气、热、污水处理等价格将上调[①]。因此，总体PPI、PPIRM降幅将有所收窄，但产能过剩、需求不足等问题将限制其上行空间，预计2015年PPI、PPIRM同比下跌0.2%、0.1%。

生产资料价格止跌将主导PPI跌幅收窄。2015年，随着国内经济缓中趋稳和北京市产业结构调整的推进，工业供需矛盾有一定缓和，去产能化深入进行、资源品价格的调整等将有助于以黑色金属冶炼、有色金属冶炼为代表的采掘、加工等生产资料价格降幅收窄，以化学原料等为代表的原料类价格持续保持上涨，支撑生产资料价格逐步扭转下滑态势。但是，在整体产能过剩局面未有实质性改变的情况下，生产资料价格回升幅度有限。总体上，随着结构调整以及国内需求的趋稳，生产资料价格有望止跌。

燃料动力购进价格延续小幅上行缓解PPIRM下跌趋势。2015年，尽管随着全球铁矿石新增产能的释放加大铁矿石、原油价格走低压力，但随着全球增长动能有所增强、国内和北京市经济质量进一步改善，下游产品需求回升、能源需求增加，对燃料动力等原材料需求将进一步回暖，北京市燃料动力类价格有望延续小幅上涨态势，金属类购进价格有望跌幅收窄。随着粮食连续丰收，全球粮食库存增长达到近15年的新高，农副产品价格恐将延续下跌态势。在国内资源品价格改革推进的情况下，北京市非居民用气、热等价格上调，也将加强PPIRM上行力量。受以上因素影响，北京市PPIRM下跌趋势将得以缓解。

从PPI先行合成指数走势[②]看，2014年以来，先行合成指数和一致合成指数呈现上升态势（见图4~14），预示着2015年PPI将延续降幅收窄态势；从历史规律来看，CRB现货指数和北京市GDP增速大约领先PPI同比

---

① 2014年9月，北京市市管道天然气各类非居民销售价格统一上调0.42元/立方米。其中，工商业用气最高销售价格调整为3.65元/立方米，发电用气（含供暖、制冷）调整为3.09元/立方米，压缩天然气加气母站（供非居民用气）调整为3.04元/立方米。2015年我国非居民用存量气和增量气价格将实现并轨。自2015年1月1日起，非居民用户水价由每立方米7.15元调整为8.15元，其中污水处理费由每立方米2元调整为3元，水费和水资源费标准保持不变。

② 由OECD综合领先指数、美国货币供应M1、国内工业增速、北京市社会消费品零售总额、全社会固定资产投资等构成。

涨幅1~2个季度（见图4~15），三季度GDP小幅回升，而CRB现货指数小幅下滑，两者走势分化，这意味着PPI跌幅收窄有限。粗略估算，翘尾因素对北京市2015年PPI、PPIRM的影响约为-0.5%和-0.4%，PPI、PPIRM同比下跌在0.2%、0.1%左右。

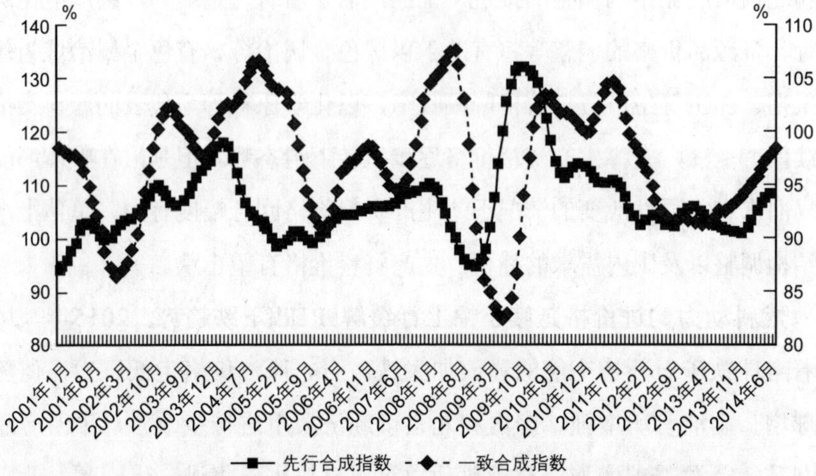

图4~14 PPI一致合成指数（右轴）及其先行合成指数（左轴）走势

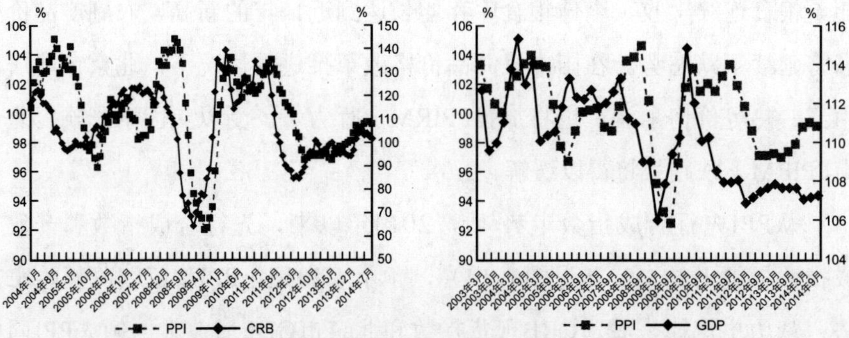

图4~15 CRB、北京市GDP增速大约领先PPI1~2个季度

（三）资金价格小幅下行、资产价格稳中略升

金融改革加快推进，资金价格小幅下行。2015年，虽然利率市场化等改革加速推进，尤其是贷款利率放开后，出于竞争等方面考虑，银行贷款利率将上浮，从而推升资金成本；但在宏观经济增长总体趋缓，企业效益

改善不明显的背景下，降息将成为大概率事件，整体利率水平有望下行。地方债发行和管理规范，也将改变地方融资平台等资金需求大户对利率不敏感的现象，利率下行向实体企业融资环节传导将有所通畅，从而降低实际成本。与此同时，随着多层次资本市场的建设和完善，资本市场转融通等多方面改革加快推进，信贷市场和货币市场连通性增强，资金价格变动将迅速传导至整个金融市场，总体而言，2015年资金价格将小幅下行。随着汇率形成机制进一步完善以及国内经济向好，人民币将呈现双边波动趋势。

有效供给并未改善，住宅价格小幅上行。2015年，随着房地产限购政策的放松[①]，刚需和改善性需求将进一步释放；虽然自住型住房等供应加大，但新增供给相对需求依然不足，供需矛盾持续存在，北京市住宅销售价格还将持续上涨；随着调控方式更加市场化、房地产市场长效机制的建设和多项改革的不断深入，房地产市场发展更为稳健，预计北京市住宅价格将小幅上行，涨幅较2014年略有提升。

改革释放资本市场活力，股指小幅上行。2015年，随着实体经济缓中趋稳，一系列改革创新加快推动，资产证券化范围进一步放宽，沪港通打通海外资金的通道，融资、融券业务进一步扩大，注册制得以实施等，市场活力将进一步得以激发，资本市场交易增长提速，股市将在波动中继续上行；同时，美元升值预期加大，利率水平的变动导致国际资本跨国间大规模流动的可能性增大，加剧资本市场的波动。总体而言，股票交易额和上证综指将有所回升，但波动相对2014将有所加强。

五、对策建议

（一）加快推进价格改革，以倒逼机制推动经济转型发展

当前的价格水平低于北京市政府的物价调控目标，对于加快推进北京

① 2014年9月30日，央行、银监会联合出台《关于进一步做好住房金融服务工作的通知》，放松了对与自住需求密切相关的房贷政策，并鼓励银行通过发行MBS和期限较长的专项金融债券等筹集资金以增加贷款投放。

市公共服务、资源品价格改革是一个比较好的时机。长久以来累积的资源品与公共服务领域价格矛盾造成了资源的低效利用、公共服务的供需结构性错位，影响了北京市经济和社会运行效率的提升。在转型发展和结构调整的重要阶段，使用价格杠杆调节资源，促进其合理配置，从而推进产业结构优化升级。尽管2015年北京市面临价格上涨压力略有增强，但依然处于温和通胀水平，建议相关部门积极推进资源品与公共服务价格改革，以疏解制约经济和社会发展的价格矛盾，为经济和社会运行效率的提升创造良好的条件。

（二）促进生产率提高，应对劳动力成本过快上涨

为应对劳动力成本上升对物价上涨的长期压力，需要不断提高劳动生产率。鼓励企业加大研发资金的投入，对建立研发中心的企业给予政策优惠。采取对劳动力重新培训与教育的措施，要从培养、选拔、评价、使用、激励、交流、保障等方面，加快制定和实施有利于人才成长的政策措施；大力加强职业培训和就业服务，提高劳动者的就业能力和适应职业变化的能力。要围绕就业的产业和行业结构的新情况安排培训计划，综合开发和利用各种培训资源；全面提高劳动者的就业能力、工作能力和创新能力，优化人力资本结构，满足北京经济发展需要。

（三）加强价格监测预警，及时疏导各类价格矛盾

理顺价格传导机制，必须加强价格监测，并及时疏导各类价格矛盾。严格执行《北京市价格监测办法》，加强价格监测预警，建立健全价格披露机制，及时公布市场价格情况。建立健全价格监测专家会商制度，以及时分析市场变化情况，预测价格走势。规范市场价格秩序，特别是要加大对粮、油以及成品油等重要商品调控力度，合理运用价格调节基金，避免物价剧烈波动。要尽早发现价格波动的苗头，有针对性地发布市场供求和价格信息，稳定消费者心理预期，保持社会稳定。

第五章 外资外贸

新常态下呈现低位运行 战略调整孕育新格局

2014年，受国内外需求放缓、国际大宗商品价格走低、人民币汇率双向波动等多重因素的影响，整体对外贸易运行保持低位，北京地区货物进出口增长继续保持2012年增速平台下移以来的水平，实际利用外资增长为近三年低位。与此同时，服务贸易保持较快增长，对外投资发展迅猛，正在孕育国际贸易新格局。展望2015年，全球经济在有限复苏中分化态势明显，货币政策取向呈现分化，国际大宗商品价格在低位徘徊，同时风险和不确定性因素依然突出，预计世界贸易形势难言乐观，资金无序流动可能会加大；中国经济进入中高速增长的新常态，改革红利逐步释放，将激发广大经济主体的创新动力和经济发展活力，而加快实施自由贸易区（FTA）战略、积极推进“一带一路”战略等重大布局，有利于中国构建开放型经济新格局，为对外经济贸易创造新的增长空间；国务院出台的支持外贸稳定增长、加强进口等政策措施深入落实，有利于推动对外贸易保持稳定增长；京津冀区域协同发展和深入落实首都功能定位将对北京市对外贸易发展产生深远影响。总体而言，伴随世界经济和中国经济发展进入“新常态”，首都开放性经济利用两种资源、两个市场的能力将明显提升，2015年北京地区对外贸易发展将在孕育结构变化中保持低位运行。

一、2014年北京市地区外贸运行形势

2014年，北京市认真落实国家促进对外贸易稳定增长的政策措施，积极创新贸易促进机制，但受国内外需求放缓、国际大宗商品价格走低、

人民币汇率双向波动等多重因素的影响，北京地区进出口增长继续保持在2012年增速平台下移以来的水平（见图5~1），1~9月份，实现进出口总额3153.5亿美元，同比下降2.6%，增幅低于全国同期6个百分点，是2010年以来同期的最低增速。预计全年进出口总额有望与2013年持平。与此同时，服务贸易则保持较快增长，1~9月北京市实现服务贸易进出口总额650.2亿美元，同比增长11.5%，增幅高于全国同期1.3个百分点，占全国服务贸易总额的15%。

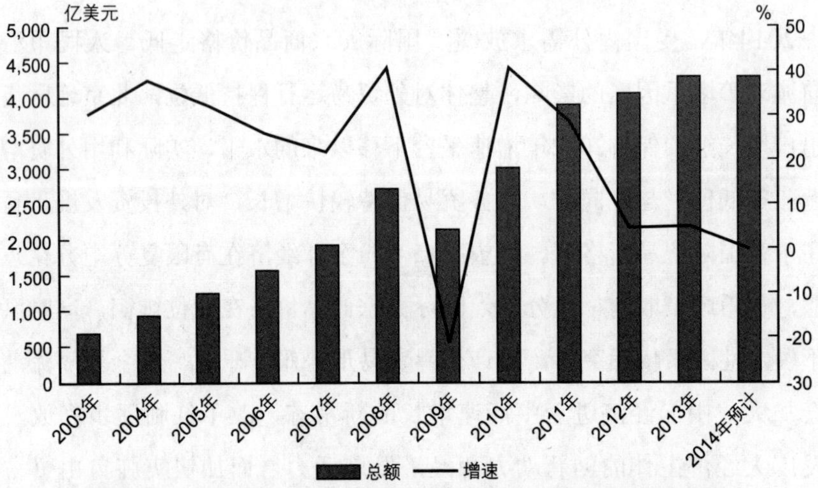

图5~1 2003年以来北京地区进出口总额及其增速走势图

延伸阅读：国务院办公厅发布《关于支持外贸稳定增长的若干意见》

为支持外贸稳定增长，国务院办公厅于2014年5月4日发布了《关于支持外贸稳定增长的若干意见》（国办发〔2014〕19号）（以下简称《意见》），部署激发市场活力、提振外贸企业信心、促进进出口平稳增长。

《意见》强调，外贸发展不仅对稳增长、保就业至关重要，也有利于促进中国经济与世界经济深度融合。目前我国外贸形势复杂严峻，实现全年预期目标需要付出艰苦努力，必须兼顾当前和长远，采取果断有力措施，支持外贸稳定增长。《意见》提出了四个方面的政策措施。

一是着力优化外贸结构。支持进口先进技术设备、关键零部件，合理增加与群众生活密切相关、必要的一般消费品进口。保持货物贸易稳定增长，做强一般贸易，提升加工贸易，发展其他贸易。扶持服务贸易发展，扩大服务进出口。发挥“走出去”的贸易促进作用。

二是进一步改善贸易环境。提高贸易便利化水平，进一步减少出口商检商品种类，优化监管方式方法，全面推进“一次申报、一次查验、一次放行”。整顿和规范进出口环节经营性服务和收费，减轻企业负担。规范进出口秩序，坚决防止恶性竞争，加强贸易摩擦应对。

三是强化政策保障。进一步完善人民币汇率市场化形成机制，推进跨境贸易人民币结算。改善融资服务，拓宽进出口企业融资渠道。加强出口信用保险支持，扩大出口信用保险规模和覆盖面，加大对小微企业等的支持力度。鼓励保险公司扩大短期出口信用保险业务，进一步增加短期出口信用保险经营主体。进一步加快出口退税进度，保证及时足额退税。适时扩大融资租赁货物出口退税试点范围。采取综合措施，支持中国装备“走出去”。

四是增强外贸企业竞争力。支持包括民营、中小等各类外贸企业发展，引导外贸企业结构调整、兼并重组、提质增效。加快推进外贸生产基地、各类贸易平台和国际营销网络建设。出台跨境电子商务贸易便利化措施。支持外贸综合服务企业发展，为小微企业出口提供专业化服务。扩大“市场采购”方式试点范围。贸易，提升加工贸易，发展其他贸易。扶持服务贸易发展，扩大服务进出口。发挥“走出去”的贸易促进作用。

（一）进口增长高开低走，出口增长低位波动

2014年，北京地区进出口增长呈现波动中下行态势，1~9月份，实现进出口总值3153.5亿美元，同比下降2.6%，增幅同比回落9.4个百分点，是2010年以来同期的最低增速（见图5~2），也是四个直辖市中的最低水平（见表5~1）；占全国进出口总额的10%，略低于2013年全年。从各月运行情况看（见图5~3），进出口整体呈现高开低走态势，6月份以后同比降幅逐月扩大，7月份、8月份降幅一度达到两位数的低位，受国务院出台支持外贸稳定增长意见等政策影响，9月同比降幅明显收窄并实现环比增长，预计四季度会延续这种收窄态势，2014年进出口总额有望与2013年持平。

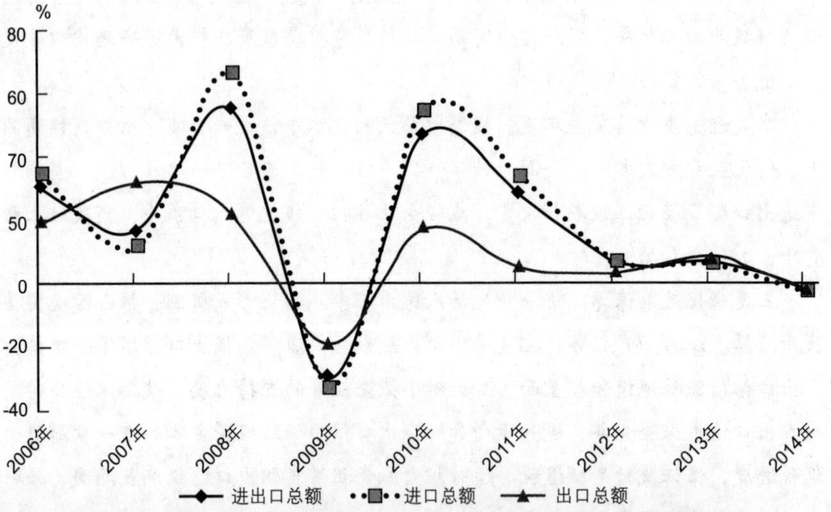

图5~2 2006年~2014年1~9月北京地区外贸累计增速走势图

表5~1　　2014年1~9月京津沪渝进出口情况比较

指　标	全　国	北　京	天　津	上　海	重　庆
进出口总值（亿美元）	31622.5	3153.5	748.9	3243.3	183.7
增速（%）	3.4	-2.6	25.9	20.8	124.2
出口总值（亿美元）	16969.8	464.5	324.6	1547.0	118.7
增速（%）	5.1	-1.8	19.1	17.5	145.8
进口总值（亿美元）	14652.7	2689	424.3	1696.3	65.1
增速（%）	1.4	-2.8	31.6	23.9	93.4

进口增长呈现高开低走态势，成为拉动进出口总额回落的主要力量。2014年，在国内需求增长下滑、国际大宗商品价格持续走低的情况下，进口增长动力不足，北京地区月度进口总额自1月份341.5亿美元的年内高点波动下滑到8月份270.7亿美元的年内低位，当月增长也由1月份16.8%的高位回落到7月份下降12.7%的低位。9月当月进口总额略有回升达到308.6亿美元，同比降幅收窄到-3.7%（见图5~3）。截至9月底，北京地区累计进口总额2689亿美元，累计增长由1月份的16.8%逐月回落到9月份的下降2.8%，并为2010年以来同期涨幅逐年回落的最低水平。

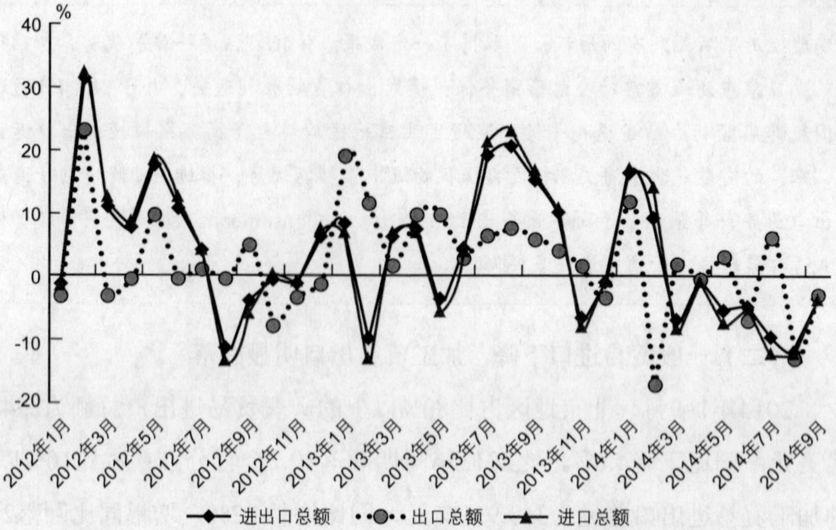

图5~3 2012年~2014年1~9月北京地区外贸当月增速走势图

出口增长呈现月际间“一正一负”低位波动运行态势。2014年，全球外贸形势难言乐观，在国家和北京市降低企业成本、提高贸易便利化等系列举措的推动下，北京地区月度出口总额基本呈现低位波动运行态势。1月份出口总额为年内高位57.1亿美元，2月份因春节因素出口总额仅实现36.5亿美元，为年内低位，其余各月基本保持在50亿美元上下。从当月增长看，2月当月下降17.8%，为2009年以来各月的最低涨幅，之后呈现“一正一负”波动态势，8月当月为年内涨幅次低-12.8%，9月当月出口总额56.2亿美元，同比降幅收窄到-2.7%（见图5~3）。截至9月底，北京地区出口总额464.5亿美元，累计下降1.8%，增幅为2010年以来同期最低水平（见图5~2）。受美国经济低位复苏拉动以及节日临近的影响，9月份北京地区出口经理人指数向好，预示未来2~3个月出口形势较为乐观。

延伸阅读：北京地区跨境电子商务取得积极进展

2014年，北京市商务委出台了推进北京市跨境电子商务发展的实施方案，开展跨境电子商务出口试点，建成集多种公共服务和通关监管功能的跨境电子商务公共信息平台，为跨境电子商务规模化发展奠定了基础。北京地区跨境电子商务业务发展经历了从无到有的历程，并取得了一定成果。依托"区港一体"优势，2014年3月6日京东商城首票跨境电子商务保税模式出口货物顺利通关，并于3月24日通过国税部门顺利办结了退税手续，实现了北京地区跨境电子商务报税模式出口退税"零"的突破。北京海关积极发挥保税物流中心功能优势，推进企业跨境电子商务出口业务，并探索电子商务业务F2C（Factory to Consumer，工厂直达消费者）模式，拓展跨境电子商务业务多样化。

（二）一般贸易进口下降，加工贸易出口明显回落

2014年1~9月，北京地区占比80%以上的一般贸易进出口总额为2543.6亿美元，同比下降4.8%，比2013年同期回落10.2个百分点；占比10%以上的加工贸易进出口总额为363.9亿美元，同比增长4.2%，增幅同比回落21.4个百分点（见表5~2~1，表5~2~2）。**占比较大的一般贸易进出口总额的下降是拉动进出口总额回落的主要力量。**

在一般贸易进出口中，出口总额205.6亿美元，同比微增0.3%，增幅同比提高5.2个百分点。受国内需求减弱、大宗商品价格回落的影响，1~9月占比九成的一般贸易进口总额2338.1亿美元，同比下降5.2%，远低于2013年同期6.3%的增幅，**一般贸易进口下降是带来北京地区进口总额回落的主要力量。**究其原因，**一方面，经济形势回落带来国内市场的需求明显减弱。**占比接近五成的原油进口量同比增长4.1%，增幅较2013年回落3.5个百分点；煤炭进口量下降23.4%，同比回落近15个百分点；集成电路、汽车零件的进口量增幅同比分别下降6.1个百分点、4.4个百分点；成品油等化工产品、文化产品等的进口数量明显减少。**另一方面，大宗商品价格低位也是进口总额下降的一个原因。**铁矿砂、农产品的进口呈现量涨价跌，有色金属、橡胶等产品则是量降价更低，从而带来进口总额的下降。以铁矿砂及其精矿为例，其进口量同比增长28.1%，但铁矿石价格累计跌幅超过40%，9月末跌破80美元/吨，为5年来低点，价格低迷使得以美元计价的铁矿砂及其精矿进口额仅增长4.6%。

表5~2~1 2014年1~9月北京地区进出口贸易总额按贸易方式分类

单位：亿美元、%

国家/地区		进出口	进口	出口
北京地区进出口总额	金额	3153.5	2689.0	464.5
	同比	-2.6	-2.8	-1.8
	比重	100.0	100.0	100.0
一般贸易	金额	2543.6	2338.1	205.6
	同比	-4.8	-5.2	0.3
	比重	80.7	86.9	44.3
加工贸易	金额	363.9	191.6	172.3
	同比	4.2	23.9	-11.5
	比重	11.5	7.1	37.1
来料加工	金额	198.3	142.5	55.8
	同比	33.9	43.0	15.2
	比重	6.3	5.3	12.0
进料加工	金额	165.7	49.1	116.5
	同比	-17.7	-10.6	-20.3
	比重	5.3	1.8	25.1
海关特殊监管区域	金额	158.2	134.5	23.7
	同比	8.2	10.3	-2.1
	比重	5.0	5.0	5.1
保税监管场所进出境货物	金额	134.5	112.0	22.5
	同比	6.2	8.6	-4.6
	比重	4.3	4.2	4.8
海关特殊监管区域物流货物	金额	23.4	22.2	1.3
	同比	21.3	19.0	82.4
	比重	0.7	0.8	0.3

表5~2~2　2013年1~9月北京地区进出口贸易总额按贸易方式分类

单位：亿美元、%

国家/地区		进出口	进口	出口
北京地区进出口总额	金额	3232.3	2758.2	474.1
	同比	6.8	6.6	7.9
	比重	100.0	100.0	100.0
一般贸易	金额	2670.8	2465.8	205.0
	同比	5.4	6.3	-4.9
	比重	82.6	89.4	43.2
加工贸易	金额	350.5	154.5	196.0
	同比	25.5	29.2	22.8
	比重	10.8	5.6	41.3
来料加工	金额	148.1	99.6	48.4
	同比	46.9	41.2	60.2
	比重	4.6	3.6	10.2
进料加工	金额	202.4	54.8	147.6
	同比	13.5	11.8	14.1
	比重	6.3	2.0	31.1
海关特殊监管区域	金额	146.2	121.9	24.3
	同比	-0.7	-0.7	-1.0
	比重	4.5	4.4	5.1
保税监管场所进出境货物	金额	126.7	103.1	23.6
	同比	-5.4	-6.2	-1.5
	比重	3.9	3.7	5.0
海关特殊监管区域物流货物	金额	19.3	18.6	0.7
	同比	47.1	48.4	20.4
	比重	0.6	0.7	0.1

在加工贸易进出口中，出口总额172.3亿美元，同比回落11.5%；进口总额191.6亿美元，同比增长23.9%，增幅分别比2013年回落34.3个百分点和5.3个百分点。出口回落的商品主要集中于占比较大的手机、成品油、钢材、电子类产品、纺织类产品等具有传统竞争优势的产品。**占比接近四成的加工贸易出口额的大幅回落是北京地区出口总额低位的主要原因。**具体来说：一是国际经济形势缓慢复苏以及发达国家推动再工业化进程，使得外部需求难有明显回升；二是近年来我国劳动力、土地、环境、资金等要素成本处于持续上涨期，出口竞争力不断减弱；三是中国机械装备等高端制造业在国际营销、售后服务、融资支持等方面仍存在差距。加之，贸易摩擦形势严峻而复杂，周边国家分流等也加大了出口增长的难度。

延伸阅读：贸易摩擦形势严峻而复杂

尽管世界经济增长有所起色，但不少国家失业率较高，发达国家更加重视发展实体经济，新兴经济体大力推进工业化进程，国际市场竞争更加激烈。一些国家采取贸易保护主义措施扶持本国产业，对市场开放态度保守，全球贸易摩擦依然高发，多边贸易体制遭遇新挫折，贸易保护主义尚未得到有效抑制。据世贸组织统计，金融危机以来，二十国集团成员出台的贸易限制措施中，约80%仍在实施，影响全球4%左右的进口。尽管2013年底世贸组织达成巴厘岛一揽子协议，但由于一些成员态度消极，协议迟迟得不到落实，多哈回合再度陷入困境。

在国际贸易保护主义回潮的背景下，针对中国产品的贸易摩擦有增无减，中国是近年来全球贸易保护主义的最大受害国。2013年，中国共遭遇19个国家和地区发起的92起贸易救济调查，比2012年增长了18%，其中新兴经济体和发展中国家发起的案件约占2/3。2014年前三季度，共有21个国家（地区）对中国出口产品发起救济调查75起，同比增长17%，其中不少摩擦是针对中国战略性新兴产业，且涉案金额大，对中国外贸转型升级形成冲击。一些发达国家不断强化贸易执法，放宽立案标准，加严反倾销和反补贴调查规则，往往对中国出口企业裁定以较高反倾销和反补贴税率。新兴经济体经济放缓，一些国家制造业陷入困境，保护本国产业的呼声上升，导致对中国的贸易摩擦也趋于增多。前三季度，发展中国家对中国产品发起的贸易救济案件数量和金额均超过发达国家。

（三）高新技术产品进出口增长回落，机电产品进口较好

2014年1~9月，北京地区高新技术产品进出口总额为352.3亿美元，同比下降4.6%，低于北京市下降2.6%的水平，是金融危机爆发以来的次低（见表5~3），在北京市进出口总额中的占比由2009年的接近20%逐年回落到2014年的11.2%；机电产品进出口总额866.5亿美元，同比增长6.3%，高于北京市下降2.6%的水平，在北京市进出口总额中的占比为27.5%，虽明显低于2009年38.5%的水平，但要好于近两年的水平。

表5~3　2008年以来北京地区机电、高技术产品进出口情况

	年份	高新技术产品			机电产品		
		总额（亿美元）	占比（%）	增速（%）	总额（亿美元）	占比（%）	增速（%）
进出口	2008年	432.4	15.9	4.0	834.2	30.7	13.6
	2009年	410.9	19.1	-5.0	827.5	38.5	-0.8
	2010年	468.6	15.5	14.1	1005.5	33.3	21.5
	2011年	495.7	12.7	5.8	1119.1	28.7	11.3
	2012年	489.0	12.0	-1.4	1095.6	26.8	-2.1
	2013年	495.9	11.5	1.4	1106.2	25.7	1.0
	2014年1~9月	352.3	11.2	-4.6	866.5	27.5	6.3
进口	2008年	241.8	11.3	2.5	498.8	23.3	11.4
	2009年	235.7	14.2	-2.5	519.4	31.2	4.1
	2010年	274.9	11.2	16.6	666.1	27.1	28.2
	2011年	314.5	9.5	14.4	766.8	23.2	15.1
	2012年	298.8	8.6	-5.0	721.8	20.7	-5.9
	2013年	292.4	8.0	-2.1	716.8	19.5	-0.7
	2014年1~9月	213.3	7.9	-1.3	581.5	21.6	11.6
出口	2008年	190.6	33.2	6.0	335.4	58.3	17.2
	2009年	175.2	36.2	-8.1	308.0	63.7	-8.2
	2010年	193.7	34.9	10.6	339.4	61.2	10.2
	2011年	181.2	30.7	-6.5	352.3	59.7	3.8
	2012年	190.2	31.9	5.0	373.8	62.7	6.1
	2013年	203.6	32.3	7.0	389.5	61.7	4.2
	2014年1~9月	139.1	29.9	-9.4	284.9	61.3	-2.9

从高新技术产品进出口来看。2014年1~9月，进口总额为213.3亿美元，同比下降1.3%，好于北京市下降2.8%的水平，略高于2013年同期水平；其中占三成以上的生命科学技术和航空航天技术的进口增长较快，而占比一半的电子、计算机与通信技术的进口下降明显。出口总额139.1亿美元，同比下降9.4%，低于北京市下降1.8%的水平，涨幅同比回落20个百分点以上；其中占比八成以上的光电、电子、计算机与通信技术的出口均呈现明显下降态势，降幅同比扩大20个百分点以上。**电子信息类进出口明显下降是带来高新技术进出口额增长低于北京市的主要原因。**值得注意的是，高新技术产品进口额与出口额占北京市的比重均在下降，究其原因，进口额占比的持续下降可能与北京市信息技术引领作用增强有关，而出口额的下降则与世界制造业在全球的重新布局以及我国乃至北京市出口环境变化有关。

从机电产品进出口来看，2014年1~9月，进口总额为581.5亿美元，同比增长11.6%，明显高于北京市下降1.8%的水平，增幅同比提高17.2个百分点；占比超过五成的运输工具的进口增速由2013年同期的下降13.8%回升到2014年的增长30%以上，其中小轿车和四轮驱动越野车分别增长40%和25%，是机电产品进口增长较快的主要原因。出口总额284.9亿美元，同比下降2.9%，略低于北京市下降1.8%的水平，增幅同比回落接近10个百分点；其中，占比45%以上的电器及电子产品、占比15%的运输工具出口额分别下降8.4%、21.1%，降幅分别扩大15.3个百分点和26.5个百分点。**小轿车、越野车进口增长快是推动机电产品进出口额增长快的主要原因。**

（四）国有、外商企业进口回升，民营企业的出口逆势上涨

2014年1~9月，北京地区占比65%以上的国有企业进出口总额2140.5亿美元（见表5~4），同比微增0.2%，涨幅提高0.1个百分点；占比不到20%的外商投资企业进出口总额596.9亿美元，同比增长8.5%，扭转2013年同期下降3.7%的状况；占比5%左右的民营企业进出口总额为164.3亿美元，同比增长10.5%，涨幅同比提高4.7个百分点，而占比8%的其他企业进出口总

表5-4　2014年1~9月北京地区进出口贸易总额按企业性质分类

单位：亿美元、%

年份	指标	进出口			进口			出口		
		金额	同比	比重	金额	同比	比重	金额	同比	比重
2014年	北京地区进出口总额	3153.5	-2.6	100.0	2689.0	-2.8	100.0	464.5	-1.8	100.0
	国有企业	2140.5	0.2	67.9	1889.5	0.4	70.3	251.0	-1.0	54.0
	外商投资企业	596.9	8.5	18.9	441.3	16.3	16.4	155.5	-8.8	33.5
	民营企业	164.3	10.5	5.2	106.6	6.5	4.0	57.7	18.7	12.4
2013年	北京地区进出口总额	3232.3	6.8	100.0	2758.2	6.6	100.0	474.1	7.9	100.0
	国有企业	2130.3	0.1	65.9	1876.7	-0.8	68.0	253.7	7.4	53.5
	外商投资企业	549.0	-3.7	17.0	377.6	-8.7	13.7	171.5	9.2	36.2
	民营企业	148.7	5.8	4.6	100.1	4.9	3.6	48.6	7.5	10.3

额下降1.54倍，是拉动北京地区进出口总额下降的主要力量。

从进口总额来看，国有、外商投资和民营企业进口总额呈现不同程度的增长态势，1~9月同比分别增长0.4%、16.3%和6.5%，其中，国有、外商投资企业2014年是扭负为正，涨幅同比分别提高1.2个百分点和25个百分点。从出口总额来看，国有、外商投资和民营企业出口总额呈现不同运行态势，1~9月占比50%以上的国有企业出口总额在2013年增长7.4%的基础上2014年同比下降1%；占比35%左右的外商投资企业则在2013年增长9.2%的基础上明显回落到2014年的下降8.8%，是拉动出口总额下降的重要力量。只有民营企业逆势增长，在2013年7.5% 增长的基础上进一步提高到2014年的18.7%，成为出口低位波动中的一抹亮色。

（五）与主要贸易伙伴进出口呈现涨跌互现的分化态势

2014年1~9月，北京地区与主要贸易伙伴进出口呈现涨跌互现的分化运行态势（见表5-5）。其中，与欧盟28国双边贸易规模为350亿美元，增幅由2013年同期的下降6.8%回升至2014年的增长17.1%，占北京地区进出口

表5~5 1~9月北京地区与主要贸易伙伴进出口总值表

单位：亿美元、%

年份	国家/地区	进出口		进口		出口		逆差
		金额	同比	金额	同比	金额	同比	
2014	北京地区进出口总额	3153.5	-2.6	2689.0	-2.8	464.5	-1.8	2224.5
	欧盟（28国）	350.3	17.1	291.9	21.5	58.4	-1.1	233.5
	美国	254.0	-3.7	211.0	-4.4	42.9	0.1	168.1
	沙特阿拉伯	214.3	-8.1	211.4	-7.5	2.9	-38.0	208.5
	安哥拉	200.0	-3.0	197.4	-3.0	2.6	-0.6	194.8
	东盟	147.7	-3.1	74.9	-5.2	72.8	-0.9	2.1
	伊拉克	149.2	22.9	139.4	17.6	9.8	251.7	129.6
	瑞士	132.0	-47.8	131.0	-48.0	1.0	-12.0	130.0
	日本	128.7	4.6	95.5	8.5	33.2	-5.2	62.3
	阿曼	115.4	-4.2	115.2	-4.2	0.2	-6.3	114.9
	澳大利亚	107.6	-5.6	102.6	-6.2	5.0	8.6	97.7
	俄罗斯联邦	107.3	32.0	94.6	38.8	12.6	-3.3	82.0
	韩国	102.3	-10.3	84.6	-12.6	17.4	3.5	67.5
	伊朗	95.1	44.9	82.4	42.2	12.7	66.0	69.8
2013	北京地区进出口总额	3232.3	6.8	2758.2	6.6	474.1	0.8	2284.2
	欧盟（28国）	296.1	-6.8	237.0	-8.5	59.0	18.6	178.0
	美国	263.3	6.8	220.4	4.7	42.9	-4.7	177.5
	沙特阿拉伯	233.1	1.2	228.4	1.3	4.7	-39.6	223.8
	安哥拉	206.0	-10.1	203.4	-9.6	2.6	34.6	200.8
	东盟	152.4	11.5	78.6	-4.1	73.9	18.0	4.7
	伊拉克	121.3	39.9	118.6	40.5	2.8	34.2	115.8
	瑞士	252.3	319.9	251.1	324.0	1.2	1.2	250.0
	日本	123.5	-17.3	87.5	-23.1	36.0	-20.4	51.4
	阿曼	120.2	40.9	120.0	41.1	0.2	-21.6	119.7
	澳大利亚	113.9	-16.6	109.3	-16.3	4.6	10.3	104.7
	俄罗斯联邦	81.2	-10.9	68.2	-14.1	13.1	5.4	55.1
	韩国	114.0	-5.2	97.1	-6.8	16.8	-2.9	80.3
	伊朗	65.6	-4.1	58.0	-4.2	7.6	0.8	50.3

总额的份额提升到10%以上；与两伊、俄罗斯的双边贸易呈现较快增长，增幅均在20%以上；与日本的双边贸易额在2013年同期下降17.3%的基础上出现稳步回升，1~9月增长4.6%。与瑞士双边贸易规模为132亿美元，同比大幅下降47.8%，占北京地区进出口总额的份额由2013年同期的8%下降到2014年的4.2%，排序也由2013年同期的第三位下降到2014年的第七位；与沙特、美国、东盟等国家或地区的双边贸易均呈现下降态势。**与主要贸易伙伴的进出口运行态势，既与各国经济形势有关，与我国不断发展壮大和规范的客观实际有关，也与我国积极出台支持外贸稳定增长等意见、陆续签订自贸协定等系列举措有关。**

表5~6　　1~9月北京地区与主要贸易伙伴排名情况

单位：%

年份	序号	进出口		进口		出口	
		国家/地区	比重	国家/地区	比重	国家/地区	比重
2014	1	欧盟（28国）	11.1	欧盟（28国）	10.9	东盟	15.7
	2	美国	8.1	沙特阿拉伯	7.9	欧盟（28国）	12.6
	3	沙特阿拉伯	6.8	美国	7.8	美国	9.2
	4	安哥拉	6.3	安哥拉	7.3	香港	8.3
	5	东盟	4.7	伊拉克	5.2	日本	7.1
	6	伊拉克	4.7	瑞士	4.9	越南	4.1
	7	瑞士	4.2	阿曼	4.3	韩国	3.8
	8	日本	4.1	澳大利亚	3.8	新加坡	3.2
	9	阿曼	3.7	日本	3.6	印度	3.1
	10	澳大利亚	3.4	俄罗斯联邦	3.5	伊朗	2.7
2013	1	欧盟（28国）	9.4	瑞士	9.1	东盟	15.6
	2	美国	8.3	欧盟（28国）	8.6	欧盟（28国）	12.5
	3	瑞士	8.0	沙特阿拉伯	8.3	香港	9.3
	4	沙特阿拉伯	7.4	美国	8.0	美国	9.0
	5	安哥拉	6.5	安哥拉	7.4	日本	7.6
	6	东盟	4.8	阿曼	4.3	韩国	3.6
	7	日本	3.9	伊拉克	4.3	越南	3.4
	8	伊拉克	3.8	澳大利亚	4.0	印度	3.3
	9	阿曼	3.8	韩国	3.5	印度尼西亚	3.3
	10	澳大利亚	3.6	日本	3.2	俄罗斯联邦	2.8

进一步由表5~6可以看出，**欧盟28国、沙特阿拉伯、美国、安哥拉等是主要进口伙伴**，1~9月汽车等机电产品进口显著增长，拉动欧盟地区进口同比增长21.5%，涨幅较2013年同期提高30个百分点；由于八项规定等因素影响，瑞士进口额明显下降，在进口国家和地区中由2013年同期排名第一下降到2014年的第六名，是拉动进口增长回落的主要原因。从出口来看，**东盟、欧盟28国、美国、中国香港、日本等是主要出口伙伴**，对东盟、欧盟28国、美国的出口额占比超过35%，对中国香港出口占比接近一成，1~9月出口到欧盟、东盟地区、美国等区域的贸易额增幅同比回落近20个百分点，出口到中国香港的贸易额增幅同比下降28个百分点，对这些国家或地区的出口大幅回落是北京地区出口低位的主要原因。

（六）运输、保险、旅游服务推动服务贸易逆差逐年扩大

2014年，北京地区服务贸易继续保持平稳增长势头（见表5~7），1~9月北京市实现服务贸易进出口总额650.2亿美元，同比增长11.5%，高于全国10.2%的涨幅，占全国服务贸易总额的比重为15%。与2013年同期相比，增长速度和占全国比重均略有回落。**从具体构成来看**（见表5~8），

表5~7　　2007~2012年北京地区服务贸易情况

单位：亿美元、%

	2007	2008	2009	2010	2011	2012
服务贸易额	503.06	691.92	644.10	798.29	895.40	1000.20
比2013增长（%）	27.93	37.54	-6.91	23.94	12.16	11.70
外汇收入	252.81	341.69	311.60	388.22	415.00	445.11
外汇支出	250.25	350.23	332.50	410.07	480.40	555.09
顺差	2.55	-8.53	-20.90	-21.85	-65.40	-109.98

表5~8　　2007年、2012年北京地区服务贸易结构

单位：%

年份	运输	旅游	通讯	建筑	保险	金融	计算机和信息	专利使用费、特许费	咨询	广告、宣传	电影、音像	其他
2012	22.3	15.5	2.6	8.5	13.2	2.2	6.0	2.8	11.6	2.0	0.5	12.6
2007	22.1	18.7	3.7	9.2	4.7	0.4	4.9	3.3	11.5	2.0	0.8	18.8

运输、旅游、保险、咨询四大服务项目占比六成以上，依然是服务贸易的主要内容。从变化趋势来看，随着服务外包业务的发展和国际市场的拓展，服务贸易结构多元化、高端化的特点逐步显现。与2007年相比，2012年旅游、建筑服务略有下降，金融保险、计算机等有所提高。**从具体工作来看**，北京市积极推动服务贸易发展， 2014年，北京市成功举办第三届京交会，共有117个国家和地区15.3万人次参展参会，比第二届13.8万人次增长10.9%，首次实现全球服务贸易20强国家和地区均有客商参会，共达成签约项目236个，意向签约额818.3亿美元，比第二届增长4%。

与全国一样，北京地区服务贸易顺（逆）差逐年扩大（见表5~7），由2007年的顺差2.55亿美元逐年扩大到2012年的逆差110亿美元。**从具体贸易项目来看**（见表5~9），与国家不尽一致。运输服务逆差居首，保险服务其次，旅游服务再次之，建筑服务、咨询服务和计算机信息服务是顺差的主要项目。**从变化趋势看**，建筑服务除2009年外持续为顺差；运输逆差由2007年的32.76亿美元逐年扩大到2012年的108.76亿美元，旅游贸易逆差由2007年的2.54亿美元波动扩大到2012年的52.5亿美元，保险服务逆差波动中上升，三者是推动北京地区服务贸易逆差持续扩大的主要力量。

表5~9　　2012年北京地区服务贸易情况

单位：亿美元、%

项目	服务贸易总额		外汇收入		外汇支出		顺差
	总额	增长	总额	增长	总额	增长	
合　计	1000.2	11.7	445.1	7.3	555.1	15.6	-110.0
运　输	223.2	13.7	57.2	6.2	166.0	16.5	-108.8
旅　游	155.5	14.2	51.5	-5.0	104.0	27.0	-52.5
通讯服务	26.2	21.6	13.6	5.1	12.6	44.7	1.0
建筑服务	85.2	-7.8	64.8	-10.5	20.4	2.2	44.4
保险服务	132.1	-0.7	19.7	19.5	112.4	-3.5	-92.7
金融服务	22.2	89.4	4.6	-34.8	17.5	281.1	-12.9
计算机和信息服务	60.2	15.8	49.1	19.7	11.1	1.0	38.0

表5~9续

项目	服务贸易总额		外汇收入		外汇支出		顺差
	总额	增长	总额	增长	总额	增长	
专利使用费和特许费	28.4	25.6	5.7	97.8	22.7	15.0	-16.9
咨 询	116.4	17.4	88.7	18.1	27.7	15.2	61.1
广告、宣传	19.6	10.1	12.7	9.7	6.9	10.9	5.9
电影、音像	4.9	44.5	0.8	9.2	4.2	53.6	-3.4
其他商业服务	126.4	15.4	76.7	14.8	49.7	16.6	27.0

延伸阅读：2014年1~9月全国服务贸易情况

2014年1~9月，中国服务进出口总额为4305亿美元，比2013同期增长10.2%。其中，服务出口1572亿美元，同比增长6.8%；服务进口2733亿美元，同比增长12.2%。

服务进出口占对外贸易比重持续提升。“十二五“时期以来，中国服务贸易在对外贸易（货物和服务进出口额之和）中的比重持续攀升，2011年、2012年和2013年的占比分别为10.3%、10.8%和11.5%。2014年1~9月，中国服务进出口增速高于货物贸易增速6.9个百分点，服务贸易占对外贸易的比重呈现持续提升的势头，达到12%，比2013同期提高0.7个百分点。

服务贸易逆差进一步扩大。2014年1~9月，中国服务贸易逆差同比扩大，累计逆差为1162亿美元，同比增长20%。其中旅游贸易逆差为772亿美元，居各类服务之首；运输服务、专有权利使用费和特许费、保险服务逆差额分别为444亿美元、165亿美元、136亿美元。2013年，中国这四个服务贸易行业的逆差额分别为769亿美元、567亿美元、202亿美元和181亿美元。2014年1~9月，咨询、其他商业服务分别实现122亿美元、106亿美元的顺差；计算机和信息服务、建筑服务顺差额分别为68亿美元、60亿美元。

服务贸易结构继续优化。2014年1~9月，中国金融、文化等新兴服务出口稳步增长，对服务贸易结构调整和优化起到重要推动作用。其中，金融服务增幅居首，出口增长41.9%，出口额达27.3亿美元。电影音像出口增长31.4%，金额为1.2亿美元。计算机和信息服务出口增长17.4%。咨询出口增长8.7%，出口额达314亿美元，占服务出口的比重为20%，仅次于旅游出口。一些新兴服务进口也快速增长，其中计算机和信息服务、金融服务、广告宣传、通信服务进口增长显著，增幅分别为

46.4%、37.1%、27%和22.4%。新兴服务贸易快速增长，提高了中国服务贸易附加值，促进了知识技术密集型企业发展，为国内产业结构升级做出了积极贡献。传统服务贸易发展势头远远逊色于新兴服务贸易。2014年1~9月，三大传统服务（旅游、运输服务和建筑服务）出口合计仅增长4.5%，占比为47.4%，比2013年略有下降。其中，旅游出口总额仍居各类服务之首，但同比仅增长6.8%，在中国服务出口总额中的占比下降至24.1%。运输服务出口位居第二，同比下降2.1%，占比降至17.6%。建筑服务出口同比增长18.8%，占比为5.7%。

服务外包业务发展迅速。2014年1~9月，中国服务外包业务保持快速增长势头。据商务部统计，2014年1~9月，中国共签订服务外包合同134319份，合同金额和执行金额分别为733.9亿美元和545.2亿美元，同比分别增长26.3%和32%。其中，承接离岸服务外包合同金额和执行金额分别为481.6亿美元和370.7亿美元，同比分别增长18.6%和27.6%；在岸服务外包合同金额和执行金额分别为252.3亿美元和174.5亿美元，同比分别增长44.4%和42.6%。信息技术外包(ITO)仍占主导地位，知识产权研究、分析学和数据挖掘、医药和生物技术研发和测试等知识流程外包业务增长迅速。美国、欧盟、中国香港和日本是购买中国服务的主要发包市场。2014年1~9月中国承接美国、欧盟、中国香港和日本的离岸服务外包执行金额分别为85.5亿美元、53.6亿美元、51.9亿美元和38.6亿美元，合计为229.6美元，占执行总额的62%。

（摘自商务部：中国对外贸易形势报告（2014年秋季））

二、2014年北京市外资运行特点

（一）实际利用外资低位增长，资金流向行业结构更趋优化

2014年，北京市合同外资扭转2013年持续负增长的局面，年内呈现波动增长态势（见图5~4），截至9月底，累计实现88.45亿美元，同比增长3.5%，为2009年以来同期的次低水平。作为先行指标，2013年合同外资的持续负增长，影响了2014年实际利用外资的增长。2014年，北京市实际利用外资增长呈现逐月回落态势，1~9月份累计实现78.6亿美元，同比增长3.5%，增幅同比下降近8个百分点，是2011年以来同期最低。实际利用外资的回落可能与2014年汇率双向变动、国内形势下行态势以及国家推动相关改革、北京市疏解非首都核心功能等举措有关。预计全年实际利用外资完成额与2013年持平。

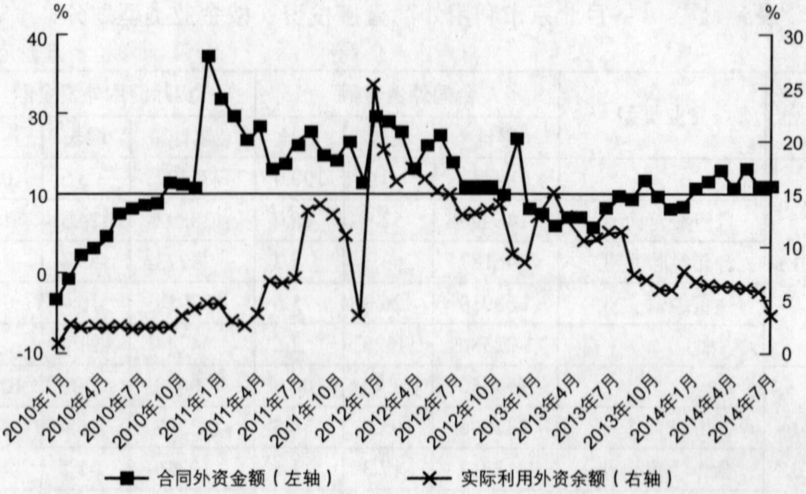

图5~4 2010年~2014年1~9月月合同外资和实际利用外资累计增长

独资经营企业吸引外资一枝独秀，仍然是实际利用外资增长的主体（见表5~10、5~11）。2014年1~9月，独资经营企业实际利用外资增长16.4%，同比提高14个百分点，占比由68.7%提高到77.3%，呈现上扬态势；合资、合作经营企业实际利用外资则较2013年同期大幅回落，其中，合资经营企业实际利用外资同比下降24.3%，增幅较2013年同期回落40.7个百分点，占实际利用外资总额的17.7%，占比同比下降6.4个百分点；合作经营企业实际利用外资同比下降53.4%，增幅较2013年同期回落52.3个百分点。合资合作经营企业实际利用外资的大幅回落可能与现行的利用外资政策有关。

在国内外经济形势整体偏弱的大背景下，受北京市积极落实城市战略

表5~10 2006年以来各年北京地区按注册类型划分实际利用外资结构

单位：%

年份	2006	2007	2008	2009	2010	2011	2012	2013
实际利用外资	100.0	100.0	100.0	100.0	100.0	100.0	100.0	100.0
合资经营	17.7	15.4	14.9	14.9	14.4	11.2	23.9	22.4
合作经营	7.3	3.6	3.5	5.3	3.6	2.1	1.8	2.7
独资经营	75.0	80.7	80.6	73.3	81.2	84.3	73.7	69.6
其他	0.0	0.4	0.9	6.5	0.8	2.3	0.7	5.4

表5~11　1~9月北京市利用外商直接投资（按企业类型划分）

单位：万美元、%

年份	企业类型	合同外资金额			实际使用外资金额		
		累计	增长	占比	累计	增长	占比
2014	合计	884473	3.5	100.0	786327	3.5	100.0
	合资经营企业	146996	-52.9	16.6	138892	-24.3	17.7
	合作经营企业	46187	263.3	5.2	4773	-53.4	0.6
	独资经营企业	668910	26.3	75.6	607918	16.4	77.3
	其他	22380	4524	2.5	34744	-21.4	4.4
2013	合计	854656	-3.40	100.0	760078	11.30	100.0
	合资经营企业	311890	105.8	36.5	183347	16.4	24.1
	合作经营企业	12713	-17.3	1.5	10236	-1.1	1.3
	独资经营企业	529569	-21.1	62.0	522317	2.4	68.7
	其他	484	-99	0.1	44178	730.3	5.8

定位、主动疏解非首都核心功能的影响，外资流向第三产业的趋势进一步强化（见表5~12）。2014年1~9月，第三产业合同外资和实际利用外资同比分别增长8.2%和9.2%，均高于北京市平均水平，也高于2013年同期，在北京市的份额进一步分别提高到94%和87%。相应的，第二产业合同外资和实际利用外大幅回落，1~9月分别下降48.6%和32.6%，增幅同比回落61.8个百分点和69.6个百分点。

表5~12　1~9月北京市利用外商直接投资（按产业划分）

单位：万美元、%

年份	企业类型	合同外资金额			实际使用外资金额		
		累计	增长	占比	累计	增长	占比
2014	合计	884473	3.5	100.0	786327	3.5	100.0
	第一产业	8541	6470	1.0	13767	701.8	1.8
	第二产业	43926	-48.6	5.0	89819	-32.6	11.4
	第三产业	832006	8.2	94.1	682741	9.2	86.8
2013	合计	854656	-3.40	100.0	760078	11.3	100.0
	第一产业	130	-94.5	0.0	1717	173	0.2
	第二产业	85433	13.2	10.0	133253	37	17.5
	第三产业	769093	-4.6	90.0	625108	6.8	82.2

各行业利用外资呈现涨跌互现态势（见表5~13）。**从制造业来看，**制造业的合同、实际利用外资均明显下降，2014年1~9月，制造业合同利用外资额2.5亿美元，同比回落53.3%；实际利用外资额7.7亿美元，同比回落24.8%，合同外资和实际利用外资涨幅同比下降53.7个百分点和68.4个百分点；其中，化工制造业实际利用外资下降明显，通用专用设备制造业降幅有所收窄，电子设备制造业则降幅有所扩大。**从服务业来看，**资金继续流向商务服务业、信息服务业、科技服务业等高端行业，批发零售业、交通运输业等传统行业的吸引力减弱。占比三成左右的**租赁和商务服务业实际利用外资增长较快是拉动第三产业实际利用外资保持较快增长的主要力量。**1~9月，租赁和商务服务业实际利用外资额29.4亿美元，增长83.9%，占北京市实际利用外资的比重达到37.4%，增速和占比同比分别提高72.5个百分点和16.3个百分点；受营改增等政策利好以及市场活跃等因素影响，**信息服务业对外资的吸引力有所增强，**1~9月，合同外资增长78.9%，占比由2013年的8.7%提高到15%。**科技服务业**实际利用外资扭转2013年持续为负的局面，2014年各月均保持高位增长，1~9月累计增长48.7%，实现7.3亿美元，占第三产业份额提高到10%以上。电子商务的冲击和区域性批发市场的疏解影响了批发零售业吸引外资的水平，使其成为下拉外资增长的重要力量。1~9月，批发和零售业合同、实际利用外资额分别下降13.5%和47.3%，实际利用外资占北京市的比重由2013年的11.2%下降到2014年的2.7%。

（二）对外投资呈现快速增长，行业和区域集中度较高

境外投资保持快速发展。2009年以来境外投资中方投资额年均增长50%以上（见表5~14），2014年继续延续快速增长态势。1~9月，北京市企业境外直接投资累计为40.8亿美元，同比增长1.06倍。主要特点有：一是对外直接投资仍集中于亚洲和拉丁美洲地区，1~8月累计直接投资额分别为14.52亿美元、19.01亿美元，分别占北京市境外投资总额（37.9亿美元）的38.3%、50.2%。二是累计直接投资额千万美元以上的境外企业44家，其中3家企业累计直接投资额过亿美元。三是行业集中度相对较高，

表5~13　　1~9月北京市利用外商直接投资情况

单位：万美元、%

年份	主要行业	合同外资金额			实际使用外资金额		
		累计	增长	占比	累计	增长	占比
2014	合　计	884473	3.5	100.0	786327	3.5	100.0
	农林牧渔业	8541	6470	1.0	13767	701.8	1.8
	制造业	24937	-53.3	2.8	77051	-24.8	9.8
	化学原料及化学制品制造业	5964	2990.2	0.7	2123	-54.3	0.3
	医药制造业	3720	150	0.4	8730	1355	1.1
	通用设备制造业	655	193.7	0.1	317	-47.5	0.0
	专用设备制造业	6254	380.7	0.7	2080	1.6	0.3
	通信设备、计算机及其他电子设备制造业	-5482	-132.5	-0.6	8592	-40.7	1.1
	信息传输、计算机服务和软件业	132498	78.9	15.0	101175	3.1	12.9
	批发和零售业	69561	-13.5	7.9	44978	-47.3	5.7
	住宿和餐饮业	2047	-35.8	0.2	2021	18.4	0.3
	房地产业	71848	-62.1	8.1	127098	0.4	16.2
	租赁和商务服务业	186467	-31.1	21.1	294423	83.9	37.4
2013	合　计	854656	-3.4	100.0	760078	11.3	100.0
	农林牧渔业	130	-94.5	0.0	1717	173	0.2
	制造业	53380	-0.4	6.2	102468	43.6	13.5
	化学原料及化学制品制造业	193	-92.1	0.0	4645	510.4	0.6
	医药制造业						
	通用设备制造业	223	486.8	0.0	604	-88.1	0.1
	专用设备制造业	1301		0.2	2048	-23.4	0.3
	通信设备、计算机及其他电子设备制造业	16865	-4.7	2.0	14476	-32.4	1.9
	信息传输、计算机服务和软件业	74048	-22.6	8.7	98179	-11.6	12.9
	批发和零售业	80421	-6.6	9.4	85358	57.9	11.2
	住宿和餐饮业	3187	51.6	0.4	1707	-33.8	0.2
	房地产业	189481	-8.4	22.2	126577	47.6	16.7
	租赁和商务服务业	270541	28.3	31.7	160098	11.4	21.1

六成以上集中于租赁和商务服务业。1~8月份，租赁和商务服务业、房地产业、批发和零售业、科学研究和技术服务业的累计直接投资额分别占北

京市境外直接投资总额的61.5%、12.6%、5.5%和4.2%。

表5~14　　2003~2012年境外投资情况

单位：万美元、%

年　份	2003	2004	2005	2006	2007	2008	2009	2010	2011	2012
中方投资额	30054	15739	11306	5612	15295	47299	45185	76614	117503	168900
比上年增长	--	-47.6	-28.2	-50.4	172.5	209.2	-4.5	69.6	53.4	43.7
截至各年期末直接投资存量	44844	70086	92940	91873	159195	251019	375865	480882	603380	757800
比上年增长	--	56.3	32.6	-1.1	73.3	57.7	49.7	27.9	25.5	25.6

延伸阅读：2013年中国对外直接投资的特点

一是投资流量首次突破千亿美元大关。2013年，在全球外国直接投资流出流量较2012年增长1.4%的背景下，中国对外直接投资流量创下1078.4亿美元的历史新高，同比增长22.8%，连续两年位列全球三大对外投资国。**二是投资存量全球排名前进两位，投资覆盖国家地区进一步扩大。**截至2013年底，中国1.53万家境内投资者在国(境)外设立2.54万家对外直接投资企业，分布在全球184个国家(地区)，较2012年增加5个；中国对外直接投资累计净额（存量）达6604.8亿美元，全球排名由第13位升至第11位。**三是除对欧洲地区投资下滑外，对其他地区均呈不同程度的增长。**2013年，中国对欧洲地区的投资59.5亿美元，同比下降15.4%；对拉丁美洲、大洋洲、非洲、亚洲的投资分别实现了132.7%、51.6%、33.9%、16.7%的较快增长；对北美洲投资较2012年实现0.4%的微增长。**四是投资涉及国民经济各行业，五大行业集中度超八成。**截至2013年底，中国对外直接投资覆盖了国民经济所有行业类别。租赁和商务服务业、金融业、采矿业、批发和零售业、制造业，五大行业累计投资存量达5486亿美元，占中国对外直接投资存量总额的83%，当年流量占比也超过八成。**五是并购领域多元，单项交易金额创历史之最。**2013年，中国企业共实施对外投资并购项目424个，实际交易金额529亿美元，其中直接投资337.9亿美元，占63.9%；境外融资191.1亿美元，占36.1%。并购领域涉及采矿业、制造业、房地产业等16个行业大类。中国海洋石油总公司148亿美元收购加拿大尼克森公司100%股权项目，创迄今中国企业海外并购金额之最。**六是地方企业对外投资稳步增长，非金融类投资存量地方企业占比首破三成。**2013年，地方企业非金融类对外直接投资流量达364.15亿美元，同比增长6.5%，占全国非金融类对外直接投资流量的39.3%，广东、山东、北京位列前三。截至2013年底，地方企业非金融类对外直接投资存量为1649亿美元，在全国占比首次突破三成，达到30.3%。**七是非国有企业占比不断扩大，国有企业流量占比降至四成。**截至2013年底，在非金融类对外直接投资5434亿美元存量中，国有企业占55.2%，非国有企业占比44.8%，较2012年提升4.6个百分点。2013年，非金融类对外直接投资流量927.4亿美元,其中国有企业占43.9%；有限责任公司占42.2%，股份有限公司占6.2%，股份合作企业占2.2%，私营企业占2%，外商投资企业占1.3%，其他占2.2%。**八是境外企业销售收入实现两位数增长，对东道国贡献突出。**2013年，中国非金融类境外企业实现销售收入14268亿美元，较2012年增长14.5%；2013年中国境外企业（含金融类）向投资所在国缴纳的各种税金总额达370亿美元，同比增长67%，2013年年末境外企业员工总数达196.7万人，其中直接雇用外方员工96.7万人，占49.2%；来自发达国家的雇员有10.2万人，较2012年增加1.3万人。

摘自：http://news.hexun.com/2014~09~09/168299818.html?from=rss

三、2015年对外贸易发展面临环境分析

2015年，对外贸易发展所处的环境基本稳定，但风险和不确定性因素依然不可忽视，同时在世界经济和中国经济向“新常态”迈进时，一系列变革也在孕育新的增长空间。在国家构建开放型经济新格局的背景下，促进京津冀区域协同发展、深入落实首都功能定位的一系列举措也会推动区域对外贸易格局的变化。

（一）世界经济有限复苏中分化态势明显

全球产业结构、需求结构、市场结构、区域结构等方面均在发生深刻变化，世界经济已进入“低增长、低通胀、低利率”的新常态。2015年，世界经济将延续温和复苏态势，各经济体复苏进度明显分化。美国、英国经济自主复苏动力增强，增长前景看好；欧元区内需不足的矛盾突出，财政节支和高失业继续抑制经济增长；日本经济结构性改革面临阻碍，自主增长动力不足。新兴经济体由于自身经济结构调整的影响，虽然经济增长仍快于发达经济体，但依然低于自身前几年的水平。此外全球地缘政治冲突的风险依然存在，将给全球经济发展带来不确定性。从全球范围来看，

世界经济增速略有回升，但由于缺乏强有力的新增长点，复苏势头总体依然疲弱，IMF预计2015年世界经济增长3.8%（见表5~15），比2014年预计值提高0.5个百分点，但仍处于历史较低水平。

表5~15 2012~2015年世界经济增长趋势

单位：%

年份	2012年	2013年	2014年	2015年
世界经济	3.4	3.3	3.3	3.8
发达国家	1.2	1.4	1.8	2.3
美国	2.3	2.2	2.2	3.1
欧元区	-0.7	-0.4	0.8	1.3
日本	1.5	1.5	0.9	0.8
新兴市场和发展中国家	5.1	4.7	4.4	5.0

注：2014年和2015年为预测值。
资料来源：IMF，《世界经济展望》，2014年10月。

（二）世界贸易形势难言乐观

在全球经济高度融合的背景下，当前国际贸易发展已经从产业链融合延伸至价值链融合。发展中国家被纳入以跨国公司全球化生产为主导的价值链贸易，成为低附加值制成品的出口大国。伴随发达国家的再工业化过程，部分关键技术与零部件制造回流加速，进一步强化了这种贸易格局。贸易保护主义回潮背景下，一些发达国家不断强化贸易执法，加严反倾销和反补贴调查规则，全球贸易摩擦高发，多边贸易体制遭遇新挫折。同时，美国力主推进的TPP与TTIP贸易和投资协定，可能会使世贸组织不同成员之间形成相对封闭的经贸集团，对协定之外的国家和地区产生挤出效应。2015年，世界经济低速增长，全球贸易发展弱于预期，特别是发展中国家进口需求下降，对全球贸易增长形成拖累，热点地区地缘政治危机也对相关地区贸易复苏造成阻碍。9月，世贸组织预计2014年全球贸易量增长3.1%（见表5~16），较4月份作出的预测大幅下调1.6个百分点；2015年全球贸易量增长4%，仍明显低于最近30年来5.3%的平均水平。考虑到中国出口占国际市场的份额接近12%，稳定和继续扩大的难度将不断加大。

表5~16　　2012~2015年世界贸易增长趋势

单位：%

年份	2012年	2013年	2014年	2015年
世界货物贸易量	2.3	2.2	3.1	4.0
出口：发达国家	1.1	1.5	2.5	3.8
发展中国家	4.1	3.9	4.0	4.5
进口：发达国家	0.0	-0.3	3.4	3.7
发展中国家	5.4	5.3	2.6	4.5

注：2014年和2015年为预测值。

资料来源：WTO ，《贸易快讯》，2014年9月23日。

延伸阅读：世贸组织报告关注经贸发展四大趋势

2014年10月20日世界贸易组织发布题为《2014年世界贸易报告》的年度报告。

报告说，世界经贸发展四大趋势是：发展中国家在全球经济中的地位和重要性日益提高、发展中国家更多地参与全球价值链、大宗商品价格攀升以及各经济体相互依赖程度提高。报告强调这些趋势给发展中国家带来机遇和挑战。

报告指出，发展中国家通过全球价值链以较低成本融入世界经济，并从大宗商品价格攀升中获益，自2000年以来发展中国家占全球贸易的份额从33%提高至48%。

报告认为，发展中国家经济发展成果显著，但与发达国家仍有很大差距，且面临重要挑战。很多发展中国家目前处在全球价值链下游，从事技术含量较低的活动，竞争优势容易流失，而向价值链上游攀升需要很大的努力。以农产品为例，发展中国家占全球农产品出口市场份额从十多年前的27%提高至36%左右，但关税、补贴等市场准入障碍仍然影响这些国家农产品出口，而农产品价格提高给净进口国带来压力。同时，部分资源丰富的国家得益于资源价格上涨，经济发展有所加快，但开采自然资源对社会和环境的影响以及经济多样化仍是这些国家需要考虑的问题。

报告说，全球经济相互依赖程度提高使得各经济体能够彼此受益、互享成果，但在一地爆发的危机同样能够迅速蔓延至其他经济体。世贸组织总干事阿泽维多表示，开放的、非歧视性的和以规则为基础的多边贸易体系是保证发展中国家取得经贸成果的重要基础，但很多发展中国家仍然有很长的路要走。

摘自：http://business.sohu.com/20141021/n405307179.shtml

（三）各国货币政策取向的分化将加大全球资金无序流动

美联储已彻底终结量化宽松货币政策，市场普遍预期，美联储将在2015年内进入加息周期，美国货币政策正在向常态回归；而欧元区迫于经济增长压力进一步放松货币政策；日本货币政策受制于通胀回升，难以有所作为。随着发达经济体经济复苏势头渐趋平稳，跨国公司对发达国家业务和资产进行新一轮调整和重组，流入发达经济体的投资将成为今后全球跨国投资增长的主要推动力。新兴市场经济下滑、政策不确定性较大，对国际资本的吸引力总体有所减弱，特别是外汇储备较少、财政和经常账户“双赤字”的新兴经济体则面临资本外流冲击，可能形成新一轮金融动荡。贸发会议预计，2014年全球跨国直接投资有望增至1.6万亿美元，2015年将达到1.75万亿美元，2016年进一步升至1.85万亿美元。

（四）国际大宗商品价格低位徘徊有利于扩大战略性资源进口

实体经济走势是决定大宗商品市场冷暖的基础。当前世界经济形势仍显疲弱，全球制造业回暖仍有起伏，商品需求增长的基础不够牢固，市场实质性恢复尚需时日，制约大宗商品市场走强。从供给来看，上一个大宗商品繁荣周期大大刺激了资源、农业领域投资，至今新增产能仍在陆续释放，美国油气生产能力已达到30年来高位，2014年二季度全球铁矿石产量再创新高，且主要矿企仍在继续投资扩产。从供需两方面看，商品市场总体缺乏支撑价格上涨的强有力因素，2015年大宗商品价格总体将依然在低谷徘徊（见表5~17）。加之，目前美联储已彻底终结量化宽松货币政策，2015年内加息可能性较大，美元还有进一步升值空间，成为大宗商品市场的重要利空因素。

（五）国内经济增长保持平稳有利于对外贸易的稳定运行

尽管中国潜在增长水平下行，但是经济发展仍然具有巨大的韧性与回旋余地。2015年，改革红利将不断释放，新型城镇化战略将推进内需增长，区域间经济统筹与互补能力增强，有利于经济保持中高速增长，预计全年经济增长7%以上。同时，对外贸易政策环境继续优化，《关于支持外贸稳定增长的若干意见》继续发挥作用，《关于加强进口的若干意见》明

表5~17　　国际商品市场价格走势

单位：美元计价、年率、%

年份	1996~2005年	2006~2015年	2010年	2011年	2012年	2013年	2014年	2015年
制成品	-0.1	1.0	3.4	2.4	3.5	-0.3	-1.3	-0.3
石油	12.3	6.0	29.3	27.2	4.1	-0.1	-2.4	-3.1
非燃料初级产品	0.2	4.2	27.9	13.9	-7.3	-0.4	-4.1	-3.9
食品	-0.1	4.2	13.1	15.8	0.6	1.9	-5.2	-7.8
饮料	-2.1	5.6	15.4	12.7	-16.1	-11.2	18.3	1.3
农业原材料	-1.6	3.1	34.6	18.6	-10.0	2.4	1.3	0.7
金属	3.1	4.8	49.8	9.7	-14.3	-3.5	-8.5	-1.6

注：1. 制成品：占发达国家货物出口83%的制成品的出口单位价值；石油：英国布伦特原油、迪拜原油及西德克萨斯原油的平均价格；非燃料初级产品：以2002~2004年在世界初级产品出口贸易中的比重为权数。

2. 2014年和2015年数据为预测数。

资料来源：国际货币基金组织，《世界经济展望》，2014年10月，表A9。

确提出实施积极的进口促进战略。人民币汇率形成机制继续向市场化方向迈进，预计人民币汇率走势以双向波动为主，有利于国际收支进一步趋向平衡。但国内劳动力、土地、环境、资金等要素成本处于持续上涨期，传统出口竞争力不断削弱，新兴产业产品出口由于开拓国际市场经验不足，以及支持的财税、金融政策仍不完善，出口潜力难以得到充分发挥。

延伸阅读：国务院办公厅关于加强进口的若干意见

10月23日，国务院办公厅发布了《关于加强进口的若干意见》（国办发〔2014〕49号）（以下简称《意见》），部署实施积极的进口促进战略，推进贸易便利化，改善贸易环境，促进进出口稳定平衡发展。

《意见》强调，实施积极的进口促进战略，加强技术、产品和服务进口，有利于增加有效供给、满足国内生产生活需求，提高产品质量，推进创业创新和经济结构优化升级，也有利于用好外汇储备，促进国际收支平衡，提升开放合作水平。

《意见》提出八个方面的政策措施：一是鼓励先进技术设备和关键零部件进口，二是稳定资源性产品进口，三是合理增加一般消费品进口，四是大力发展服务贸易进口，五是进一步优化进口环节管理，六是进一步提高进口贸易便利化水平，七是大力发展进口促进平台，八是积极参与多双边合作。

（六）国家重大战略布局为对外经济贸易创造新的增长空间

当前，我国正在积极推进新一轮高水平对外开放，特别是党的十八大三中全会、四中全会以后，中国更强调从全球角度来考虑资源和商品、资本、生产和市场的布局，在全球化视角下处理双向贸易、双向投资和双向资源要素流动，一方面通过资本输出带动商品输出，另一方面把国内稀缺的关键资源、能源、技术和零部件等引入中国。中国－东盟战略伙伴关系正步入起点更高、内涵更广、合作更深的“钻石十年”，丝绸之路经济带和海上丝绸之路战略进入实施阶段，人民币国际化进程稳步推进，都将有利于突破以往的外贸和投资模式，推动形成开放型经济新格局，为对外经济贸易创造新的增长空间。早先成立的金砖国家开发银行、亚洲基础设施投资银行以及之后要设立的上合组织银行也体现出中国布局全球金融秩序的意图。与此同时，服务贸易发展的顶层设计初步形成，系列支持政策体系得到强化，促进平台的影响日益增强，上海自贸区正在成为服务贸易发展的重要高地，2014以来上海自由贸易试验区取得的改革开放经验将推广到其他地区甚至全国，也会推动中国服务贸易迎来更快发展的时期。

延伸阅读：“一带一路”构想战略意义深远

“一带一路”指的是丝绸之路经济带和21世纪海上丝绸之路。初步估算，“一带一路”沿线总人口约44亿人，经济总量约21万亿美元，分别约占全球的63%和29%。“一带一路”战略是上海合作组织、欧亚经济联盟、中国—东盟（10+1）、中日韩自贸区等国际合作的整合升级，也是我国发挥地缘政治优势，推进多边跨境贸易、交流合作的重要平台。作为中国首倡、高层推动的国家战略，“一带一路”战略构想的提出，契合沿线国家的共同需求，与沿线各国在交通基础设施、贸易与投资、能源合作、区域一体化、人民币国际化等领域的合作，为沿线国家优势互补、开放发展开启了新的机遇之窗，是国际合作的新平台。同时，“一带一路”将构筑新一轮对外开放的“一体两翼”，在提升向东开放水平的同时加快向西开放步伐，助推内陆沿边地区由对外开放的边缘迈向前沿，对我国现代化建设和屹立于世界的领导地位具有深远的战略意义。（摘自：百度百科）

延伸阅读：FTA背后中国经济的深谋远虑

FTA不只是零关税概念，也不仅仅是贸易零配额概念。它是集货物贸易与服务贸易、传统贸易与新兴贸易、实物贸易与虚拟贸易、对外投资、对外兼并收购、对外工程总包、境外工业园区建设运营、丝绸之路沿线产业集群开发建设、技术贸易等具有广泛涵盖面和新生性的大外贸、大外经、大外资概念。习近平强调，“加快实施自由贸易区战略，是我国积极参与国际经贸规则制定、争取全球经济治理制度性权力的重要平台，我们不能当旁观者、跟随者，而是要做参与者、引领者……在国际规则制定中发出更多中国声音、注入更多中国元素。”

我国首个FTA是与东盟建立的自由贸易区。我国与东盟FTA建立初年，双边贸易额只有68亿美元，至2013年双边贸易已冲破4000亿美元。截至2014年11月底，我国已与外国及区域经济组织签署双边与多边FTA协定近20个，正在谈判的还有十几个。

当前加快实施FTA战略，其主旨主要有三：第一，以崭新的大外经和大外资来打破传统大外贸遇到的“天花板”，在大外经和大外资获得充分大发展的同时实现传统大外贸的升级换代和提质增效。第二，由FTA担当“清道夫”，尽量扫除至少确保部分扫除“中国制造”“中国创造”“中国服务”“中国成套”“中国标准”“中国货币”“中国规则”“中国理念”“中国文化”在走向世界过程中，面临的“政治障碍”“意识形态障碍”“价值观障碍”“人权障碍”“宗教障碍”“歧视障碍”“国资国企障碍”“技术与标准壁垒”。第三，真正让周边区域及国家分享我国发展成果。“一带一路”建设，金砖银行、亚洲基础设施开发银行、丝路基金、丝路银行（筹）、高铁“铺轨世界”等，均为我国实施大外贸、大外经、大外资为主要内涵之FTA战略必不可少的、充分的配套条件。

摘自：http://www.guancha.cn/LuNing/2014_12_11_303034.shtml

延伸阅读：上海自贸区改革试点扩围有望超出市场预期

国务院决定设立中国（广东）自由贸易试验区、中国（天津）自由贸易试验区、中国（福建）自由贸易试验区，并扩展中国（上海）自由贸易试验区区域范围，拟在新设的3个自由贸易试验区以及中国（上海）自由贸易试验区扩展区域，对国家规定实施准入特别管理措施之外的外商投资，暂时停止实施企业设立、变更等行政审批，改为备案管理。据了解，上海自贸区面积将从28.78平方公里扩至

120.72平方公里。而广东、天津和福建三地面积几乎相仿，其中天津面积119.9平方公里，广东面积116.2平方公里，福建总面积118.04平方公里。值得注意的是上海自贸区的扩区，将陆家嘴金融片区、金桥开发区片区和张江高科技片区这三大区域也囊括进自贸区的范畴，完全突破了此前可辐射基调下的经验复制概念，走入了实质性的物理扩区范畴。分析指出，陆家嘴的重点是金融，张江是创新创业和研发，金桥是高端制造业，这种安排暗示着上海下一轮改革试点的重点内容，也隐含着高层对上海的要求。如果自贸区金融政策都可以在陆家嘴金融区施行，那对上海发展离岸金融和国际金融中心将具有极大的促进作用。

摘自：安邦“每日经济”

延伸阅读：人民币国际化进程稳步推进

从上个世纪90年代起人民币在周边国家和地区广为流行。

2008年12月在20国峰会上胡锦涛提出“促进国际货币储备多元化”，此后“人民币国际化”成为国际金融界的重大课题。

从2008年12月至2013年10月1日，中国已与25个国家签署双边本币互换协议，互换总额达23225亿元。2013年10月9日，中国与欧洲央行签署协议，互换3500亿人民币（450亿欧元），2014年7月21日，中国与瑞士签署协议互换1500亿人民币，兑换210亿瑞士法郎，2014年10月13日，中国与俄罗斯签署协议互换1500亿人民币，兑换8150亿卢布，2014年11月8日，中国与加拿大签署协议互换2000亿人民币，兑换300亿加元。五项加总共31725亿人民币，此举是推进人民币国际化的突破口，提升人民币的国际接受程度，将人民币国际化向前推进一大步。

（七）京津冀区域协同发展和深入落实首都功能定位将对北京市对外贸易发展产生深远影响

围绕习总书记视察北京讲话精神，北京市将深入落实首都城市战略定位，积极推动京津冀协同发展，坚持和强化首都核心功能，调整疏解非首都核心功能，在更大范围内优化提升首都城市功能，这将对北京地区对外贸易发展产生深远影响。打造国际交往中心，将会在扩大开放中进一步统筹国际国内资源，提升影响力和话语权；加大疏解非首都核心功能的产业，推动京津冀产业一体化发展，在区域内形成产业合理分布和上下游联动机制，会进一步发挥各地比较优势，促进区域外贸发展和格局优化。陆续于2014年7月1日和2014年9月22日实行的京津冀海关通关一体化打破了区域“藩篱”，有利于提高物流效率，降低企业成本，有利于吸引更多京外，特别是天津、河北企业在北京通关，增强北京地区外贸聚集辐射能力，促进外贸稳定增长。

延伸阅读：京津冀区域通关一体化改革取得积极成效

2014年7月1日，京津在全国率先启动区域通关一体化改革，9月22日起扩大到石家庄海关，外贸企业可在京津冀三地自主选择通关模式、申报口岸和查验地点。改革实施三个月来，京津冀三地海关共接受一体化报关单100多万票。第三季度，北京口岸海关报关货物958万吨，同比增长716.5%，是前两个季度总和的2倍多。通关时间平均节省20%~30%，通关成本较改革前降低1/3。

四、2015年北京市对外贸易发展形势判断

2015年对外贸易面临的国内外环境仍然错综复杂，且正孕育着新的变革，全国对外贸易将维持“新常态”形势下的中速增长趋势。在外部需求难有明显改善、竞争优势受到多重挑战的情况下，在国家和北京市一系列促进外贸发展的政策措施引导和支持下，在北京市系列主动调控和调整举措的影响下，预计北京地区对外贸易发展将在孕育结构变化中保持低位运行。

（一）商品贸易总额保持低位运行，服务贸易呈现较快增长

机电产品出口增长有望好转是推动出口略有改善的重要力量。在国家和北京市支持外贸稳定增长的政策作用下，在国家落实“一带一路”战略中，以资本换市场，有望带动国内高端装备产品的出口；2014年签订的多项高铁建设项目，也会推动相关制造业的出口，加之2013年低基数的影响，机电产品出口增长有望好转。

稳定资源性产品进口、做好战略储备将拉动北京市进口需求。尽管国内需求改善有限，但进口促进意见中明确提出的“继续鼓励先进技术设

备和关键零部件等进口，稳定资源性产品进口。完善国家储备体系，支持和鼓励企业建立商业储备”，将推动进口结构进一步优化，特别是作为战略性资源的原油等在北京地区进口中占比较高，可能会呈现量升价降的态势。

服务贸易有望保持较快增长。伴随着服务贸易环境的不断优化，特别是支持服务外包、加快发展生产性服务业等政策的出台以及服务贸易交易会、科博会、文博会等一系列促进平台的推动，预计北京市服务贸易将得到进一步发展，其中，计算机信息服务、金融服务、咨询、通讯等将会保持快速增长，旅游、运输服务、建筑服务等保持平稳增长。

民营企业进出口增速仍将保持较高水平。受益于国家简政放权、贸易便利化等政策影响，民营企业进出口增速仍将保持较高水平。同时，不少进出口企业加快转型升级步伐，优化商品结构、市场结构，探索新型贸易方式，开展对外投资拓展国际营销网络，提升在全球价值链中的地位，一批具有自主创新能力的龙头企业和新的优势产品正在涌现，将逐步成为带动外贸发展的新生力量。

新型贸易业态有望成为北京地区外贸进出口的亮点和潜力所在。伴随北京市乃至全国消费能力的提升，上海自贸区监管制度创新在全国逐步推广，京津自贸区有望获批，将加快推动以快件运输、综保区业务、免税品、跨境电子商务为载体的新型贸易业态的加快落地，新型贸易业态有望成为北京地区外贸进出口的亮点和潜力所在。

（二）实际利用外资将保持平稳，对外直接投资迅猛

2014年北京市合同利用外资扭转2013年一度达到的两位数负增长的局面，呈现低位增长态势，按照历史经验，这种态势会在半年至一年后反映到实际利用外资上，预计2015年实际利用外资将略有回升。考虑到北京市正在加快疏解非首都核心功能的产业，以及要素成本的不断攀升，引资将更加注重与核心定位相衔接、注重区域间的协同发展，预计存量外资和增量外资规模会受到影响，但质量有望提升。同时，上海自贸区取得的成效

以及其先行先试政策可能在天津等区域的推广，将会对北京市吸引高端要素、聚集高端资源形成冲击。

境外直接投资已经迎来高速发展期，在国家系列战略布局下以及管理措施的逐步规范和高效，境外投资有望继续保持较快增长，但受总体规模偏小、结构不合理等因素制约，外部环境变化将在很大程度上影响境外投资的发展，其运行可能会呈现明显波动。

五、相关建议

（一）鼓励企业对外投资，实现以资本换市场、以资本换技术

适应全球价值链整合发展要求，针对出口产业价值链，建立公共信息和咨询平台，健全对外经济合作风险防范和融资担保政策支持体系，帮助企业“走出去”，在世界范围内优化配置资源，实现以资本换市场、以资本换技术。**一是**充分利用“一带一路”战略，发挥中国铁路、城市轨道等建设优势，支持企业承揽国际重点项目，带动高铁、特高压电网、轨道交通设备、核电、通信等大型成套设备出口，并努力实现由单纯出口向产品和服务出口协同发展转变。**二是**支持企业拓展在欧美发达国家投资，尤其重视获取智能制造、现代金融等高端制造业与服务业合作机会，实现以资本换技术策略。**三是**推进石油、天然气领域项目合作，支持能源资源海外开发，稳定能源资源供应。**四是**完善鼓励企业开展境外加工贸易政策体系，带动我国技术、设备、劳务和相关产品的出口，转移我国过剩产能，延长产品生命周期。

（二）培育外贸竞争优势，发挥贸易枢纽作用，扩大贸易规模

进一步发挥对外技术创新和升级的引领作用，促进传统外贸优势产业结构升级，逐步形成以高端研发和营销服务为主导、生产在外的产业链格局，使外贸发展向以人才、资本、技术、服务、品牌为核心的综合竞争优势和质量效益提升转变。**一是**积极培育外贸竞争新优势。加快培育和发展外贸转型升级示范基地，支持示范基地外贸公共服务平台建设，增强示范

基地企业自主创新能力；加大对“双自主”企业的支持力度，促进拥有自主品牌和自主知识产权的企业扩大出口；全方位提高生产要素质量，推动贸易由加工组装环节向产前研发、产后营销的价值链高端攀升，培育“技术、质量、品牌”相融合的出口产品竞争优势。**二是**创新外贸进口促进机制，发挥贸易枢纽优势，提升进口规模和结构。充分发挥总部优势，建设进口贸易促进创新示范区、进口商品展示交易中心，增强首都外贸在全国市场的辐射能力。积极落实加强进口意见，鼓励扩大先进技术、关键设备及消费品进口。

（三）积极落实首都核心功能，支持服务贸易加快发展

积极落实国家系列支持服务贸易发展的政策，结合首都城市定位，巩固发展传统服务贸易，深入挖掘优势领域，大幅提高贸易附加值，扩大服务贸易出口。**一是**完善北京市支持对外文化贸易发展的相关政策，在市场开拓、技术创新等方面对文化出口重点企业和重点项目给予大力支持，打造一批具有国际知名度和影响力的文化产品和服务品牌，促进对外文化贸易发展。**二是**落实国家加强进口的意见，积极扩大国内急需的咨询、研发设计、节能环保、环境服务等知识、技术密集型生产性服务业进口和旅游进口。**三是**完善服务贸易标准，培育通信、金融、会计、咨询等新兴服务贸易业态，推进跨境电子商务、市场采购、外贸综合服务企业的发展，引导服务外包企业发展高端业务，推动新兴服务贸易业态发展。**四是**以新机场建设为契机，积极做好承接以航空为主要形式的国际运输服务贸易的前期准备工作。

（四）降低成本，提高外贸企业竞争力

一是简化行政审批，减少进出口许可证管理商品目录，整顿和清理涉及进出口环节的各项不合理、不必要税费，对部分必收的行政事业性收费降低缴费比例，减轻企业负担。**二是**加快对外贸易领域相关金融、信贷等方面改革，对出口信贷融资、出口信用保险等领域加大市场化改革力度，增强行业竞争程度，降低融资成本。**三是**进一步降低或减免先进技术设备、关键零部件和部分消费品的进口税费。四是继续推动京津冀区域通关一体化，完善马坊、马驹桥口岸设施功能，积极争取更多开放口岸资质，减少通关环节，积极推广上海自贸区14项海关监管创新制度，提高投资贸易便利化水平，降低通关成本。五是加快落实京津冀相关合作框架协议和备忘录，发挥三地各自享有的先行先试等制度创新优势，研究推动政策延伸互相机制，打造区域开放发展整体优势。

（五）优化利用外资结构，加强外资引领带动作用

一是落实国务院关于加快生产性服务业发展的意见，积极推进北京市服务业优势产业扩大开放，引导外资进入对北京市产业结构升级带动作用较强、符合北京城市功能定位的领域，推进金融、教育、文化、医疗等服务业领域有序开放，放开育幼养老、建筑设计、会计审计、商贸物流、电子商务等服务业领域外资准入限制。二是在全球产业链整合延伸至价值链整合的背景下，发挥市场优势，吸引产品研发设计、成品销售等高附加值环节的企业来京布局，推动制造和服务业的融合发展。三是落实国家在外商投资管理体制和对外投资审批制度等方面的各项改革举措，创新引资机制，优化配套支撑体系，破除行政障碍，提高行政效率，减少非市场化干预，尽快实现资本运作方式、资本市场氛围与国际惯例接轨。

第六章　农村经济

都市农业提质增效　城乡统筹稳步推进

2014年，在加快首都生态文明建设、建设国际一流和谐宜居之都和京津冀协同发展的背景下，北京市进一步依托得天独厚的科技含量和特大型城市市场容量优势，加快推动农业由单一生产功能向生产、生活、生态多功能融合发展，都市型现代农业发展态势良好，镇村企业生产运行平稳，乡村旅游得到深度开发，农民收入保持稳步增长，新型城镇化步伐稳步推进，北京市农村经济呈现平稳向好的发展态势。展望2015年，随着首都城市功能的进一步优化调整和新型城镇化战略的加快推进，北京市农业发展和农村经济将进入结构调整深化期，“三农”地位和作用将获得重新认识，有望进一步拓展其生产功能、生活功能和生态功能，为首都发展提供有力的基础和保障。

一、2014年北京市农村经济的主要特征

伴随首都城市化进程不断加快，农业在北京市经济发展中的份额逐年降低。截至2014年9月，北京市第一产业实现增加值112.2亿元，同比增长0.2%，占北京市GDP比重仅为0.76%。与此同时随着首都生态文明地位的突出，这不足1%经济比重的农业在环境净化、生态涵养、生活休闲、城市宜居等方面的价值却显得愈加重要（见图6~1）。

（一）农林牧渔业产值增速出现明显回落

2014年，北京市农业政策、市场环境、自然环境出现了一些新变化。从政策环境看，北京市委市政府先后下发了《关于调结构转方式发展高效节水农业的意见》和《北京市新增产业的禁止和限制目录》，粮田面

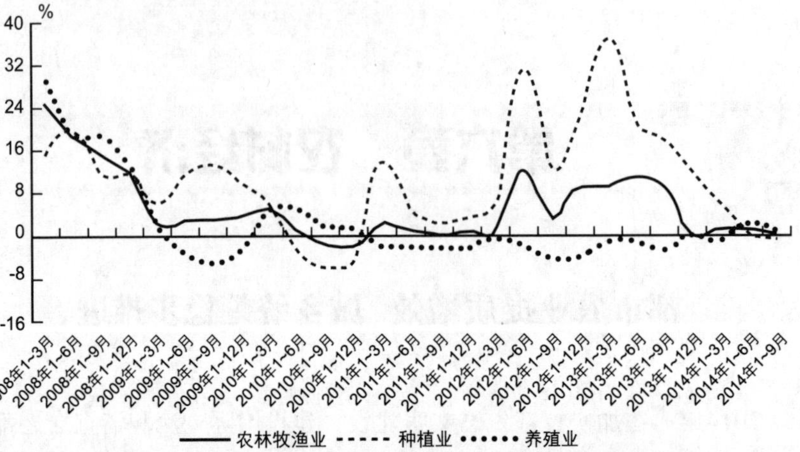

图6~1 2008年以来北京市农业总产值同比增速

积将由目前的170万亩调减到80万亩、菜田由59万亩增加到70万亩、果园稳定在100万亩，养殖业被列为限制发展的产业，农业进入战略性结构调整期；**从市场环境看**，农产品价格处于下行周期，中央八项规定影响进一步显现，北京特色农产品销售不畅；**从自然环境看**，上半年气象灾害频发，农业灾情重于常年。受上述因素综合影响，北京农业总产值增速明显回落。1~9月，北京市农林牧渔业总产值280.7亿元，同比增长0.3%，扣除价格因素实际增长0.1%，实际增速比2013年同期回落2.2个百分点（见表6~1）。

表6~1　　2014年1~9月北京市农林牧渔总产值结构表

指标名称	按现行价格计算（亿元）			按可比价格计算	
	2014年	2013年	增减%	2014年	增减%
一、总产值合计	280.7	280.0	0.3	280.2	0.1
（一）农业	92.2	104.5	-11.8	92.8	-11.2
（二）林业	68.5	58.0	18.2	68.5	18.2
（三）牧业	107.1	106.3	0.7	106.2	-0.1
（四）渔业	6.8	5.4	25.5	6.7	23.5
（五）农林牧渔服务业	3.1	2.9	6.1	3.0	3.8
二、一产增加值	112.2	111.9	0.3	112.1	0.2

从主要农产品产量看，受结构调整、造林占地和气候异常因素影响，除禽蛋产量增长外，北京市粮食、蔬菜、水果、花卉、盆栽植物、家禽、牛奶、生猪等其他主要农产品产量均呈下降趋势。数据显示，2014年粮食播种面积181.1万亩，同比减少57.3万亩，下降24%；蔬菜播种面积69.3万亩，同比减少7.3万亩，下降9.6%（见表6~2）；前三季度，北京市平均降水量较常年减少三成，13个种植秋粮的区县亩产全部下降，降幅超过10%；受倒春寒、干旱及雹灾影响，门头沟、通州、大兴、怀柔、平谷、密云等区县瓜果及干鲜果品出现大幅减产，牛奶产量和生猪、家禽出栏均呈现不同程度下降。

表6~2　　2014年1~9月北京市主要农产品生产情况

	单位	产量/出栏		产值（亿元）	
		本年	增长（%）	本年	增长(现价)(%)
农业：					
其中：蔬菜	万吨	136.8	-15.6	47.8	-15.5
鲜切花	万枝	2592.6	-1.5	0.5	-12.5
盆栽植物	万盆	8047.2	-18.3	5.3	10.1
水果	万吨	57.9	-11.3	34.6	-2.4
畜牧业：					
其中：生猪	万头	231.8	-1.3	31.7	-9.7
牛奶	万吨	43.2	-3.2	19.1	20.6
家禽	万只	5619.9	-6.8	16.4	-2.6
禽蛋	万吨	14.2	13.7	18.9	22.1

（二）都市型现代农业延续快速发展态势

随着科技水平提高和扶持力度加大，以设施农业和观光休闲农业为代表的北京市都市型现代农业快速发展。一是设施农业规模和效益稳步提升。2014年新建、改建设施农业6775亩，新增4万亩外埠蔬菜生产基地和5个养殖基地，新认证350家企业和基地，新认定31家市级农业龙头企业。在土地资源稀缺的首都，设施农业大大提高了土地产出效益，为北京“菜篮子”工程建设发挥了重要作用。二是山区休闲农业加快转型升级。在休闲农业总体发展较为低迷的情况下，北京市郊区县积极提升观光民俗服务品质。2014年1~9月，北京市农业观光园总收入16.9亿元，同比下降10.9%，但民俗旅游增长较快，民俗旅游户接待游客1400.9万人次，同比增长6%；实现收入8.3亿元，同比增长10.4%（见表6~3）。通过推进休闲农业与乡村旅游的标准化建设，顺义区五彩浅山沟域、房山区上方花海沟域、怀柔区白桦谷沟域、门头沟区玫瑰谷沟域、密云县酒乡之路沟域、延庆县冰川绿谷沟域等一批重点沟域的接待能力及服务水平明显提升。

表6~3　2010年~2014年历年1~9月同期北京农业观光园发展情况

项 目	2010年1~9月	2011年1~9月	2012年1~9月	2013年1~9月	2014年1~9月
农业观光园个数　（个）	1284	1286	1277	1287	1266
生产高峰期从业人员（人）	37612	43022	45291	47102	54723
接待人次　（万人次）	1150.5	1207	1229.3	1311.6	1309.5
经营总收入（亿元）	10.65	14.07	17.94	19.0	16.9

延伸阅读：北京市景观农业凸显

平原造林工程的实施使北京市林业占农林牧渔业总产值的比重继续提升，以美化首都环境为目的的景观农业不断涌现：海淀区打造了农业主体鲜明的上庄京西稻生态苑、苏家坨薰衣草庄园、四季青“一河十园”；房山区深度挖掘梯田景观能力，不断扩大林下景观面积，打造出长沟“水岸花田”、韩村河“上方花海”等7个景观农业项目。此外，各区县积极推进沟域经济建设，形成了门头沟妙峰山玫瑰谷、顺义五彩浅山、怀柔满韵汤河、平谷九里山桃花谷、延庆四季花海和百里画廊等一批环境优美、设施齐全、独具特色的沟域景观，吸引大批游客前往，取得了良好的生态效益、经济效益和社会效益。

（三）京郊镇村经济保持良好发展势头

按照首都城市战略定位和京津冀一体化协同发展要求，2014年，北京市镇村企业积极调整产业结构，推动产业转型升级，经济运行稳中有升，表现为以下四个发展特点：一是经济总量持续扩大，增速有所回升。截至2014年8月，北京市镇村企业累计完成营业收入3250.2亿元，实现增加值561.4亿元，实现工业增加值329.8亿元；同比分别增长9.8%、6.6%、

6%，增速比2013年分别提高5.1个百分点、2.5个百分点、1.6个百分点。二是产业结构继续优化，区域布局更加合理。截止2014年8月，北京市镇村企业一、二、三产业增加值所占比重分别为0.6%、67%、32.4%。二产所占比重同比下降1.3个百分点，三产所占比重同比提高1.3个百分点。从区域布局看，功能拓展区镇村企业增加值所占比重为14.3%，同比下降0.4个百分点；发展新区所占比重为73.3%，同比提高1.4个百分点；生态涵养区所占比重为12.4%，同比下降1个百分点。三是社会服务业增幅加快。截至2014年8月，北京市镇村社会服务业完成总收入150.3亿元、利润总额19.5亿元、增加值55.5亿元，同比分别增长25.3%、59.7%和25.8%，增速分别高于镇村三产相应指标增速16个百分点、38.3个百分点和14.7个百分点。社会服务业总收入、利润总额和增加值占三产相应指标的比重分别为12.7%、29.5%和30.3%，成为引领郊区第三产业发展的主力军和带动镇村经济增长的重要力量。四是社会贡献持续加大。截至2014年8月，北京市镇村企业累计上交税金135.9亿元，同比增长8.9%，增速比2013年同期提高4.2个百分点；支付劳动者报酬215.9亿元，同比增长16.9%，增速比2013年同期提高4.3个百分点。镇村企业对郊区新农村建设乃至北京市经济发展和农民增收的贡献进一步加大。

（四）农村居民消费结构与城镇居民逐渐趋同

2014年，北京市农村居民收入保持平稳增长态势。1~9月，北京市农民人均现金收入实现17830元，同比增长10.4%，扣除物价因素实际增长8.3%，预计能够完成农民收入实际增长7.5%的任务。从收入类型看，工资性收入有所放缓，1~9月北京市农民人均工资性收入10623元，同比增长9.9%，低于2013年同期增速5.3个百分点，主要是宏观经济增速放缓对农民转移就业和工资增长产生不利影响；财产性收入快速增长，1~9月北京市农民人均财产性收入实现1995元，同比增长16.9%，转移性收入保持平稳增长，1~9月北京市农民人均转移性收入实现2955元，同比增长10.3%；家庭经营现金收入出现正增长，1~9月北京市农民人均家庭经营现金收入为2257元，同比增长7.3%，扭转了2011年以来农民家庭经营收入持续下滑的趋势，主要原因是电子商务带动郊区交通物流业发展和郊区出租车司机在出租车调价改革中受益较大（见图6~2）。

随着收入水平的提高，农村居民消费结构逐步与城镇居民趋同。1~9月，北京市农村居民人均消费支出同比增长8.7%，总体上延续2010年以来相对平稳的增长态势。服务性消费比重提升，消费结构继续升级。1~9月农民人均服务性消费支出同比增长12.4%，增速高于商品性消费，其中人均文化体育娱乐服务消费同比增长45.4%，人均通讯工具支出同比增长33.6%，居民消费结构正逐渐与城镇居民趋同，但是食品支出比重（恩格尔系数）和医疗支出比重仍明显高于城镇居民。

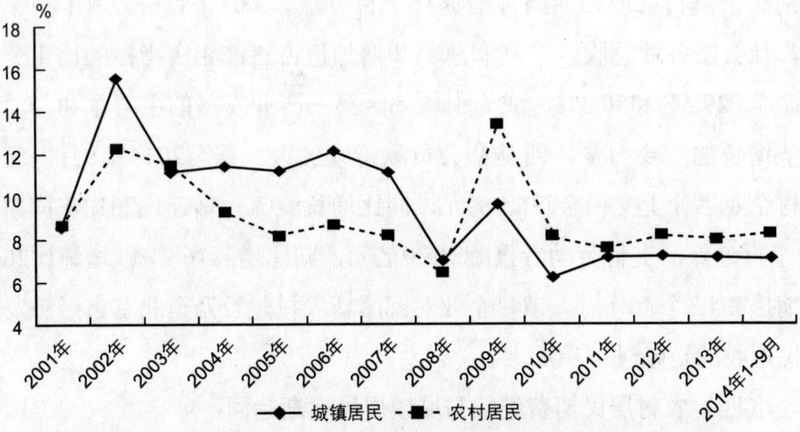

图6~2 2001年以来北京市城乡居民人均收入实际增速

延伸阅读：北京农村居民生活质量提升

数据显示，2013年，北京市举办了第24届北京市农民艺术节，“乡村大舞台”共演出78场，10余万农村群众登台表演，原创节目比例达到73%，农民参与文化休闲娱乐活动的积极性进一步提高，农村精神文明建设有声有色。目前，农村基层医疗机构能够满足农村居民的日常医疗卫生需求。医疗保险报销比例向基层卫生机构倾斜，农村居民人均药品、医疗费支出占人均消费支出的比重为8.2%，比2013年降低0.9个百分点。随着《大气清洁行动计划》的实施，更多农村居民用上了清洁能源。2013年在农村地区开展的“减煤换煤、清洁空气”行动共减煤65.8万吨，换煤28.7万吨，对改善首都空气质量、优化农村地区能源结构具有重要作用。农村居民家庭清洁能源普及率为95.8%，比2013年提高4.1个百分点。

（五）郊区新型城镇化进程继续稳步推进

2013年以来，北京市出台并实施了“土地流转起来、资产经营起来、农民组织起来”的“新三起来”政策，从生产力和生产关系的层面改进和强化了农村发展的内生动力。一是着力推动“土地流转起来”，提高土地产出率。2014年，北京市195个乡镇、3958个村的集体土地所有权确权登记发证工作已基本完成，确权登记率达到97.05%；确权土地流转共计237.1万亩，占确权土地总面积的51.3%。二是积极推进“资产经营起来”，各乡镇通过盘活改建闲置农房发展乡村酒店、发展合作社辐射带动农户经营等措施推进乡村集体资产经营，使农村居民成为新型集体经济组织的股东，并获得丰厚的分红收益。1~9月，北京市农村居民人均财产性收入同比增长16.9%，其中人均转移土地承包经营权收入同比增长43.9%。三是通过大力扶持合作社发展，让“农民组织起来”。截至2014年6月，北京市农民专业合作社达到6286家，注册成员16.2万名，辐射带动北京市3/4的一产农户。开展了农民合作社贷款担保补助费试点项目，创新蛋鸡产业链、生猪价格指数等险种，1~9月北京市实现农业保费收入3.3亿元，参保农户11万户次，赔付支出3.53亿元。

延伸阅读：北京市城乡一体化进程加快

北京市统计局、国家统计局北京调查总队建立的北京市城乡经济社会发展一体化进程监测评价体系显示，2013年，北京市城乡一体化进程综合实现程度达到88.3%，比2012年提高0.2个百分点，城乡经济社会发展一体化处于较高水平。从监测的6个方面看，生活质量、公共服务、环境与设施实现程度达到或接近90%，分别为94.5%、89%、95.9%；社会发展和社会管理实现程度分别为87.9%和85.5%。与2012年相比四个方面实现提升，社会发展、生活质量、环境与设施和社会管理实现程度分别比2012年提高2.2个、3.9个、10.1个和1.1个百分点。公共服务和经济发展实现程度与2012年相比有所下降。从30项指标看，8项指标实现程度达到100%，分别为农村与全社会人均固定资产投资比、社会保障指数、农村居民家庭清洁能源普及率、财政用于医疗卫生人均支出城郊比、远郊区县垃圾无害化处理率、远郊区县万人拥有服务性网点、北京市林木绿化率和居民对社会安全的满意度。11项指标实现程度在90%~100%之间，6项指标实现程度在80%－90%之间，5项指标实现程度在80%以下。18项指标得分与2012年相比有所提升，6项指标在2012年和2013年均完成目标值。

二、当前北京市农村发展面临的主要问题

（一）休闲农业发展存在同质低效问题

虽然近年来北京市各个区县根据北京市相关规划和指导意见制定了各自的农业发展重点和发展方向，但各个区县所确定的都市农业发展方向多着眼于自身优势，与周边区县及首都圈其他地区的比较和合作较少，结果造成“特色不特”，无法形成各区县比较优势，甚至产生恶性竞争，还造成了重复建设和资源浪费。如目前开展比较多的“休闲农业”、“观光农业”，几乎各个区县都在开展此类项目，但规模有大有小，水平参差不齐，没有充分发挥乡村旅游的特色和亮点，导致乡村旅游对游客的吸引力逐步减退，无法带动进一步发展，造成城市居民的乡村旅游以观山赏景为主，人均消费低。数据显示，2013年观光园游客平均逗留天数仅为1.3天，北京市民俗旅游人均消费为66元，部分区县人均消费不到40元，乡村旅游收入的提高主要靠接待人流量带动。

（二）镇村经济工业企业经济效益下滑明显

虽然2014年北京市镇村企业经济运行呈现出稳中有升的发展态势，但也存在一些亟待解决的问题。2014年以来，受原材料价格上涨，税费、工资支出增长较快，影响企业生产经营成本上升，加之市场竞争加剧，使得京郊镇村工业企业，特别是规模企业利润总额出现负增长，利润率降低，经济效益下滑明显。截至8月底，北京市镇村工业企业完成利润总额81.2亿元，同比下降4.1%；其中规模工业企业完成利润总额63.4亿元，同比下降4.7%。镇村工业企业利润率为4.6%，比2013年同期降低0.8个百分点；其中规模工业企业利润率为5.2%，比2013年同期降低0.3个百分点，企业发展后劲明显不足。

（三）农村集体经济发展水平亟待提高

从北京市总体情况看，农村集体经济发展与城乡一体化发展的形势还不相适应，与农民的期盼还有较大差距，新型集体经济组织发展水平亟待提高。据对北京市3498个新型村集体经济组织统计分析，以一产为主的村共有1953个，占55.8%，这些村集体收入普遍偏低或者没有收入，在改革

中只进行了人员界定和清产核资，不能进行股份量化和分红；以二产为主的有78个，仅占2.2%，并且多以小型建筑构件加工为主，缺乏可持续性和竞争力；以三产为主的有1467个，占到42%，其中的80%又以土地和房屋出租为主，产业结构单一，运行管理不规范，并且在城市化进程中也难以持续稳定。

（四）城乡社会保障水平差距有待改善

数据显示，北京市城乡居民在教育、医疗、社会保障等方面的差距依然明显。2013年，北京市城镇居民人均收入中养老金、退休金达到11928元，比2012年同期增加1826元，农村居民人均养老金、退休金仅为2314元，比2012年同期增加574元。农村居民人均养老金、退休金与城镇居民绝对额差距由2013年的8362元增加到9614元。城乡居民收入中养老金、退休金比为5.2∶1，与城乡居民收入2.2∶1相比，差距显著。农村居民人均医药费支出占生活消费支出的比重为8.2%，高于城镇居民人均医药费支出比重3.2个百分点。部分农村居民在农业、批发零售等镇村企业工作，保障水平相对较低，农民医药负担仍然较重。

（五）农村部分改革任务进展缓慢

总体上看，北京市镇村级改革任务已经基本完成，但是部分区县进展不平衡，一些老大难问题亟待解决。一是北京市还有151个村没有完成改革，主要是由于集体资产挂账、利益关系复杂、干群矛盾较大等历史遗留问题较多而造成的，需要进一步加以解决。如朝阳区地处第一道绿化隔离带地区的村，由于原有集体企业拆迁，新兴产业尚未发展起来，导致部分村集体资产挂账无法进行资产处置而不能顺利推进改革。二是一些集体经济实力较差的村庄，由于没有可供量化的经营性净资产，目前只完成了清产核资、身份界定和劳龄统计，而没有进行资产处置和股权量化，需要在发展壮大集体经济的同时完成剩余改革步骤。三是早期改革的部分村，由于当时政策不完善，集体股的比例还比较高，尚未真正达到明晰产权的目的，还需要进一步深化改革，提高农民对股份的占有比例。四是乡级集体产权改革，由于涉及的问题复杂，改革操作难度较大，进展相对较慢。

三、2015年北京市农村经济发展形势展望

展望2015年，随着城市总规修编完成，京津冀协同发展推动以及郊区基础设施完善、社会投资力度加大。北京市农村发展格局将得到规范，土地红利将进一步释放，都市农业附加值将进一步提高，生态服务功能将进一步彰显，重点镇对人口和产业的集聚承载能力有望获得提升，农民收入保持平稳增长，城乡一体化进程将不断加快。

（一）农村经济发展环境有望继续改善向好

国家层面看，党的十八届三中全会提出要进一步加强农村建设投入，加快城乡统筹步伐。2014年的中央“一号文件”聚焦农业经营体制的改革创新，提出坚持农户为农业生产主体，创新发展专业大户、家庭农场、专业合作社、农业产业化等生产经营形式，有效解决“谁来种地”的问题。**北京层面看**，近年来北京市农业政策体系不断完善，制定实施了都市型现代农业发展意见、促进农民增收行动计划、每年安排8亿元推进菜篮子生产、安排2亿元支持种业和农加工业发展，率先建立农田生态补偿制度、政策性农业保险险种基本涵盖主要农产品等一系列强农惠农富农政策。北京市农技推广、农产品质量安全、动植物防疫、农资、农机、农业信息化、农村金融、农产品流通、农业用水等九大服务体系建设扎实推进。2015年农村发展环境将进一步得到改善。

延伸阅读：北京市农村社会管理水平稳步提高

调查显示，在社会管理方面涉及的3个主观满意程度指标中，北京市农村居民对社会安全的满意度达到91.7%，实现程度为100%。村务公开是村民了解村内大事、参与民主监督的重要途径。农村基层民主建设调查显示，57.8%的被访者对村务公开情况表示非常满意和比较满意，比2012年提高1.2个百分点，实现程度为68%。75.6%的被访者认为本村村务公开状况与过去一年相比有所好转。各区县加大社会建设力度，社会服务体系更加完善，社会参与更加广泛，社会环境更加文明，社会关系更加和谐，社会管理水平总体上稳步提高。社会管理满意度调查显示，居民对社会管理的满意度为70.1%，比2012年提高1.2个百分点，实现程度为87.6%。92.8%的被访者认为近3年来北京市的社会管理总体状况有所好转，其中48.9%的被访者认为有较大好转。

（二）都市型现代农业将保持良好发展势头

2015年，北京市将进一步落实学习习总书记来京视察时的讲话要求，北京市都市型现代农业将继续以服务首都为出发点，以做精产业、富裕农民为落脚点，按照“高效、节水、生态、安全”的基本原则，着力推进现代农业向规模化发展、园区化建设、标准化生产，着力提升现代农业的核心竞争能力、城乡服务能力、生态涵养能力，全力打造管理服务精细、产业产品高端、田园乡村秀美、城市郊区共融的都市型现代农业“升级版”。在农业生产空间不断收缩的大背景下，各郊区县农业积极推动“小空间、高效益”农业产业项目建设，如房山区将推进中国北京农业生态谷、顺义区万亩示范区、大兴区庞各庄高科技农业产业园等项目建设。可以预计，随着农业大项目落地和居民生活水平的继续提高，2015年农业的生态、休闲、体验、教育等功能的需求将不断增强，农业与服务业融合发展渐成趋势，将进一步成为北京农业发展的主攻方向和郊区农民增收的重要途径。

延伸阅读：北京市会展农业蓬勃发展

农业会展及农事节庆活动已成为北京市都市型现代农业的重要组成部分，是郊区农业文明和农村文化的展示窗口，推动京郊农业全面升级和结构优化。截至2014年9月，北京市共举办3项农业会展活动和21项农事节庆活动，接待游客311.8万人次，总收入超过2亿元。世界种子大会的成功举办充分展示了我国种业发展成就和北京建设“种业之都”的巨大前景；世界葡萄大会初步形成了种业—种植—加工—销售的葡萄与红酒全产业链，发布了延怀河谷产区规划，促进了京津冀产业协同发展；第二届农业嘉年华活动带动了周边草莓采摘园快速发展，达到了以会兴业的目的。

（三）增强生态功能将成为农业发展的主要方向

可以预计，2015年北京市农业发展的方向将进一步适应破解首都“城市病”难题的客观要求，向生态功能加快转变。四类功能区各个区域生态环境建设的内容和方向将有明显的区别，功能拓展区的农业生态功能的主体是绿化隔离带和郊野公园，目的是既要发展城市，接收城市转移的人口和产业，又要避免市区无限制扩大带来的环境与生态问题，创造良好的小气候，保护较大面积的绿化美化区域。发展新区的农业生态功能主体是平原农业区，首先是第二道绿化隔离带建设，其次是沙化治理和防治农业的面源污染，最后是河湖湿地的修复和村庄环境的整治。生态涵养发展区的农业生态功能通过增加森林、流域等生态产品的生产和供给来完成。

延伸阅读：特大城市农业转型的必要性

城市化地区的农业发展转型是客观规律。首先，这是人口、资源与环境矛盾日益加剧下的必然选择。由于对农业的多种功能认识不清楚，缺乏对农业的保护，以往城市发展的过程，就成为农业逐渐被排斥和吞并的过程，郊区建设用地面积和农用地面积增减反方向变化趋势明显，人口、资源、环境不协调发展的问题日益突出。其次，是国际发展的一般经验和规律性要求。世界上许多国家为摆脱城市畸形发展带来水泥丛林、柏油沙漠、空气污浊、污染严重的困境，提出了建设有“农”城市、田园城市、生态城市的目标，如法国巴黎大区面积12011平方公里，其中农业用地和林业用地空间分别占49%和23%，总和占72%，超过大区面积的2/3，为城市可持续发展起着重要的环境保护作用。最后，这是都市型现代农业发展的内在要求和趋向。农业不仅要进行物质生产，随着农业由一产向三产延伸，从生产功能向生活功能、生态功能延伸，农业具有了多种功能，彻底打破了农村务农、农业种粮的单一局面。

（四）土地流转新政策有望释放巨大改革红利

2014年12月，中共中央办公厅、国务院办公厅印发了《关于引导农村土地经营权有序流转发展农业适度规模经营的意见》（以下简称《意见》）。《意见》提出，用5年左右时间基本完成土地承包经营权确权登记颁证工作，妥善解决农户承包地块面积不准等诸多问题。在最新的政策中，包括了征地制度改革和农村宅基地制度改革两项重点，如果这些改革措施能得到切实执行，意义不亚于二次土改。可以预计，《意见》对土地流转形式的创新，在短期内将有助于促进适度规模经营，实现农民增收。尤其是像北京这样特大型城市，周边的农村土地经济发展潜力巨大，但市场化相对滞后，通过农村土地征收、集体经营性建设用地入市、宅基地制度改革顶层设计“三箭齐发”，必将提高北京市郊区农村土地利用效率，大幅增加农民财产性收入，调整政府征地行为，逐步释放出巨大的改革红利。

延伸阅读：新土改的“三个底线”和“三个突破”

土地改革涉及农村集体经济组织制度、村民自治制度等一系列重要制度，关乎城镇化、农业现代化进程。中央深改组要求，新一轮土地改革要以农民权益为先，坚持“土地公有制性质不改变、耕地红线不突破、农民利益不受损”三条底线，在试点基础上有序推进。同时，体现“三个突破”政策亮点：一是放活经营权，保障土地不被经营者随意“圈走”。二是首次明确适度规模经营的“度”，防止出现“超级巨无霸”，即“现阶段，对土地经营规模相当于当地户均承包地面积10至15倍、务农收入相当于当地二、三产业务工收入的，应当给予重点扶持”。三是开出4大“负面清单”，缚住滥用权力占地之手。

（五）农民持续增收的压力依然较大

虽然北京市农民收入已连续多年保持较快增长，但随着收入基数提高和不确定因素增多，2015年农民收入加快增长势头可能将有所放缓。一是农民家庭经营收入增长可能继续放缓。由于农业发展空间不断收缩，农户经营规模持续下降，农民家庭经营收入增长可能继续放缓。二是农村劳动力竞争力较弱，不利于稳定就业增收。由于农民受教育程度较低，转移就业技能差，就业难度不断加大，且转出去的也多从事低端行业，就业质量不高、稳定性差、收入较低。三是当前农民收入水平已达到了一个较高基数，但农民自主就业、创业能力依然较弱，收入没有刚性增长机制，继续维持较快增长的难度不断加大。

延伸阅读：北京农村居民增收后劲不足

“十二五”时期，城镇居民和农村居民收入增长目标均为实际增速8%，从2011~2013年实际情况看，农村居民人均纯收入实际增速分别为7.6%、8.2%和7.7%，年均增长7.8%，与目标值相比仍有一定差距。目前来看，农村居民增收仍然存在一定难度，主要表现在四项收入方面。第一，农村居民从事的行业主要是工资水平相对较低、发展较慢的传统行业。北京市农村居民从业人员中，约有2/3集中在农业、制造业、批发与零售业、交通运输业等传统的劳动密集型行业。第二，保持转移性收入持续快速增长存在压力。目前，社会保险缴款收入增长快于支出增长，政府转移支付能力较强，随着人口老龄化程度的加深，对政府转移支付会形成压力。第三，财产性收入占比仍然较低。2013年北京农村居民财产性收入占总收入的比重为11%，与发达国家相比差距较大。第四，家庭经营收入受到农业政策及气候条件因素影响较大。

四、政策建议

（一）加快推动传统农业向生态高效农业转型

受生态环境建设、功能疏解、人口调控等政策的叠加影响，北京市农业进入战略性结构调整期，传统农业的适度退出符合北京整体发展定位，但需加快培育未来农业的主导产业和新增长点，推动传统农业向生态高效农业加快转型，避免农业出现较大幅度波动。建议：一是重点调整种植业、养殖业结构，根据“以水定地、以水定业”的方针，提高农业用水效率。二是转变农业发展方式，大力发展循环农业、会展农业、籽种农业、观光休闲农业，加快提升都市型现代农业发展水平。三是发挥市场在资源配置中的决定性作用，积极培育家庭经营、集体经营、合作经营、企业经营等新型农业经营主体，向农业输入现代生产要素，发展高效节水农业。

（二）加快都市型现代农业提质增效步伐

在首都资源和空间日趋紧张的情况下，应进一步加快北京市都市型现代农业自身提质增效的步伐。建议：一是创新农业的服务方式，全面覆盖农业的产前、产中和产后服务，提升农业服务的社会化、专业化水平。二是创新郊区农村的农产品营销方式，拓展市场空间，通过开拓优质品牌农产品专卖市场，开办网上商城，拓宽销售渠道，取得良好的经济效益和社会效益。三是通过产业结构调整和首都农业科技成果的加快转化，提高农业的土地产出率、劳动生产率和资源利用率。

延伸阅读：职业农民——未来的农耕者

新型职业农民的主体将具有这样的共同特点：他们懂技术，对农业有着深厚的感情。如种植养殖大户、家庭农场的继承人，或者是专业合作组织的领头人或主力成员，或者是致力于农业生产服务的专业农校学生等，以及农民植保员、经纪人、农机大户、防疫员、水利员、信息员、沼气工等各类生产经营和技能服务型人才。

职业农民与传统农民的区别：一是新型职业农民是市场主体。传统农民主要追求维持生计，而新型职业农民则充分地进入市场，并利用一切可能的选择使报酬最大化，一般具有较高的收入。二是新型职业农民具有高度的稳定性，把务农作为终身职业，而且后继有人。三是新型职业农民具有高度的社会责任感和现代观念，新型职业农民不仅有文化、懂技术、会经营，还对生态、环境、社会承担责任。

（三）实施乡村旅游提档升级战略

乡村旅游增加了农民收入，增强了城乡互动，促进了城乡融合，但近年来北京市乡村旅游暴露出质量参差不齐的问题，主要原因是部分地区农业观光园的配套设施、项目设计、服务品质有待提高，民俗户从业人员经营管理水平偏低，同质化发展的问题突出，亟待加强产业提档升级力度。建议：一是加强对乡村旅游业的政策支持力度，强化对乡村旅游从业人员的职业培训，提升乡村旅游的规模档次和经营、服务水平。二是加大环境设施配套建设和改善力度，吸引社会资本共同开发乡村旅游项目，突出特色、打造名牌，规范化经营，提升乡村旅游业的整体发展水平。

（四）挖掘新型农业经营主体的发展潜力

近几年，北京市农民专业合作社发展取得了明显成效，但总体上还处于初级阶段，经营规模偏小，经济实力较弱，产业链条较短，服务层次较低，带动能力还不强。建议：一是大力扶持合作社发展。积极开展市级示范社监测考核及动态管理工作，开展农民合作社贷款担保补助费试点项目，力争辐射带动北京市3/4的一产农户。二是创新农村金融发展。开展农村信用合作试点，推动农业保险保单质押贷款。三是研究制定新型农业经营主体实施评估和监督机制，避免破坏耕地和拖欠农民土地租金，出现新一轮的“圈地运动”。

延伸阅读：培育新型农业经营主体是保护耕地的重要抓手

党的十八届三中全会提出了“在坚持和完善最严格的耕地保护制度前提下，赋予农民对承包地占有、使用、收益、流转及承包经营权抵押、担保权能，允许农民以承包经营权入股发展农业产业化经营。鼓励承包经营权在公开市场上向专业大户、家庭农场、农民合作社、农业企业流转，发展多种形式规模经营”，为我国土地制度改革和现代农业的发展指明了方向。2014年中央1号文件对解决“地怎么种”的问题又作了更深入部署，提出“坚持家庭经营为基础与多种经营形式共同发展，传统精耕细作与现代物质技术装备相辅相成，实现高产高效与资源生态永续利用协调兼顾”。由此可见，转变农业发展方式，培育新型农业经营主体将成为新一轮保护耕地、创建友好型生态农业的重要抓手。

（五）完善农村生态环境修复和保护补偿机制

利用市场化手段开展生态修复是国外特大城市发展进程中的普遍规律。建议：一是设立北京市生态修复和生态补偿专项资金。主要用于水源涵养和西部生态脆弱带的生态修复和维护，以及对因涵养生态而导致的产业发展受限，以及为保护生态环境而进行的产业转移，给予足够的补贴和适当的奖励。同时，加快完善相关的评价机制，细化补偿方案和办法，特别是要在各利益相关者的博弈中，充分考虑最弱势的农民的利益。二是对不同区域实行差别化的补偿方式。当前，北京市现有的生态补偿涉及多部门、多层面及多领域的生态问题，客观上存在着部门差别，不利于协调管理。应从促进山区协调发展、城乡统筹的角度，针对山区森林、自然保护区、流域管理、水源保护、矿产资源开发、环境保护等不同内容，制定统一协调的山区生态补偿机制设计。三是加大对生态涵养发展区的补偿力度。北京市山区生态环境建设的任务重，经济基础和地理资源条件差，劳动力和人口外流多。靠农村自身解决增收和缩小城乡差距的难度很大，可以通过建立郊区农村生态环境建设的生态补偿机制，调动区县政府和广大村民参与的积极性和主动性。

（六）加快推进符合首都实际情况的农村改革

体制机制改革是北京农村地区可持续发展的基本保障。建议：一是在北京市范围内全面推进土地承包经营权确权登记颁证工作，用两年时间基本完成主体工作任务。支持和鼓励农村土地向新型经营主体流转，探索工商企业接转农户承包土地的准入制度。积极争取国家试点，探索承包土地的经营权抵押、担保的有效途径。二是加快研究制定北京市农村综合产权交易规范管理政策。加快推进剩余难点村产权改革任务，积极推动乡级改革。加快研究制定支持农村集体经济发展的政策措施，探索新型股份合作经济组织的股东进退机制、股权固化、流转和股权管理办法。三是加大对合作社政策支持力度，进一步提高北京市农民组织化程度，发展一批以“农业公司(龙头企业)+农民合作社+农产品生产基地+农户”为主要形式的产加销一体化综合体，增强农民进入市场、抵御市场风险的能力。

第七章 工 业

工业增长持续趋缓 结构调整推动质效提升

2014年，北京市调结构、促转型步伐进一步加快，工业增长有所放缓，但结构调整成效显著，符合首都城市战略定位的高端制造业发展较快，战略性新兴产业支撑工业增长的贡献加大。企业跨界融合加速发展，预计全年规模以上工业增长约为6.2%。展望2015年，新时期首都战略定位、京津冀协同发展对工业转型发展、结构调整提出了更高的要求。新增产业禁限目录的严格执行、产业转移疏解的持续推进，短期内将施压工业增长，工业增速将继续趋缓，但市场倒逼下企业谋求转型发展的动力持续增强，兼并重组、技术创新、营销模式创新以及政策鼓励将继续推动北京市工业结构优化升级，工业高端化、融合化的发展特征将日益巩固，预计全年北京市规模以上工业增长在6%左右。

一、2014年北京市工业运行特点

（一）工业增长有所放缓

近年来，围绕首都战略调整，北京市工业发展进入了新一轮调整转型期，工业在首都经济中的占比有所下降，增长亦有所放缓。2014年1~9月，北京工业增加值占GDP比重由2005年的近25%下降至17.1%。2014年以来，北京市工业受需求不足、产业疏解以及新增产业禁限目录实施等多重因素影响，增长有所放缓。1~9月，北京市规模以上工业同比增长6.5%，增幅同比回落1.8个百分点，继续保持2012年以来的低位运行，年内各月走势基本呈缓中趋稳运行态势（见图7~1和表7~1）。四季度，考

虑市场需求改善不明显、非首都核心功能疏解下产能禁限约束加强，以及APEC会议期间限产停工等因素影响，工业增长将小幅回落，预计2014年规模以上工业增长约为6.2%。

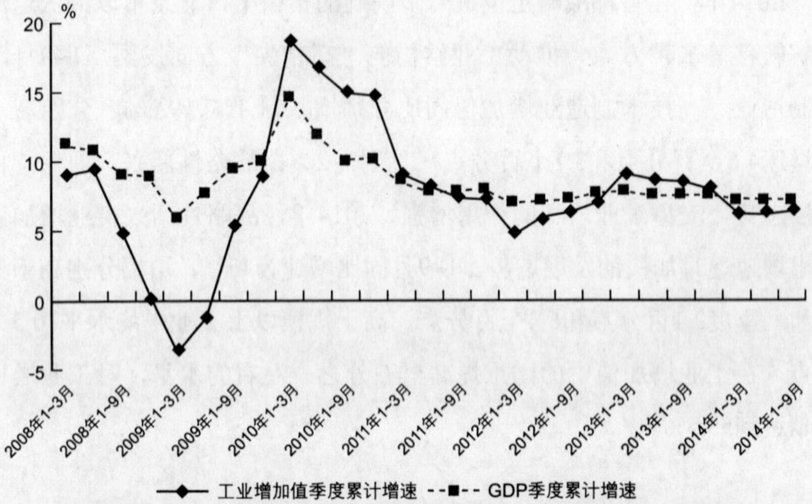

图7~1 2008年以来北京市工业增加值与GDP季度累计增速

表7~1 2005年以来北京与全国工业发展年度比较

时间	工业增加值(亿元)		工业占GDP比重(%)		GDP增速(%)		工业增速(%)	
	北京	全国	北京	全国	北京	全国	北京	全国
2005年	1707.04	77230.78	24.49	41.76	12.1	11.3	10.9	11.6
2006年	1821.86	91310.94	22.44	42.21	13.0	12.7	9.5	12.9
2007年	2082.76	110534.9	21.15	41.58	14.5	14.2	13.1	14.9
2008年	2198.49	130260.24	19.78	41.48	9.1	9.6	0.2	9.9
2009年	2303.08	135239.95	18.95	39.72	10.2	9.2	8.8	8.7
2010年	2764.0	160722.2	19.58	40.0	10.3	10.4	14.9	12.1
2011年	3048.8	188470.2	18.76	39.8	8.1	9.3	7.5	10.4
2012年	3294.3	199671.0	18.43	38.5	7.7	7.7	7.0	7.7
2013年	3536.9	210689.4	18.14	37	7.7	7.7	8	7.6
2014年1~9月	2525.8	157057.5	17.1	37.4	7.3	7.4	6.5	8

（二）工业结构调整成效显著

伴随调整转型的深入推进，北京市工业已形成了以现代制造业、高技术制造业为主导，战略性新兴产业支撑增强的高端引领结构特征。

2014年，在首都战略定位进一步明确的指引下，北京市以淘汰退出、疏解转移等多种方式，推动工业结构向“高精尖”方向发展。1~9月，现代制造业、高技术制造业增加值同比分别增长11.1%、9.6%，分别高于工业增速4.6个百分点和3.1个百分点（见图7~2）；战略性新兴产业保持良好发展态势，支撑工业增长的作用增强，2014年，战略性新兴产业增加值呈现出增速逐月加快的发展态势，1~9月同比增速为17%，增幅分别高于上半年和一季度2.1百分点和6.4个百分点，高于规模以上工业平均水平10.5个百分点，在工业增加值中的比重提高至五分之一左右的水平，对工业增长的贡献达到55.5%。

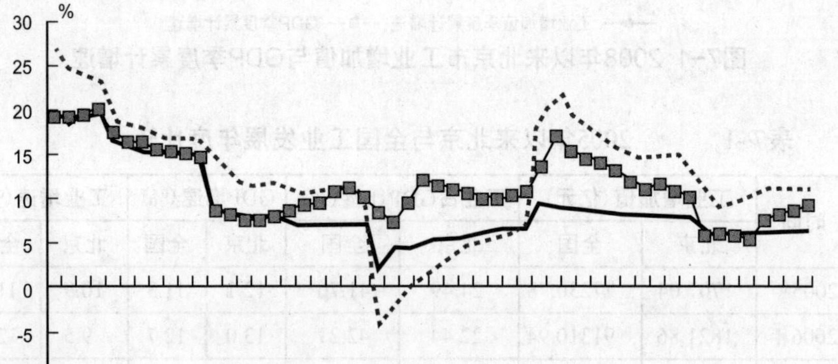

图7~2 2010年2月以来北京市工业、现代制造业、高技术制造业增加值月度累计增长变化

重点行业增长有所分化（见表7~2）。受行业各自市场需求不同、同期基数高低有别等影响，2014年，北京市重点行业增势各异。1~9月，六成以上的行业保持增长态势。其中，汽车、电子信息、医药三大主导

行业增加值增长继续高于北京市工业水平，1~9月同比分别增长10.2%、12.7%、8.7%，增幅同比高于北京市工业3.7百分点、6.2百分点和2.2个百分点。但受制于需求疲弱、产能扩张期已过、行业结构调整深化等影响，这三大主导行业增加值增长较2013年同期出现明显放缓，同比增幅分别回落15.9百分点、1.8百分点和0.2个百分点，对工业增长的拉动力较2013年同期有所减弱。石油加工、炼焦及核燃料加工业主要受2013年重点企业设备停产检修下低基数效应影响，增加值增速同比达到22.7%，较2013年同期大幅回升43.8个百分点。

表7-2　　2014年1~9月主要行业增加值增速

	1~9月累计同比增长	比上半年±百分点	比2013年同期±百分点
北京市合计	6.5	0.2	-1.8
石油加工、炼焦及核燃料加工业	22.7	10.6	43.8
化学原料及化学制品制造业	4.8	-1.6	8.9
医药制造业	8.7	1.9	-0.2
非金属矿物制品业	8.6	-0.5	1.4
黑色金属冶炼及压延加工业	0.0	4.4	1
通用设备制造业	11.2	1.7	21.2
专用设备制造业	-0.6	-2.2	-7.3
汽车制造业	10.2	-1.7	-15.9
铁路、船舶、航空航天和其他运输设备制造业	103.4	-5.4	
电器机械及器材制造业	1.8	-2.4	-5.3
通信设备、计算机及其他电子设备制造业	12.7	3.7	-1.8
电力、热力的生产和供应业	1.8	1.7	-4.7

企业加速战略调整，在带动产业链向高端环节延伸的同时，也加速了产业间的融合。伴随新时期首都城市功能定位的明晰，非首都核心功能疏解、人口规模调控以及京津冀协同发展的推进，企业主动适应新形势，积极谋划战略调整。如北汽集团已宣布将旗下北京汽车制造厂有限公司整

体迁移至河北黄骅，在北京市内重点发展整车、动力总成、核心零部件新能源汽车的产品开发和技术研发，把北京总部建设成为北汽集团的技术创新、销售服务和高端汽车产品制造中心。据统计局调查数据显示，截至2014年9月末，北京市研发、设计及实验生产在京内，而生产环节全部在京外的工业企业（提供原材料的委托加工生产模式）有146家，比2013年增加47家，实现增加值比2013年同期增长46.2%，增幅高于2013年同期13.9个百分点，拉动北京市规模以上工业增长0.8个百分点，拉动力比2013年同期提升0.5个百分点。与此同时，企业还以兼并重组、运营模式创新等多种方式，在提升自身竞争优势的同时，促进了产业间的融合发展。2014年以来，小米通过与北京银行达成协议，正式进入移动支付市场；又通过向迅雷定向投资，获得云加速业务授权；与金山软件携手构建科技产业园等，不仅加剧了生产制造、信息服务、金融服务等跨业界的融合发展，也加剧了研发设计、生产制造、销售服务等上下游产业链的整合。

延伸阅读：新形势下传统制造业外迁成为大趋势

在非核心功能疏解、京津冀协调发展的大背景下，传统制造业外迁成为大趋势。

2014年4月16日，北京首家外迁企业落户邯郸。北京凌云建材化工有限公司作为首家外迁企业，此次将原料药碳酸氢钠项目整体搬迁转移到河北省邯郸武安市，注册成立了新兴凌云医药化工有限公司。生产基地迁到河北后，原址可腾退出数百亩的工业用地，将结合首都功能定位调整，建设生态型应急救援产业示范园区。

据统计，上半年，门头沟石龙开发区的企业已有八家外迁，其中四家选择在河北固安，另有选河北涿鹿、廊坊经济开发区等地。这些企业多数将研发、销售中心留在北京，在外埠建立生产制造基地，实行管理与生产空间分离，不仅实现自身的转型升级，而且疏解了首都非核心功能产业。其中，北京精雕科技有限公司完成生产线试车以及860名技术工人的转移。搬迁只涉及生产线，有关研发、销售、货款结算仍在石龙开发区的总部完成。公司一半以上员工是外地人，此次搬迁廊坊，很多河北籍员工将老婆孩子带回老家，短短几个月，已经有数十名员工在当地购房安家。

（三）工业质量和效益有所改善

近年来，伴随工业结构调整的深入推进，企业通过加大技术创新、加强内部管理、创新营销模式、调整产品结构等多种方式推动工业效益提升。2014年1~8月，北京市工业综合效益指数达到282.8%，较2013年同期提高了26.6%，创下了2008年以来的新高（见图7~3）。2014年以来，尽管市场需求不旺，工业品出厂价格下滑，但由于原材料价格成本以及工资上涨压力明显减弱，工业企业的盈利空间总体有所改善。1~9月，北京市工业利润同比增长16.3%，较2013年同期大幅提高13.5个百分点，高于全国平均水平8.4个百分点。企业亏损面持续缩小，亏损额较2013年同期减少19.8亿元，工业企业效益比2013年有所改善。

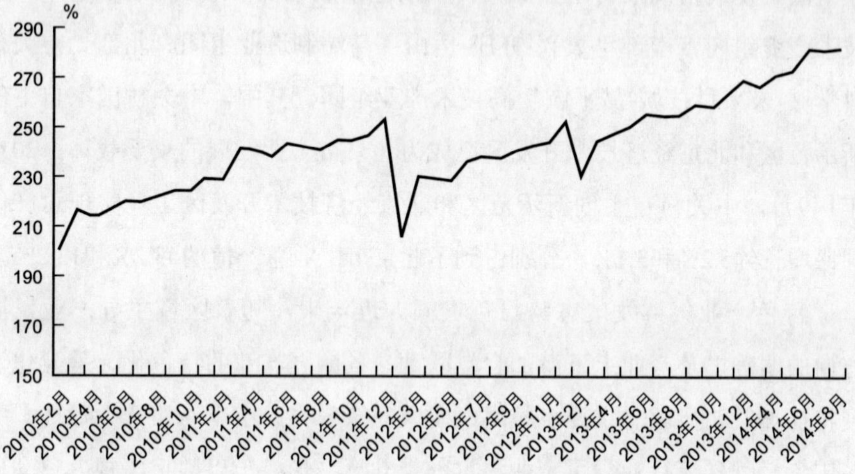

图7~3 2010年2月以来北京市工业综合效益指数变化情况

工业质量进一步提升，呈现出能耗持续下降、减员增效、企业竞争力提升的良好局面。2014年北京市进一步通过淘汰落后产能、压减燃煤、加强能源总量控制、节能技术提升等措施，促进工业能耗持续下降。1~9月，工业万元增加值能耗同比下降9.4%，较上年同期提高2.3个百分点。工业企业呈现出减员增效的良好局面，1~8月，规模以上工业从业人员同比减少3.9万人，规模以上工业企业劳动生产率达到31万元/人，比上年同期提高了一成，达到了2011年以来同期增速最高水平。龙头企业加大向外扩张步伐，开始在全国乃至全球布局产业链条，总部位于北京市的中国南车和北车，近年来进入快速发展期。两家不仅包揽了国内所有动车组市场，而且占有80%以上的货运列车市场份额，以及大部分地铁车辆份额。在海外，两家凭借可靠的技术、丰富成熟的国内运营经验以及相对低廉的价格，逐渐占领海外轨道装备市场，2014年，中国北车正式获得美国马萨诸塞州284辆地铁车辆的采购订单。同时，电子信息新秀企业小米也在通过推出MIUI国际版产品，积极向海外市场布局。

（四）工业布局不断优化

随着各项规划的实施和各类开发区、产业园区建设的推进，北京市工业组团式发展格局取得明显成效，目前已形成东部“顺义-朝阳-通州”高技术产业组团、南部“大兴-亦庄-房山”高端制造业组团、北部“中关村科学城-未来科技城-昌平园”高技术产业组团。其中，中关村国家自主创新示范区和北京经济技术开发区已成为北京市工业发展的重要载体。2014年1~9月，中关村自主创新示范区和北京经济技术开发区工业实现总产值同比增长约5.2%和3.1%，分别占到了北京市工业总产值的43.2%和13.2%。

特色产业集群发展态势日益巩固。近年来，随着区域主导产业发展方向的明确以及产业上下游的自然联动，各园区产业的特色化、差异化发展特征日益明显。北京经济技术开发区在京东方、小米、康宁、冠捷、中芯国际、拜耳等行业领军企业集聚的带动下，形成了以数字电视、移动硅谷、生物医药等为特色的千亿元级现代制造产业集群。顺义临空经济区则以北京现代为龙头企业，以北京汽车生产基地为核心区，逐步形成了以整车生产和零部件配套为特色的千亿元级汽车产业集群。

延伸阅读：北京市三大特色产业园区简介

数字电视产业园位于北京经济技术开发区内，本着“现代、快捷、科技、人文、生态”的理念，积极推进以京东方8.5代液晶面板生产线为核心，吸引上下游企业聚集。上游以京东方8.5代液晶面板生产为基础，吸引了康宁、住友等核心材料国际知名供应商，实现了国际生产本地化，形成了核心零配件生产、模组制造、销售为一体的“平板显示产业基地”；中游以冠捷、京东方视讯为主体形成了“数字电视整机生产基地”；下游以新技术研发为主体，充分利用国内相关数字产业资源，建立了数字电视内容制作、数字电视内容传播、数字示范平台为终端的“数字电视创新基地”；并最终形成了完整的产、学、研为一体的数字电视上下游产业链。

“移动硅谷”位于亦庄开发区东区，定位于移动通讯产业的总部、研发、交易和服务型园区，移动硅谷产业园充分利用区位、政策及产业优势，初步建成了一个以京芯世纪、中电华通无线宽带物联网产业园等龙头企业为核心，依托3G~4G核心芯片技术，集聚移动通讯产业链优秀企业，销售规模达千亿元的高端移动通信产业园区。

亦庄生物医药产业园，享有“北京药谷”美誉，其产值占北京市比重超过40%。不仅聚集了拜耳医药、赛诺菲、GE等全球知名药企建设的具有国际水平的生产基地和研发中心，还聚集了国家一类抗体新药“泰欣生”、小分子靶向抗癌新药“凯美纳”等一批拥有自主知识产权并成功实现产业化的创新药物、疫苗、抗体、试剂的研发总部，并形成了化学药、生物药、中成药、诊断试剂、疫苗、医学影像诊疗设备、外科植入器材等核心板块。

二、工业运行中不容忽视的问题

（一）结构调整过程中需关注不宜发展的行业增长出现抬头

尽管有2013年基数偏低的影响，但在当前需求无明显改善，首都“高精尖”经济结构定位明确的背景下，出现石油和天然气开采业，石油加工、炼焦和核燃料加工业，造纸及纸制品业，黑色金属矿采选业等不宜北京市发展的行业增速逐步回升，不仅明显高于前两年，甚至高于北京市工业增长水平的问题，值得关注。2014年1~9月，以上四个行业增加值同比分别增长111.9%、22.7%、12.4%、7.2%，一改2012年以来的下滑态势，增速基本回升到2011年主动调结构初期的水平（见图7~4）。这从一个侧面提示，在工业结构调整的过程中，需防范不宜发展行业有抬头的问题，以更好地巩固北京市工业结构调整的成效。

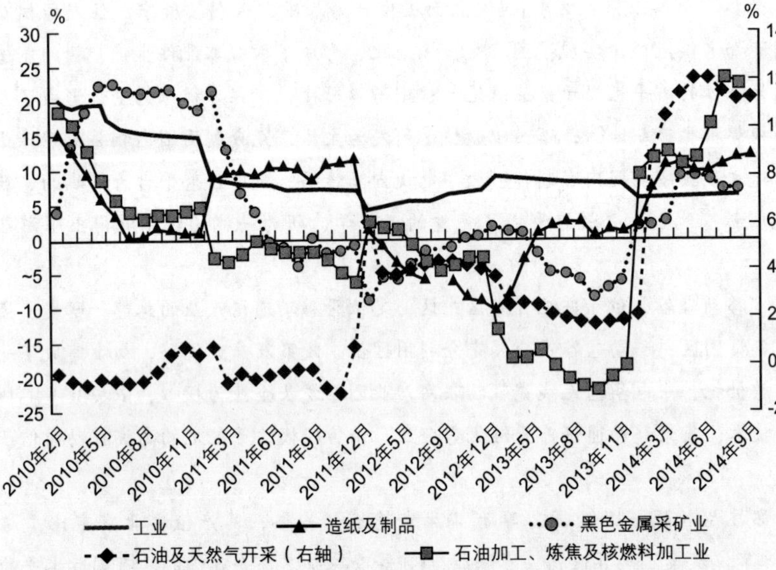

图7~4 不宜发展行业2010年以来的增加值月度累计增长变化情况

（二）产业疏解过程中需注重“高精尖”产业的培育

伴随非首都核心功能疏解的开展，产业禁限目录的颁布，不仅企业停产、外迁的数量逐渐增多，而且类似中芯国际等龙头企业对既定大项目上马的计划也有所延期。2014年1~9月，制造业投资增长出现两位数的明显下滑，尤其是与构建“高精尖”经济结构紧密联系的高技术制造业投资出现大幅下滑22.9%，降幅超过制造业投资3.3个百分点（见图7~5）。高端制造业投资接续不足，不仅影响北京市高端制造业的后续增长，也将影响整体工业的后续的发展。

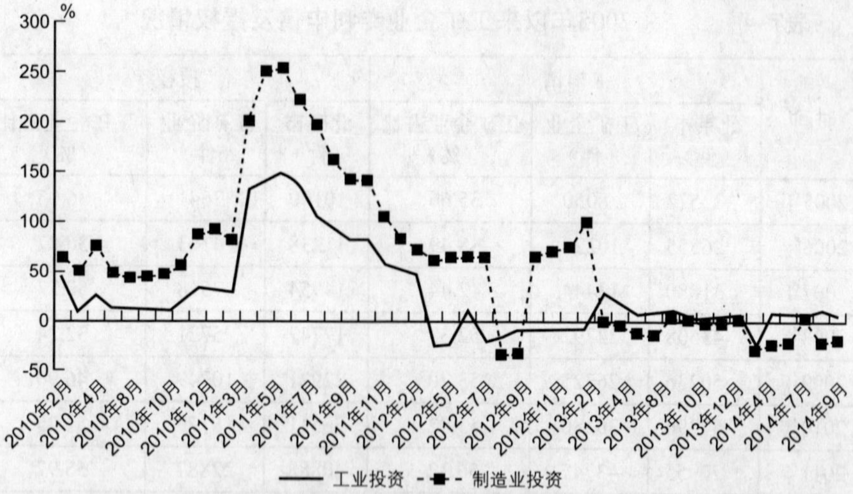

图7~5 2010年以来北京市工业与制造业投资月度累计变化

（三）企业创新投入不足，制约着创新驱动效用的发挥

国际经验显示，创造、创新更多来源于制造业等实体产业，但目前北京市研发经费总投入中制造业研发投入不足五分之一（见表7~3），远低于美国三分之二的水平，与此同时，工矿企业专利申请及授权的占比虽自2005年以来呈现明显上升态势，但仍不足70%（见表7~4），也远低于美国90%的水平。尤其是作为创新自主示范区的中关村，其研发投入仅占产品销售收入的4.2%。2014年1~9月，中关村自主示范区规模以上企业内部用于科技活动的经费支出同比仅增长7.7%，其中，工业企业内部用于科技活动的经费支出同比甚至下降0.1%。企业创新投入的不足，不仅将制约产业高端化的发展，也将减弱创新驱动效用的发挥。

表7~3 研究与试验发展（R&D）经费情况

时间	北京市（万元）	制造业（万元）	制造业占北京市比重（%）
2009年	6686351	1082164	16.18
2010年	8218234	1269482	15.45
2011年	9366440	1579309	16.86
2012年	10633640	1880965	17.69
2013年	11850469	2035064	17.17

表7-4　　2005年以来工矿企业专利申请及授权情况

时间	申请			授权		
	北京市（件）	工矿企业（件）	工矿企业占比（%）	北京市（件）	工矿企业（件）	工矿企业占比（%）
2005年	22572	8050	35.66	10100	3641	36.05
2006年	26555	10221	38.49	11238	4143	36.87
2007年	31680	13444	42.44	14954	7518	50.27
2008年	43508	22792	52.39	17747	5721	32.24
2009年	50236	26725	53.20	22921	10749	46.90
2010年	57296	30380	53.02	33511	18179	54.25
2011年	77955	43747	56.12	40888	22887	55.97
2012年	92305	54727	59.29	50511	29983	59.36
2013年	123336	79698	64.62	62671	40538	64.68

（四）区域产业链的聚合共生性有待加强

从北京工业的发展历程来看，产业发展的“嵌入式”特征较为明显，与本地及周边区域产业的聚合共生性有待加强。一方面，计划经济时期，北京市大量承接国家安排的工业项目，虽迅速形成了大而全的工业发展格局，但由于这些项目缺乏发展基础，与周边产业联系不紧密，造成了与本地经济联系偏弱、与周边产业链聚合共生性较差的局面；另一方面，随着市场经济不断完善和改革开放的深化，北京市为促进高新技术产业发展，又重点引进了一批外商投资企业和项目，但这些项目多以加工制造环节为主，短期来看虽然是迅速嵌入了全球高端产业的发展链条，且有效带动了工业总量的增长，但从长远来看，这些企业和项目由于缺乏必要的技术支撑和服务支撑，并未形成有效的上下游延展和产业层级提升。

三、2015年工业发展面临的环境因素分析

（一）全球经济缓慢、不平衡复苏态势下，北京市工业发展的外部环境不乐观

尽管世界经济有望在美国稳健复苏的引领下保持持续复苏，但受欧元

区经济停滞不前、失业率高企、通缩加剧，日本政府债务高企、结构性改革难以践诺、消费需求持续疲弱；新兴经济体传统的经济增长模式难以为继，增长动能下降等影响，世界经济仍将延续缓慢且不均衡的复苏态势。特别是在北京市对外贸易联系较为紧密的欧元区复苏陷入停滞、新兴经济体增速动能下降的趋势下，北京市的外部市场需求增长仍将不足。WTO预测2015年全球贸易量将增长4%，远低于近20年5.2%的均值水平。加之发达国家的再工业化战略实施，正促使高端产业不断向发达国家回流，贸易保护更加隐蔽并不断向高端产业延伸的趋势，又将进一步加剧北京市高端制造业的出口竞争。仅美国量化宽松政策的逐步退出，有利于压制大宗商品价格，缓解原材料成本的上涨压力。

（二）国家宏观环境向好有利于工业升级，经济减速、产能过剩调整仍将施压工业增长

党的十八届四中全会对依法治国做出了全面部署，法律体系的逐步规范将为企业营造更加公平的市场竞争环境。我国积极推进的新一轮对外开放，如上海自由贸易试验区取得的改革开放经验将推广到其他地区甚至全国，丝绸之路经济带和海上丝绸之路战略进入实施阶段，有望为我国经济创造新的贸易增长空间，鉴于北京市在铁路、航空、能源等领域的技术优势较为明显，相关工业企业有望加大“走出去”步伐。政策层面，货币政策仍将保持稳健，特别是着眼于小微企业、技术创新领域的资金需求，还是会继续开展定向降息等措施，这对北京市小微企业相对集中的高新技术产业发展来说总体利好。但从国内经济减速、产能过剩调整、污染治理加大等宏观环境看，短期制造业增长面临较大的下行压力。

（三）首都战略定位和京津冀协同发展短期施压工业增长，长期利好工业转型升级

除面临的资源环境硬约束增强外，新时期首都城市战略定位、京津冀协同发展对工业转型发展、结构调整提出了更高的要求。一是随着《北京市新增产业的禁止和限制目录(2014年版)》的执行，占工业增加值比重约一半，增长贡献高达七成左右的行业将被严格禁止、限制新增产能的建设，支撑工业增长的部分主要行业产能扩张将受到制约。二是随着《京津冀产业协同发展——目标和措施(2014~2017)》的制定，北京市产业转移的步伐将进一步加快。三是企业自身应对市场做出的战略调整，也将在短期内制约工业的增长。如诺基亚、索爱等将低端生产基地外迁，逐步置换为以研发试验为主的生产中心，虽有利于北京工业产业升级和结构调整，但短期内会影响产业的增长。

延伸阅读：北京市出台《新增产业的禁止和限制目录（2014年版）》

北京市7月24日正式发布《北京市新增产业的禁止和限制目录(2014年版)》（以下简称《目录》），严格按《国民经济行业分类标准》来编制，涵盖了国民经济20个门类，96个大类、432个行业中类、1094个小类。其中，禁止性是指该行业不允许新增投资项目或新设立市场主体，主要是一些明显不符合首都城市战略定位的行业；限制性是指对一些行业做出区域限制、规模限制和产业环节、工艺及产品限制，主要考虑从北京市现阶段发展实际出发，有区别地加以限制。《目录》不涉及现有存量产业，存量产业调整将按北京市统一部署，从就地淘汰、转移疏解、技改升级三个方向稳妥、有序推进，这样可以引导社会资源更多投向符合首都城市战略定位的产业。《目录》中明确，北京要在北京市禁止或限制一些行业，如建材、造纸、纺织等一般制造业，燃煤发电，区域性物流基地、区域性专业市场等。同时，在四类功能区各自要限制的功能和产业，如核心区(东城区、西城区)将在执行全市性管理措施的基础上，严格禁止制造业、建筑业、批发业，禁止新建和扩建高等学校、大型医院，严格限制酒店、写字楼、展览馆等大型公建。制定出台针对新增产业的禁止和限制目录，不是限制发展，而是为了给"高精尖"产业腾出发展空间，培育新的发展机遇，也为京津冀协同发展留出更多空间，是"以退促进、退中求进"。

四、2015年工业形势展望

（一）工业增长将继续趋缓

综合内外部环境来看，2015年，北京市工业运行仍将面临外需疲弱、国内经济减速、北京市产能疏解等多重因素影响，结合近年来北京市工业增长的波动情况以及工业中反映需求、投资的重要指标来看，初步判断

2015年北京市工业增长将继续放缓。**一是工业步入放慢增长阶段。**2000年以来，北京市工业增长基本跟随宏观经济的波动而上下起伏，多数年份保持两位数以上的快速增长。近年来随着潜在经济增长的放缓，工业增加值增长步伐明显放缓，2012年以来各月平均增速约为7%。**二是市场需求明显不足。**2012年以来，工业品上下游价格指数步入下行，至今几番挣扎仍未扭转下滑局面，产成品库存也连续两年持续保持低位，而且出口交货更是不断下滑至2010年以来的最低水平，过分疲弱的市场需求纵有改善也难言乐观（见图7~6）。**三是投资带动作用明显减弱。**北京市工业投资增长已连续三年减速，新产能释放力度极其有限。综合来看，北京市工业增长将趋于放缓，初步预测，2015年北京市规模以上工业增加值同比增长在6%左右。

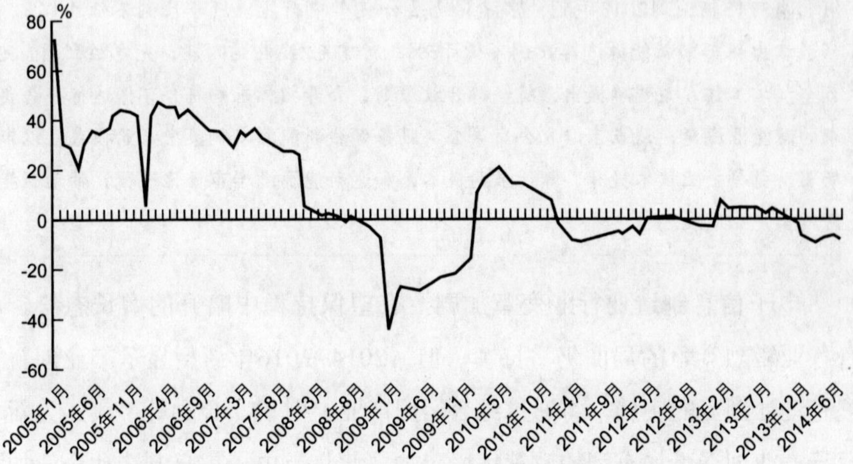

图7~6 2005年以来北京市工业出口月度累计增长变化

（二）重点行业走势分化，高端化、融合化亮点可期

2015年，行业内部结构深化调整将持续推进，重点行业增长有所分化，但高端化、融合化亮点可期。

1．重点行业走势分化

汽车制造业将平稳增长，新能源汽车产销有望提速。2015年北京奔驰扩产、北汽越野投产、北京福田升级改造项目完成后将带动汽车生产增长，而且随着新能源汽车补贴、充电服务提升、京津冀交通推广等系列政策的推动，新能源汽车生产及销售有望进一步提高。但考虑北京市汽车产能快速扩张期已过，且在非首都核心功能疏解过程中，汽车新增产能受限，加之越来越多的大城市由于环境、交通等问题实施限购限行，汽车市场需求扩张有限，预计占比约21%的汽车制造业增加值增速将趋于平稳增长，全年增长在10%左右。

延伸阅读：京津冀公交联手力推新能源汽车

10月22日，工信部、国家发改委、科技部等七部委联合印发《京津冀公交等公共服务领域新能源汽车推广工作方案》，提出2014年到2015年，在京津冀地区公共交通服务领域共推广20222辆新能源汽车，其中，北京市8507辆，天津市6000辆，河北省5715辆；到2015年底，京津冀地区公交车中新能源汽车比例不低于16%，京、津出租车中新能源汽车比例不低于5%，新建充/换电站94座，充电桩新增1.62万个。该工作方案明确提出，将坚持开放原则，公开招标采购符合环保达标公告要求的新能源汽车，试点京津冀公交等公共服务领域新能源车辆集中采购模式，以市场驱动引导企业技术提升，降低采购成本，加速新能源汽车市场化进程，带动新能源汽车产业发展。

电子信息制造业行业变革加剧，有望保持稳中略升的增长态势。尽管行业激烈竞争的局面仍将持续，但《2014~2016年新型显示产业创新发展行动计划》的实施，将通过综合运用产业、财税、金融等手段，为新型显示产业创造更加有利的政策环境，加之北京市电子信息制造业企业加大战略调整，通过投资扩产、产业链整合、营销模式创新等多种方式，为其增长注入了新的动力。2014年京东方扩产项目竣工，为2015年的增产提供了有力的保障，与此同时，中芯国际通过自主研发成为唯一可为客户生产NAND产品的代工厂，将为其2015年的海外市场扩容增添新的势能；小米则有望依托其不断的营销模式创新，继续提高市场份额。预计占比约9%的电子信息制造业增加值全年增长在15%左右。

延伸阅读：2014~2016年新型显示产业创新发展行动计划

为引导我国新型显示产业健康、有序发展，国家发展改革委、工业和信息化部于2014年10月发布了联合制定《2014~2016年新型显示产业创新发展行动计划》。发展目标为：到2016年，产能利用率保持合理水平，产品结构不断优化，行业资源环境效率显著提高，按面积计算出货量达到世界第二，全球市场占有率超过20%，产业总体规模超过3000亿元。重点任务包括：加强规划布局，引导集聚发展；实施技术创新，加快前瞻布局；完善产业配套，提升供给水平；创新监管方式，完善产业环境；加强国际合作，实现融合发展等5个方面。

医药制造业整体难改下行趋势，创新药企有望快速成长。在反商业贿赂、医保控费、降低药价等多因素的持续影响下，2015年北京市医药制造增长总体仍将趋于放缓。但考虑北京市在高端医药服务方面的竞争优势，以及大量具有新型销售模式、创新药的小型医药企业快速增长支撑，特别是国家应急防控药物工程技术中心及产业化基地、拜耳北京工厂综合扩建等重大项目的拉动，医药制造业增加值仍有望保持在7%左右的增长。

延伸阅读：北京市生物医药产业大项目建设启动

由军事医学科学院和浙江海正药业投资6.8亿元建设的集药物研发与中试生产为一体的国家级重大项目"国家应急防控药物工程技术研究中心"及"国家战略性药品创新及产业化平台"已经正式开工建设。据介绍，国家应急防控药物工程技术研究中心及产业化基地占地30亩，总建筑面积37000余平方米。项目一期工程预计2015年上半年竣工，届时基地将用于开展应急防控药物和军队特需药品的研发中试和生产，同时通过药物的产业化、技术许可和品种转让，及为其他制药企业提供技术服务等方式积极推进区域经济结构调整，促进区域创新能力和可持续发展能力的提升。

拜耳公司2014年4月宣布，将投资1亿欧元扩建其在北京的制药工厂，用于大规模提升北京工厂的生产能力，以更好满足国内市场对其产品的需求。目前，拜耳在华市场超过95%的产品均产自该厂。在北京经济技术开发区扩建的拜耳北京工厂项目计划将于2016年底投入运营，产能最高可提升一倍。届时北京工厂将成为拜耳医药保健全球最大的处方药包装基地。2014年3月，拜耳与北京经济技术开发区就已签订了投资协议，此次拜耳医药北京工厂投资扩建项目投资大约8亿元人民币，建设阿司匹林肠溶片生产及辅助设施，扩建项目达产后，预计年产值约80亿元人民币。

装备制造业增长有望回升，新能源、节能环保装备备受青睐。随着世界轨道交通装备排名前两位的中国南、北车合并，海外土耳其项目胜利通车以及北车霸气竞标美国高铁项目，国内装备制造业的海外市场抢占力将进一步提升，装备制造业的外部需求可能有所改善，加之国内城市轨道交通建设需求增长、物联网发展和应用领域的扩展以及节能减排、防污治理力度加大等前端市场需求增加，北京市以数控机床、仪器仪表与自控系统、新能源、节能环保等为代表的装备制造业有望加速发展。特别是近期金风科技与北车签订了27亿元的供货订单，将为2015年装备制造业增长增添保障。预计占比约4%和5%的通用和专用设备制造业2015年增加值增长有望达到15%和7%。

延伸阅读：我国欲将中国南车与北车合并

我国近期计划将最大的两家铁路车辆生产商合并，希望通过更完备、更低廉的报价赢得更多海外订单，这将加大对西门子、阿尔斯通和庞巴迪等竞争对手的压力。中国南车与北车合并之后的实体将拥有每年336亿美元的营业收入和14.4亿美元的净利润，也将在高铁产品方面挑战阿尔斯通和西门子。南车与北车合并细节尚未敲定，中金公司正在起草合并两家公司旗下上市企业的方案。根据它们在香港股市最后交易股价计算，中国北车和中国南车合并市值260亿美元。这将有利于我国铁路项目大举进军非洲、东欧、拉美和东南亚等新兴市场。

2．产业高端化、融合化亮点可期

随着产业结构调整的深入推进，企业自身谋求转型发展的意识明显增强，以注资、产业链延展、营销模式创新、自主研发等多种方式开展的战略调整，将日益巩固北京市产业高端化、融合化的发展特征。2015年北京市电子信息制造与服务、医药研发与生产等领域的高端化、融合化发展有三大亮点值得期待。一是京东方为美国可穿戴智能设备公司META注资500万美元，布局增强现实技术，通过立体触控，实现真实环境与虚拟世界之间的互动，可广泛应用于娱乐、医疗、建筑、商业等多个领域，市场前景十分广阔。二是首创手机双卡双待的云狐科技通过技术创新以及“极致硬件+APP+云服务”运营模式创新，推出的智能六防手机、可游泳手表等可能会成为时尚消费的热宠。三是以自主研发填补国内空白的心脑血管创新药物试剂企业罗诺强施正通过与投资商、制药公司的洽谈，推动国际高端药品制剂的“北京创造”。

延伸阅读：云狐时代产业园投入使用

位于开发区科创十二街和排干渠西路交汇处的云狐时代产业园，于2014年8月末正式投入使用，该产业园于2012年开工建设，是移动硅谷的重要产业项目，一期建设总共12万平方米，除了作为云狐时代的总部的8000平方米之外，将引入智能手机、芯片、游戏、移动互联、移动金融、电商六大类企业入驻，形成移动互联智能硬件的生态共生环境，目前中电商城等企业已经签署了入驻协议，二期18万平方米的建设也将开工。

云狐时代集团成立于2002年，旗下拥有北京云族科技有限公司、北京云狐时代文化发展有限公司、泰克飞石通讯科技有限公司等全资子公司，十多年一直致力于通信终端及软件产品的开发、制造与服务，是集手机、移动应用、游戏和科技地产于一体的大型高科技企业集团。公司有手机、应用、游戏、穿戴设备四大研发团队，云狐时代产业园是云狐在北京的总部基地。同时在西红门的研发基地也将建成启用，一期建成10万平方米。预计两大基地的建成使用将使得云狐时代的生产研发能力更强，在移动互联行业的细分市场占据领军地位，为拓展中东、俄罗斯、欧洲市场打下坚实基础。

（三）工业效益改善有限，能耗将继续下降

1. 工业效益改善有限，经营压力仍旧偏大

展望2015年，工业效益有望继续改善，但幅度有限。一是世界经济缓慢复苏以及美联储量化宽松政策退出的背景下，上游原材料价格对下游工业品出厂价格的传导压力不大，有利于工业企业效益改善，但是市场需求疲弱、去产能压力下，工业品出厂价格下行压力偏大，上下游价格“剪刀差”难以避免，因此效益改善的幅度较为有限。二是激烈的市场竞争倒逼企业不断加强经营管理，随着信息化和管理水平的提升，企业的部分营运成本上涨幅度将有所减弱，有助于效益的改善。2014年以来，工业企业的

营业费用、企业管理费用均从2013年的两位数增长回落到个位数增长。三是随着非首都核心功能疏解和人口调控的开展，工业企业从业人员将有所减少，劳动生产率有望继续提升，企业减员增效的成果将继续得到巩固。但是，从工业企业的资金状况和财务费用来看，资金紧张、财务费用的上涨仍在施压企业的经营。2014年以来，北京市规模以上工业企业流动资产周转率低于2013年水平，1~9月，较2013年同期放慢0.1次。工业企业应收账款和产成品资金挤占流动资金较2013年同期提高0.12个百分点，流动资金被挤占及周转放缓，将加大企业的经营风险。同时，企业财务费用较2013年同期大幅上涨7.2个百分点，也显示了经营成本的压力仍不容忽视。

2．工业能耗有望继续下降

2015年，伴随《2014~2015年节能减排低碳发展行动方案》的贯彻落实，北京市将继续加大落后产能退出力度，关停冶炼、水泥、建材等企业，压缩石化生产线，降低工业耗能。同时，对工业园区进行清洁能源建设、生态示范建设等多种措施，将有利于提升工业节能降耗的强度。加之，2014年以来北京市为促进企业实施环保技改，新制定了汽车制造、有机化工、工业涂装等7个行业的污染物排放标准，并修订了炼油化工等2个行业的污染排放标准，提高了二氧化硫、氮氧化物等四项排污费征收标准，有利于倒逼企业节能降耗。此外，随着清洁空气行动计划的执行，部分企业根据天气变化主动停产或减产也将有效带动能耗的下降。预计2015年有望通过以上以退促降、内涵促降等方式实现工业能耗的持续下降。

延伸阅读：北京出台最严禁燃令

为落实《北京市大气污染防治条例》（以下简称《条例》）和《北京市2013~2017年清洁空气行动计划》，2014年北京市正式印发了《高污染燃料禁燃区划定方案（试行）》（以下简称《方案》），根据《方案》，禁燃区将按照“统一划定，分步实施；由内到外，突出重点；结合发展，适时调整”的原则进行划定，主要范围包括：城六区、北京经济技术开发区、远郊区县10个新城建成区及北京市市级及以上开发区。划定区域需在规定时限内建成禁燃区，全面禁止使用高污染燃料：北京经济技术开发区全境2014年年底前建成禁燃区；东城区、西城区全境2015年年底前建成禁燃区；石景山区全境2017年年底前建成禁燃区；朝阳区、海淀区、丰台区全境2020年年底前建成禁燃区，2015年年底前实现无燃煤锅炉，2017年辖区内开发区和四环路内区域建成禁燃区；远郊区县10个新城建成区，到2017年建成区面积40%的区域建成禁燃区，其中市级及以上开发区全部建成禁燃区，到2020年建成区面积80%的区域建成禁燃区。

2014年北京经济技术开发区投入2.5亿元“煤改气”，率先建成禁燃区，预计每年减少燃煤使用3.8万吨，减排二氧化硫300余吨，减排氮氧化物70余吨。

（四）工业布局将由内向外逐步向“板块化、层次化”的空间格局演进

随着新时期首都城市战略定位的明晰，非首都核心功能的疏解以及土地资源紧缺、要素成本上升等约束加强，北京市工业布局的调整将谋求在更大的区域范围内展开。除市域内各产业功能区、园区及基地要逐步“腾笼换鸟”外，随着京津冀一体化建设的推进，河北、天津等周边地区将有序承接北京市转移产业，按照比较优势和职能分工，北京市工业有望遵从国际大都市圈产业格局演进规律，逐步形成中心城、近远郊、环京周边三大板块，以总部、研发、营销集聚，高技术产业化集聚，现代制造业集聚为主导的空间格局。首先，随着企业“总部”与“生产环节”之间的“脑体分离”，总部型企业将在更大范围内建立分包网络，把生产制造环节转移到要素成本较低的河北等地区，公司本部留在北京，主要控制研发和营销环节。其次，随着要素成本的上涨以及出于提升城市功能和竞争力的需要，制造业郊区化将不断加快，北京将依托京津塘、京保石高速公路以及沿线各类园区，打造战略性新兴产业发展带；沿京—唐—秦发展带，重点加强先进制造业的区域间合作，打造具有竞争力的先进制造业产业集群，并逐步在京津冀区域内建立1小时、2小时产业配套协作圈。

延伸阅读：中央及京津冀三地大力推进一体化

2014年以来，中央大力推进京津冀三地协同发展。2月，习近平总书记在北京主持召开座谈会，专题听取京津冀协同发展工作汇报。此次会议明确强调实现京津冀协同发展，并将之升级为一个重大的国家发展战略。总书记就京津冀一体化发展的顶层设计、政策安排、协调机制、城市布局和空间结构、分工协作、生态保护、综合交通网络等提出了7点要求。此后，京冀双方签署了共同推进曹妃甸、北京新机场临空经济合作区、中关村在河北转化基地、张承地区生态环境建设、交通一体化、市场一体化、物流业协同发展七项合作协议。天津代表团赴京，签署了落实两地协同发展重点工作协议，和交通一体化合作、环境保护合作、天津未来科技城合作示范区建设、共建滨海—中关村科技园、推进市场一体化5个框架协议。9月，京津冀协同发展领导小组组长张高丽指出，要深化研究、论证京津冀区域和三省市功能定位，科学、合理确定在国家和区域发展大局中的“角色”和“职责”，合理分工，优化配置，并和环渤海地区发展协调衔接；要加快实施交通、生态、产业三个重点领域率先突破。

五、相关建议

（一）工业结构调整中要进退并举

一是要严格执行《北京市工业污染行业、生产工艺调整退出及设备淘汰目录(2014年版)》，有序淘汰退出“三高”产业。二是要通过政府补贴引导、税收政策引导、行业标准和规范引导等手段促进存量企业对现有产能进行改造升级，推动企业提质增效。三是要研究“高精尖”经济结构，在严格执行《北京市新增产业的禁止和限制目录》基础上，积极引入符合首都功能定位的新项目、新投资。

（二）构建“高精尖”经济结构，要做好规划、资金、用地等多方面引导和扶持

首先要进一步明确“高精尖”经济结构的内涵，制定构建“高精尖”经济结构的指导意见，明确工业向“高精尖”提升的具体方向和路径，对符合首都城市战略定位的制造业发展给予积极引导。其次是用好集成电路产业股权投资基金以及电子信息、生物等新兴产业创投基金，引导社会资

本加大对新兴产业的投入力度。最后是保障符合首都功能定位的产业用地需求，并探索产业用地“腾龙换鸟”的政策机制。

（三）充分发挥中关村的创新示范作用，激发企业的创新活力

一是要在落实中关村“1+6”、“新四条”政策，“京校十条”、“京科九条”政策的同时，适时出台相应的配套政策和实施细则，更好地发挥现有政策效用。二是要参照国外经验，政府要对企业科技创新方面提供多方面的财务津贴，包括科研开发工作耗费的资金、超过50%的企业职工技术培训的学费，以及参加国内外商品展销会的开销等给予适当的资助。三是可借鉴美国经验，由政府联合民间力量成立信用保证基金，如知识产权创新金融服务公司等，以提供直接资助或全额担保的方式，评定知识型企业的知识产权处分价值，进而提升知识型企业的债信能力，为其发展提供信用保证。

（四）加强京津冀产业协作，促进区域产业链的聚合共生

一是北京市应充分发挥科技创新资源优势和战略性新兴产业策源地的比较优势，与天津、河北之间建立完善的产业合作协调利益共享机制，疏解不宜首都发展的制造业及高端制造中的低端产业环节，重点发展战略性新兴产业和产业链高端环节，加快总部经济的发展。二是推动建立健全跨区域的创新服务平台与运行管理模式，积极探索首都经济圈各省市项目合作管理机制，鼓励天津、河北重点企业与北京科研机构、重点企业共建共享产业技术研究院、联合实验室，实施一批跨区域重大创新项目和应用示范工程，在京津冀大区域构建完整的产业链体系，实现产业集聚化发展。三是产业疏解与承接的过程中，需注重发挥市场对资源配置的决定性作用，行业的疏转、企业的迁移应以市场的优胜劣汰来抉择。

第八章　服务业

发展态势稳中趋缓　新兴产业保持活跃

2014年，在世界经济复苏多变、国内经济放缓的背景下，北京市服务业表现平稳，前三季度增加值增速达到7.4%，与2013年同期基本持平，预计全年增速有望达到7.5%。展望2015年，北京市服务业将延续结构升级优化走势，总体来看，行业内部仍缺乏大规模、爆发式的发展热点，增速趋缓压力仍比较大。预计年内服务业稳中趋缓，全年增加值增速保持在7.2%左右。生产性服务业受国家经济增长持续放缓和北京市自身非核心功能疏解等因素影响，下行压力较大；生活性服务业和部分私人可消费性生产性服务业，在产业加速融合、新兴消费热点涌现的带动下，将保持一定的发展活力。在工业增长持续放缓的趋势下，服务业对首都经济社会发展的支持作用将更加明显。

一、2014年北京市服务业发展现状

2014年年初以习总书记来京调研为契机，北京加大了京津冀协作和产业结构调整升级力度，首都经济服务型、科技型特征更加明显。2014年，北京市服务业继续呈现调整转型的运行趋势，增加值增速与2013年基本持平，季度增加值增速总体平稳，一季度、上半年、前三季度增加值增速分别为7.5%、7.3%、7.4%，对经济贡献率不断上升，产业结构继续优化，科技、信息服务等符合首都功能定位的领域实现快速发展（见图8~1）。

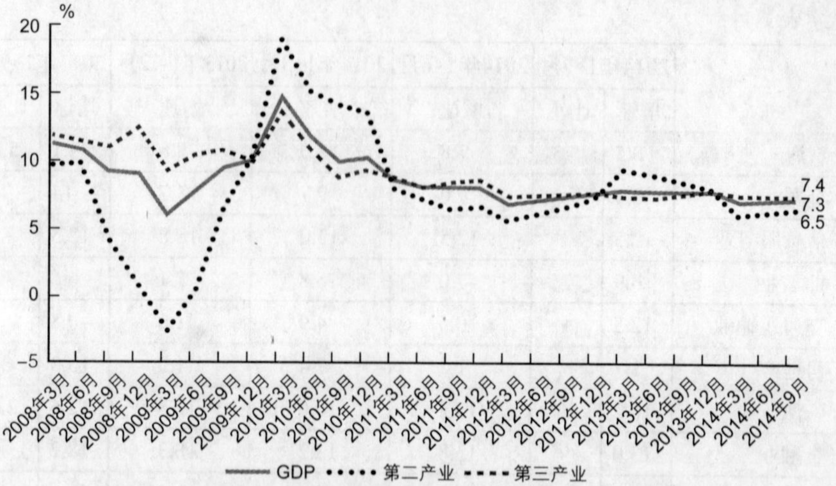

图8~1 2008~2014年服务业季度增加值累计增速变化

（一）服务业总体保持平稳

2014年前三季度，北京市服务业实现增加值11560.8亿元，同比增长7.4%，与2013年同期7.5%的增速相比，基本保持平稳。从全国范围看（见表8~1），受国家经济增速回落影响，自2013年三季度以来，京津沪三地的服务业增速均呈现放缓走势，但北京市放缓幅度明显低于上海和天津，说明在经历了数年的调整转型之后，北京市服务业内生性增长能力有所提升。

表8~1　2013年~2014年1~9月京津沪服务业增速及占全国服务业的比重

单位：%

	2014年1~9月		2014年1~6月	2014年1~3月	2013年1~12月	2013年1~9月	
	增速	比重	增速	增速	增速	增速	比重
全　国	7.9		8.0	7.8	8.3	8.4	
北　京	7.4	5.9	7.3	7.5	7.6	7.5	6.1
金融业	11.9		12.5	12.0	11.0	11.1	
信息服务业	12.1		12.6	12.9	7.2	7.1	
批零业	5.6		5.7	5.3	6.6	5.8	
交通运输业	7.1		7.2	7.2	7.0	6.9	
房地产	-5.7		-6.4	-6.2	3.4	8.7	

（续表）

	2014年1~9月		2014年1~6月	2014年1~3月	2013年1~12月	2013年1~9月	
	增速	比重	增速	增速	增速	增速	比重
上　海	8.5	5.3	7.8	8.0	8.8	9.1	5.4
金融业	5.4		9.0	9.7	13.7	14	
信息服务业	12.5		12.5	13.0	12.8	12.5	
批零业	6.9		7.0	6.8	7.1	6.6	
交通运输业	12.5		10.5	4.9	1.0	-0.8	
房地产	1.1		1.2	7.4	11.3	13.3	
天　津	10.2	2.6	10.2	10.0	12.5	12.6	2.6
金融业	13.0		13.8	13.2	18.3	18.2	
批零业	8.8		8.1	8.4	11.2	11.6	
交通运输业	8.8		8.7	8.2	10.0	10	
房地产	1.3		3.1	4.8	11.9	12.1	

经济贡献有所提升。2014年前三季度，北京市服务业对北京市GDP贡献率达到79.26%，较2013年同期提高3.7个百分点；占GDP比重达到78.5%，高于2013年同期0.3个百分点。服务业的税收主体地位更加稳固，其中，仅金融、科技、信息三大高端服务业合计实现税收就达4570.26亿元，同比增长12%，较上半年提高1.7个百分点。

（二）服务业内部结构持续优化

2014年前三季度，北京市服务业内部结构保持优化态势，信息、科技、金融等彰显首都核心功能的领域实现较快发展，交通、批发、住宿餐饮等领域受功能疏解影响普遍延续调整态势（见表8~2）。

金融、信息、科技等符合首都功能定位的产业实现较快增长。**金融业总体保持较快增长态势。**前三季度增加值增速为11.9%，增速高于2013年同期水平；增加值占服务业比重达到19.5%，较2013年同期上升0.2个百分点。税收贡献突出，前三季度，金融业实现税收达3943.21亿元，同比增长9.8%。重点企业总体表现稳健，北京市12家金融业上市企业合计实现收入1.65万亿元，占北京市上市企业的23%，收入、利润分别实现11.1%

表8~2 2014年各主要行业增加值增速及比重走势

单位：%

	2013年增加值增速	2014年季度增加值增速			占服务业比重		
		1~3月	1~6月	1~9月	2010年	2013年	2014年前三季度
服务业	7.6	7.5	7.3	7.4	100.0	100.0	100.0
金融业	11.0	12.2	12.5	11.9	17.6	19.7	19.5
批发和零售业	6.6	5.3	5.7	5.6	17.8	16.6	16.0
信息服务业	7.2	12.9	12.6	12.1	11.5	11.8	12.1
科技服务业	11.2	7.2	9.3	11.0	8.9	9.4	10.3
商务服务业	9.5	7.0	5.2	7.0	9.0	9.8	10.3
交通运输业	7.0	7.2	7.2	7.1	6.7	5.7	6.1
房地产业	3.4	-6.2	-6.4	-5.7	9.5	8.8	7.8
住宿餐饮业	-3.2	0.1	0.0	-0.3	2.9	2.5	2.3
教　育	6.9	7.6	8.6	9.6	4.9	4.8	5.1
居民服务业	3.0	-1.6	10.3	11.8	0.9	0.8	0.9
卫生、社会保障和社会福利业	11.5	8.9	9.8	10.6	2.4	2.6	3.0
文化、体育与娱乐业	6.1	-2.2	-7.1	1.0	2.8	2.8	2.7
水利、环境和公共设施管理业	5.2	9.6	11.3	11.3	0.7	0.7	0.6
公共管理和社会组织	2.4	12.1	9.2	-2.0	4.4	4.1	3.2

和10.5%的较快增长。**信息服务业实现全面增长。**前三季度增加值增速为12.1%，是服务业增长最为快速的行业。在国家促进信息消费扩大内需等政策的支持下，以及随着移动设备的不断普及、新兴技术持续升级、风投资本的不断进入，信息服务业成为三产中最为活跃的领域之一，线下业务线上化趋势明显，新兴需求不断涌现，信息、电信、互联网等三大领域均实现较快增长。重点企业发展态势良好，上半年70家上市企业收入规模合计增长57.2%。**科技服务业总体表现稳健。**前三季度增加值增速为11.0%，年内走势逐季回升。随着中关村“1+6”、“新四条”及“京校十条”“京科九条”的深入落实，科技服务在经济发展过程中的作用不断加大，前三季度，北京市发明专利申请量同比增长20%左右；新认定高新技术企

业超过9000家，占全国的四分之一；新认定市级重点实验室、工程技术中心达到108家。产业税收贡献持续增长，前三季度，科技服务业实现税收297.42亿元，增长25.1%，税收增幅是服务业中最高的行业。

批零、流通、住宿餐饮、房地产等行业受非首都核心功能疏解等因素影响延续调整走势。**批零业传统与新兴领域分化明显**。前三季度增加值增速为5.6%，年内走势较为平稳。自2008年世界金融危机以来，受国家经济增速持续放缓影响，批发零售业一直处于调整态势，增长平台已由2009年10%以上，逐步下移至6%左右。2014年，在搬迁“动批”等非首都核心功能疏解力度加大等因素的作用下，增长速度进一步下探至5.5%左右，是近年较低的水平。与此同时，网上零售表现抢眼，前三季度北京市实现网上零售额929.3亿元，同比增长61.9%，占北京市社会消费品零售额的14.1%，拉动北京市零售额增长5.8个百分点；产业集中度进一步提高，京东和小米两家企业对网上零售的贡献率就达89.8%。**流通服务业放缓态势略有好转**。前三季度增加值增速为7.1%，年内走势平稳。与批零业相似，金融危机后流通服务业也陷入增长放缓局面，增速由2010年的10%左右逐步下移至6%左右。但这一趋势2014年有所好转，在铁路运输及邮政业纳入“营改增”范围、铁路货运价格提高、原油价格下降等利好因素作用下，增加值增速回升至7%以上。**住宿餐饮持续低位运行**。前三季度增加值增速为-0.3%，整体降幅虽较2013年同期有所收窄，但仍较为低迷。这一方面是受社会集团消费持续锐减的影响，另一方面在“以业控人”力度加大的背景下行业用工成本也明显提升，也是影响行业发展的重要因素。**房地产业调整中现回暖迹象**。前三季度增加值增速为-5.7%，是拉低服务业走势最主要的因素。进入四季度以后，在信贷新政、自住房入市等因素作用下，各种需求开始释放，市场交易趋于活跃，房地产市场出现回暖迹象。

卫生、教育等社会公共服务业在社会资本不断进入的带动下发展势头良好。**教育保持稳中有升走势**。前三季度增加值增速为9.6%，年内呈逐季上升走势。从近年情况看，随着社会资本的加快进入，金融危机后教育始终保持稳中有升的运行态势，2014年各季度增速均是2010年以来同期的最高值。重点企业表现稳健，达内教育等企业实现海外上市，新东方、学而思等行业龙头经营业绩提升明显。**卫生实现较快增长。**前三季度增加值增速为10.6%，年内呈逐季上升走势，且三季度增速达到2009年以来的最高值。卫生实现较快增长主要得益于政策不断松绑和社会资本的加快进入，行业发展潜力得到一定激发。而随着爱康国宾健康体检在美成功上市、北大国际医院、清华长庚医院等机构年底开业，行业发展将被注入新的活力。

（三）服务业效益增势有所放缓

2014年，北京市服务业的整体盈利能力保持稳定，增速较2013年同期有所放缓（见表8~3）。其中，收入呈平稳增长态势，前三季度同比增速为5.2%；利润保持双位数增长，前三季度同比增速12.6%。重点行业中，金融业效益延续较快增长态势，前三季度收入、利润分别同比增长20.8%和22.3%，略好于2013年同期水平。在新兴业务不断拓展的带动下，信息服务业前三季度收入实现10%的同比增速，较2013年同期提高1个百分点；受人力、商务等成本上升的影响，利润同比下降9.8%，延续年初以来负增长局面，但降幅持续收窄。交通运输业在国际油价下降、铁路运输提价等利好作用下，前三季度利润同比增长45.8%。科技服务业在高铁等技术输出势头强劲的带动下，保持了较为稳定的盈利水平，前三季度收入、利润分别同比增长9.2%、27.8%。房地产业经营状况持续恶化，受交易规模大幅度萎缩影响，前三季度收入、利润分别同比下降12.5%、38.7%。教育、卫生等公共服务业效益普遍增长快速，其中，前三季度教育收入、利润同比增长13.5%、38.3%；卫生收入、利润同比增长11.3%、30.1%。

表8-3 2010年~2014年1~9月北京市服务业利润增速及利润表

单位：%

	2014年1~9月		2013年		2012年		2011年		2010年	
	收入	利润	收入	利润	收入	利润	收入	利润	收入	利润
服务业	5.2	12.6	10.5	27.0	11.3	13.5	13.7	22.5	29.7	22.2
交通运输、仓储和邮政业	1.7	45.8	21.8	94.4	12.5	-50.6	2.1	-10.8	21.8	75.0
信息传输、计算机服务和软件业	10.0	-9.8	9.5	40.2	12.0	99.2	17.5	-2.0	14.8	0.7
批发与零售业	0.5	-3.8	9.4	23.5	9.5	-33.3	15.3	23.9	39.1	35.7
住宿和餐饮业	-3.2	0.0	-4.7	~65.4	7.4	-29.5	15.9	209	14.6	
金融业	20.8	22.3	9.9	23.2	13.3	22.3	11.7	29.5	12.0	24.8
房地产业	-12.5	-38.7	6.5	-7.3	8.3	37.0	-0.6	13.7	18.9	35.8
租赁与商务服务业	8.1	10.4	16.7	45.3	17.0	2.8	15.4	30.2	49.6	15.7
科学研究、技术服务与地质勘查业	9.2	27.8	10.0	26.0	12.7	0.4	13.1	29.5	13.3	16.2
水利、环境和公共设施管理业	11.3	-6.1	21.2	3.4	17.2	-3.5	18.1	98.8	14.9	87.4
居民服务和其他服务业	14.9	-46.6	2.5	26.0	9.7	-22.1	36.6	107.6	24.3	18.2
教　育	13.5	38.3	5.7	34.0	15.9	-7.5	15.9	55.8	22.0	27.8
卫生、社会保障和社会福利业	11.3	30.1	13.2	3.4	23.7	5.2	16.7	16.1	16.6	85.6
文化、体育与娱乐业	2.8	-16.3	9.4	7.6	12.0	8.6	14.1	35.5	12.3	26.6

（四）工商登记制度改革加快释放服务业发展活力

工商登记制度改革新政实施以来，北京市现代服务业创新创业活跃度大幅提升。1~9月，北京市新设现代服务业企业82062家，同比增长61.0%；注册资本约7257亿元，同比增长105.6%。从新设企业类型看，科技服务业、商务服务业、文化及相关产业比重最大，分别达到47.9%、33.0%、26.7%。其中，新政对科技服务业带动效果最为明显，1~9月，北京市新设科技服务业企业达39345家，同比增长63.7%。此外，文化及相关产业新设企业增幅明显，新设企业达21891户，同比增长55.3%；新设企业以文化艺术服务、文化设计服务业为主，占比分别达到55.76%和19.53%。

（五）总部经济影响力持续扩大

2014年1~9月，北京市外商投资高端功能性机构持续增加。新增总部企业7家，累计255家；新设外资研发机构23家，累计489家；新增世界500强投资项目16个，累计695个。其中，世界500强企业总部由2013年的48家增加至2014年的52家，继续蝉联全球第一，并呈现出整体位次继续前移、营收实力不断增强的特点。所涉领域也进一步拓宽，行业覆盖面从最初的能源、金融领域，拓展到建筑机械、金融保险、能源电力、航空运输、通信电子、贸易流通等众多门类。**总部企业对地方经济贡献明显。**1~9月，北京市总部企业实现地方公共财政预算收入占比达到33%，其中，金融业、批发和零售业、房地产业、制造业的总部企业地方级财政收入分别占比28%、13%、12%、12%，合计贡献了总部企业地方级财政收入的六成以上。

（六）高端功能区产业集聚优化态势明显

2014年1~9月，北京市高端产业功能区总体保持平稳发展态势。**经济效益增长平稳，**“六高”功能区实现收入37796.9亿元（见表8~4），同比增长11.9%；实现利润5578亿元，同比增长14.7%。**高端产业集聚态势凸显，**六大高端产业功能区高技术产业、信息服务业、科技服务业占北京市相关行业的收入比重达到96%、82%和66%。**产业优化调整趋势明显，**制造业主导的临空经济区、经济技术开发区增速或低位徘徊或逐步回落，占

表8~4　　六大高端产业功能区主要经济指标

单位：亿元、%

功能区	收入	收入增速			利润（1~9）		占比	
	1~9月	1~9月	1~6月	1~3月	规模	增速	1~9月	2012年
合计（剔重）	37796.9	11.9	11.6	12.7	5578.0	14.7		
中关村	22400.9	15.2	15.8	16.9	1749.2	39.8	53.8	50.5
金融街	6213.1	5.7	3.3	4.8	2891.5	4.9	14.9	16.3
CBD	4816.7	3.3	6.7	10.4	448.7	3.8	11.6	11.4
亦庄开发区	3699.0	11.4	9.9	22.4	146.9	-14.5	8.9	9.0
临空经济区	2667.6	0.8	1.8	-0.5	231.9	2.8	6.4	7.5
奥林匹克中心区	1824.5	-6.1	-7.2	-7.1	109.8	-17.2	4.4	5.3

"六高"收入比重较2012年呈下降趋势。

服务业比重较高的功能区中，**中关村示范区实现平稳增长**（见表8~5）。1~9月，中关村示范区实现总收入2.24万亿元，同比增长15.2%；实缴税费1284.8亿元，同比增长28.6%；出口总额232.4亿美元，同比增长15.4%，占北京市出口的五成。以上指标均较2013年同期总体保持稳定。但企业创新活跃程度有所下降，科技活动经费内部支出715.5亿元，同比增长7.7%；科技活动人员44万人，同比增长2%，增速均较2013年同期大幅下降。各园区中，东城园、平谷园、门头沟园收入规模增长迅猛，增速均超过100%；海淀园、昌平园、朝阳园收入实现较快增长，增速均在10%~20%区间以内，亦庄园、丰台园、大兴园等以制造业为主的园区表现低迷，收入增速均在零左右徘徊。

表8~5　　前三季度中关村示范区各分园发展情况

	总收入			实缴税费		
	亿元	增速（%）	占比（%）	亿元	增速（%）	占比（%）
示范区	22400.9	15.2	100.0	1284.8	28.6	100.0
海淀园	8892.3	19.1	39.7	359.6	5.3	28.0
丰台园	2189.2	2.3	9.8	69.4	19.2	5.4
昌平园	2138.7	12.2	9.5	104.2	33.0	8.1
朝阳园	2775.8	24.9	12.4	344.0	61.3	26.8
亦庄园	2634.7	-1.0	11.8	194.3	21.6	15.1
西城园	675.4	15.7	3.0	47.8	27.6	3.7
东城园	972.9	118.9	4.3	46.2	96.1	3.6
石景山园	964.0	-4.7	4.3	42.7	47.0	3.3
通州园	252.6	8.0	1.1	13.2	-6.1	1.0
大兴园	143.2	-8.9	0.6	10.9	2.8	0.8
平谷园	49.1	193.4	0.2	2.8	220.3	0.2
门头沟园	63.4	117.7	0.3	6.8	126.1	0.5
房山园	134.4	11.6	0.6	6.2	22.5	0.5
顺义园	257.3	17.6	1.1	13.0	9.0	1.0
密云园	98.5	6.6	0.4	13.7	181.7	1.1
怀柔园	122.0	23.3	0.5	8.0	41.8	0.6
延庆园	37.4	22.0	0.2	2.0	20.1	0.2

金融街产业集聚效应持续提升。1~9月，金融街实现收入、利润、税收同比分别增长4.9%、5.7%、8.5%。从行业看，金融业龙头地位稳固，税收占金融街总量的91.24%。**引进金融机构成果显著，**1~9月，共引进各类金融机构112家，同比增长78%，其中货币金融服务和资本市场服务类新增企业最多，占新增总量比重达到68%。

CBD呈低位运行态势。1~9月，CBD实现收入、利润、税收同比分别增长3.3%、3.8%、11%，增速普遍低于2013年同期水平。房企低迷对CBD影响较大，CBD作为北京市房地产总部企业较为集中的区域，聚集的上市房地产企业就达9家，占北京市三成以上，受2013年同期基数过大、调控政策延续、需求萎缩等因素影响，5家上市房企收入、利润规模出现较大幅度萎缩，成为拖累CBD经济效益的主要原因。

奥林匹克中心区受功能疏解影响较大。1~9月，奥林匹克中心区经济效益出现明显下滑，收入、利润分别下降6.1%和17.2%。中心区产业结构单一是造成这一结果的主要原因，2012年交通运输业和批发零售业产业规模合计占到中心区的46.4%，在非首都核心功能疏解力度不断加大的影响下，二产业均呈现低迷走势，对区域经济增长带来一定负面影响。

二、服务业发展过程中存在的问题

总体来看，当前北京市服务业发展水平与城市所处阶段的新要求仍有一定差距，制约服务业发展的深层次问题仍较多，特别是调整转型压力下的行业走势分化加剧、园区调存量控增量任务艰巨，以及在区域加强协同协作背景下的城市功能定位落实不清、京津冀协同发展统筹性不够等挑战，已经影响到服务业自身的发展和转型升级，需要引起高度重视。

（一）产业发展中城市功能定位落实不到位，制约服务业潜力释放

"全国政治中心、文化中心、国际交往中心、科技创新中心"是首都的核心功能，"消费型城市"是北京的基本特征。但是2008年以来，一些区县政府从增加GDP的角度出发，积极上马工业项目，虽稳定住了GDP，

但与服务业相比，部分工业领域发展质量薄弱，耗人耗能众多，加大了城市的空间压力、人口压力、资源环境压力。如表8~6所示，工业增加值占GDP比重为22%左右，但税收收入占比仅为11.4%，却消耗了33.8%的能源，聚集了23.6%（其中一半以上为外来人口）的从业人员，占据了大片平原资源，形成了大量污染物排放源。而占GDP比重76%以上的服务业却承担了85%以上的税收负担，客观上造成了服务业企业税负过重，增加了企业经营的成本。

表8~6　分产业看北京能源消耗及吸纳就业基本情况表

单位：%

	GDP占比	税收收入占比	能耗占比	就业人员占比	外来就业人员占比	行业内外来就业人口占比
北京市合计	100.0	100.0	100.0	100.0	100.0	45.9
第一产业	0.8	0.0	1.4	5.5	1.5	12.3
第二产业	22.3	11.4	33.8	23.6	27.5	53.4
工业	18.1	6.4	31.7	16.9	18.3	49.7
建筑业	4.2	5.0	2.1	6.7	9.2	62.5
第三产业	76.9	88.4	45.3	70.9	71.0	46.0

注：就业人员占比为2010年人口普查数据，其他均基于2013年数据计算得出。

（二）服务业的非首都核心功能疏解缺乏统筹

2014年，以习总书记来京调研为契机，北京市加大了非首都核心功能疏解调整力度，动物园、大红门等批发市场积极与津冀对接，三元、北汽等一批工业项目纷纷实现在河北落户，为首都构建高精尖产业结构腾挪出稀缺的空间资源。不过，非核心功能疏解在执行过程中也存在欠统筹等问题：**一是存在身份识别歧视。**一些层级更低、人车集聚更多、运营管理能力更差、占用土地资源更为稀缺的国有、集体企业没有实现外迁转移，优质的空间资源难以释放。如南四环的京深海鲜市场、新发地批发市场等。**二是产业转移缺乏京津冀高层共谋。**以现有点对点、分散式疏解方式，未来难以在京津冀等地形成功能协调互补、辐射影响力强的服务业产业集群，如从已签订的转移合作项目来看，北京市的服装批发资源分散于河北的永清、白沟、雄县等地，难以实现产业集聚效果。**三是教育培训机构、行政事业性机构等占用城市核心稀缺资源更多的功能转移疏解缓慢。**部分已疏解单位的土地难以形成统筹，高端服务业发展空间仍显不足。

（三）服务业功能区存在的布局分散、定位不清等问题的影响逐步显现

一是功能区布局过于分散、条块分割严重，如定福庄传媒走廊，范围涵盖东三环至东六环的广大区域，却仅有国棉、东亿等少数成规模、影响力较大的文创企业集聚区。北京市近20家文创上市企业中，也仅有一家落户于该走廊之中，造成产业集聚度弱及影响力偏软。**二是部分功能区定位不清、主导产业不明问题突出**，如以文化体育、旅游会展、商务服务为主导的奥林匹克中心区的增加值中，交通运输业和批发零售业合计比重竟达到46.4%（2012年），远高于文化创意产业；又如中关村百亿量级企业群体中，不乏宝马（中国）汽车有限公司这类的汽车批发企业、诺基亚通信有限公司这类的组装制造类企业、中国矿产有限责任公司这类资源类企业、中铁十六局集团有限公司这类建筑类企业，与“高精尖”关联不大。**三是功能区间强弱分化走势严重**，已具规模的功能区，政府投资的短期回报效果更高，更易吸引政府关注度；而一些拥有稀缺空间资源、更具后发优势、但招商条件尚待改善的功能区普遍存在规划靓丽、发展缓慢的困局。如同在朝阳区、同为六大高端产业功能区的CBD、奥林匹克中心区的增加值占比看，2009~2012年4年间CBD增加值占北京市比重由3.8%增加到4.8%，而奥运经济区仅由2.1%提高到2.2%；定福庄传媒走廊、金盏金融服务园区、东坝国际商贸中心区等一些层级更低的功能区，虽拥有五环甚至四环内稀缺平原资源，发展却极为缓慢，未形成首都服务业发展的梯次力量。

（四）文化产业先发优势有所下降

北京是文化资源集中的地区，文化产业一直处于全国的引领地位。但近年在发展过程中，也出现了一些问题，值得注意。一是在文艺演出、新闻出版等行业的转制企业尚未成为完全的市场主体，发展活力受到制约。二是大量资源集中于中央单位，难以形成要素资源集聚优势和合力发展效果。三是文化市场发育不充分，社会各方参与积极性有待提高。四是受产业政策和用人机制制约，文化创意人才出现结构性短缺。五是文化产业园区虽众多，但文化企业比重小的情况较为普遍，园区内文化企业间关联度低，没有形成完整产业链。六是北京文化产业综合税赋较高，立项审批设计部门较多，程序繁琐；缺乏一流的艺术展会和国际参展商、经纪人、买家；未形成如鉴赏、评估、金融、仓储及专业文化艺术品交易中心等辅助产业链。

（五）服务业新政实施过程中缺失相应的配套措施，影响政策实施效果

2014年以来，多项服务业重大改革措施开始实施，对产业发展环境改善取得了良好的效果。但实施过程中出现的一些新问题、新矛盾，政策实施主体应加快对策研究并逐步加以解决。如在“营改增”实施过程中暴露出来的道路运输业、电信业税负上升企业比重过高、道路运输业进项发票不易取得、可抵扣项目较少等问题。对在注册资本登记制度改革实施过程中出现的部分申请人存在盲目申请及浪费名称资源现象、部分职能部门未能完全落实注册资本登记制度改革工作、未给广大市场主体特别是小微企业提供更大的财税优惠等问题，需要加大实施方案完善力度，避免对实施效果造成不利影响。此外，对在自住型住房政策执行过程中存在的社会资源浪费严重、价格标准动态调整机制不足等问题也应加以重视。

三、2015年北京市服务业发展形势展望

2015年，国家仍处于三期叠加阶段，北京市服务业发展的机遇与挑战并存，一方面，改革红利有望持续释放，京津冀协同发展有望取得突破，有利于北京市服务业释放发展潜力。但另一方面，在经济增速持续放缓、

城市功能调整转移的影响下，服务业也面临短期阵痛。总体来看，服务业将延续金融危机后的调整下行走势，年内呈现稳中趋缓的运行态势，发展环境虽得到一定的优化，但下行压力仍然偏大。**从内部结构看，**国家调结构、去产能背景下，比重较大的生产性服务业下行预期较强，对服务业整体下拉作用更加明显。生活性服务业发展环境趋好，对经济带动作用有所加强。公共服务业稳中向好。教育、卫生等领域市场化进程将加速。在信息服务与传统产业加速融合，新兴业态不断涌现的带动下，对服务业的需求将呈上升走势。**从企业经营看，整体效益向好预期较强。**一是互联网、科技类企业普遍进入资本回报期，将延续2014年效益向好态势。二是小微企业政策性减免效果将持续显现。三是楼市交易规模回升，房地产企业效益有望改善。四是商贸流通、传统餐饮零售效益将延续低迷走势。**从功能区看，**调整优化存量、有效引导增量任务仍较为艰巨，增长态势以稳为主。综合考虑积极消极因素，结合服务业各领域发展状况，初步预计2015年服务业增加值增速在7%左右。

四、重点产业走势判断

2015年，服务业重点产业仍将延续分化走势，信息服务、科技服务、金融服务等符合首都核心功能、具有一定先发优势的行业将保持较好的发展态势；零批、住宿餐饮、交通等行业将延续调整优化走势。

（一）民间需求亮点频出，信息及电商保持快速增势

随着4G全国覆盖城市数量的不断扩大、信息新技术的不断应用，信息服务业和传统领域将加速融通，线下业务线上化趋势明显，新的市场形成并发展壮大前景可期。而北京市是全国信息产业发展的策源地，百度、联想、小米、京东、新浪、搜狐、乐视、360均是信息产业、互联网服务产业、软件服务领域的佼佼者，且近两年都在金融、旅游、视频、社交、招聘、零售，甚至医疗及教育等领域进行了战略性资本布局，预计2015年电商、互联网金融等领域将继续保持快速扩张态势，跨境电商等新领域有望

壮大；移动视频、在线旅游、在线社交等领域进入快速成长期；互联网医疗、在线教育等领域市场环境将得到进一步培育，份额有望提高。同时，国家近期批复的16个涉及北京市的列入国家移动互联网及第四代移动通信产业化专项的项目，将陆续进入建设期；电信业“营改增”效果将逐步显现，也会在一定程度上增强信息服务业的发展活力。总体来看，2015年，拥有众多资源的北京市信息服务业将保持行业发展风向标和策源地地位，全年增加值有望延续10%左右的增速。

（二）政策环境趋稳，房地产需求有望平稳释放

房地产业是对政策变动反映较为敏感的行业之一。从需求的角度看，剔除投资性需求外，北京市商品房买卖、房屋租赁需求主要来自以下群体：北京市年均50万~80万人的常住人口增量、首次置业的已成年户籍群体、改善性群体、已连续缴纳社保5年及以上的非户籍群体，这些群体需求总体来看是稳定的。而这几年出现的房地产市场波动的主要原因：一是供给不足；二是政策干扰价格预期，使部分刚性需求难以释放或透支性释放，导致房地产市场大幅波动。2015年，北京市房地产市场发展环境较为稳定，供应不足和价格预期波动的可能性都较小，高中低端自主需求都将得到有效保障。其中，在央行信贷新政作用下，中高端改善性需求将加快释放；从政府已制定的自住房供应计划、配售型保障房建设计划来看，中低端的自住型需求也将得到有力保障。总体来看，2015年，北京市房地产业将有望保持平稳走势，增加值增速转正并呈低位运行态势。

（三）市场环境不断优化，科技服务业稳中向好

北京市科技服务业具有国内其他城市无法比拟的资源优势，无论是规模、效益，还是核心竞争力，一直居于全国首位。2015年，科技服务业将延续稳中向好的发展态势：一是随着中国南北车合并进军美国等海外市场、小米全球市场份额不断提升、联想完成收购摩托罗拉等事件对产业发展的积极效果将逐步显现，中国高技术产品市场拓展态势强劲。由于高技术产品出口涉及工程设计、技术支持等多个科技服务业环节，因此，以提供整体解决方案为己任的工程技术服务类企业有望借势发展。二是国家更加注重行业发展环境建设。国务院新近发布的《关于加快科技服务业发展的若干意见》，从健全市场机制、强化基础支撑、加大财税支持、拓宽资金渠道、推动示范应用等7个方面进一步夯实行业发展基础。三是市级重点实验室、市级工程技术研究中心等创新资源建设力度、开放力度均加大，首都科技创新平台初具规模。四是随着科技企业孵化器建设力度加大、中关村核心区创新创业服务平台的启动，科技企业孵化全链条服务模式渐趋形成，科技中介服务业发展前景向好。总体来看，2015年，北京市科技服务业保持稳中向好的发展走势，在全国的竞争力有望进一步提升。

（四）结构调整持续加码，商贸流通或将量降价升

商贸流通业包括批发和交通运输仓储业，2015年，该行业将面临深度调整。从需求角度看，行业面临国家经济下行和北京市非首都核心功能疏解两重压力，一批聚人较多的批发市场、耗能较大的工业企业都将面临搬迁，物流需求、仓储需求、批发需求规模都将下降。但从价格角度看，近期包括铁路运费、公交运价等改革已经或将要实施，能够在一定程度上缓解“量降”对商贸流通业收入下行的压力。总体来看，商贸流通业面临深度调整，但从长期看，功能疏解和产能转移将为商贸流通业调整升级创造条件，腾挪出的空间将为高端服务业发展提供载体，对北京市服务业发展总体有利。

（五）行业内竞争加剧，金融业运行整体平稳

从行业运行环境看，2015年在国家“调结构、转方式”力度持续加大的背景下，经济增速将继续放缓，国内的货币政策总体应继续保持稳健基调，大规模刺激政策出台的概率不大，定向微刺激有望延续。传统工业在去产能的压力下难以释放出旺盛的资金需求，房地产投资需求虽然有所恢复，但全年整体信贷需求将保持平稳。从结构上看，传统银行业经营压力呈现微升走势，融资成本上升和息差收入增长放缓趋势将会延续。资本市场服务业有望保持较快增长速度，其中，在股权投资市场、新三板市场等的带动下，资本投资服务业将呈现快速发展态势。保险业将延续平稳增长态势，随着与互联网合作及业务多元化的不断推进，保险公司将加大个险投入和产品保障功能的提升，保险产品竞争力有所上升。互联网金融等新型业态竞争将更为激烈，特别是坐拥自贸区的上海，近期又颁布了《互联网金融20条》意见，在政策、税收等方面给予一系列优惠政策，预计京沪及杭州、天津等地对互联网金融资源的争夺将日趋激烈。

（六）作风整改常态化，住宿餐饮低位运行

住宿餐饮业是外来从业人员聚集较多的行业之一，在北京市实行“以业控人”的力度不断加大的背景下，势必造成住宿餐饮行业用工成本上升，部分经营主体面临淘汰的局面，短期内对行业经营造成一定负面影响。同时，在中央“八项规定”从严落实、北京市转作风力度加大等因素作用下，社会集团消费将延续下行走势，对住宿餐饮、文体娱乐等行业也将起到一定的下拉作用。因此，预计2015年，住宿餐饮业仍将延续调整优化走势，增加值增速低位运行。

（七）发展环境不断优化，教育和卫生稳中向好

公共服务业在北京市第三产业中规模较小，主要以政府提供的基本公共服务为主，医疗护理、康复保健、养老服务等非基本公共服务业供给明显不足，市场化程度不高，尚未形成成体系的产业化、规模化经营。但近年，公共服务业发展环境不断得到优化，国家和市级层面先后颁布了《关于加快发展体育产业促进体育消费的若干意见》、《促进健康服务业发展实施意见》、《关于继续深化医药卫生体制改革的若干意见》等政策措施，都对公共服务领域释放产业活力起到一定促进作用。部分行业环节有望在互联网技术的融入下，局部形成一定的市场规模。如东华软件等企业已经开始布局医疗信息化产业，爱康国宾健康体检、达内教育的上市将成为医疗服务、教育培训等领域市场化、规模化的契机。但整体增长速度仍将受制于体制机制改革的节奏，预计卫生、教育等公共服务领域年度增速将保持在个位数。

五、功能区发展态势展望

2015年，高端产业功能区将进入布局优化期。前期快速扩张过程中“六高”“四新”等功能区都不同程度存在着商业零售、住宿餐饮、小商品市场等低端、小散业态，以及部分聚人多、占地多、有污染、高耗能、高耗水的功能和产业，土地投入产出也较低。这些问题随着北京市新增产业禁止和限制目录的落地，都将逐步得到解决，一些不符合首都战略定位的新增及存量产业将得到严控，在短期内将对高端产业功能区发展带来积极影响。比较来看，符合首都功能定位的“高精尖”产业项目的加快落地和发展壮大，对功能区发展质量和潜力的提升将起到一定积极作用。从重点园区看，中关村示范区将加快津冀协调脚步，一批共建园区、分园有望在河北落户，为示范区产业腾挪和发展腹地扩张提供了契机。金融街将保持较好的发展态势，区域内产业发展空间将有所扩张。CBD有望扭转低迷走势，在房地产市场好转的带动下，辖区内房地产企业有望企稳，对区域经济起到提升作用。北京经济技术开发区和临空经济区制造业比重较高，2015年仍将呈现低速调整的运行态势。

六、对策措施

（一）加强京津冀区域协同发展统筹领导

一是加强区域协同发展顶层设计，推动首都经济圈发展规划、环渤海地区发展规划纲要的编制工作。二是优化区域空间布局，完善《京津冀城镇群区域规划要点》，研究推进城市总体规划、经济社会发展规划、土地利用规划“三规合一”，建立京津冀空间基础数据平台。三是推进基础设施互联互通，加强区域交通一体化建设，增强区域水资源保障能力。四是协同改善区域生态环境质量，完善区域大气污染联防联控机制，建立区域水环境协同保护治理机制。五是联合打造创新发展战略高地，研究编制《中关村推动京津冀区域创新合作的行动计划》，推进功能区优惠政策在区域内的延伸覆盖。六是促进公共服务资源的共建共享，调整优化教育资源区域布局，开展医疗卫生领域合作。

（二）加快完善部分改革的配套实施细则

针对注册资本登记制度改革中存在的问题：一是提高申请人申请及持有大量名称和企业资源的成本。二是出台与注册资本制度改革直接配套的年报、公示、抽查、异常名录等文件，确定实施时间表和具体安排，稳定政策预期。三是在司法协执、税收政策、开户融资、外资年检等领域做好与法院、税务、银监、商务等部门的协调工作，及时跟进工商登记制度改革。**针对“营改增”执行过程中存在的问题：**一是积极推进交通运输业全行业“营改增”试点，适当扩大可抵扣范围。如将房屋租赁费、物业管理费、邮政通信费纳入抵扣范围。二是强化宣传，特别是对小微企业加大政策解读力度。

（三）努力巩固和发展北京文化产业的先发优势

一是在原天竺文化保税区的基础上建设“京港文化合作特区”，给予特殊的税收减免、税收补贴、海关便利通关等政策。二是通过专项财政基金资助方式，降低艺术品交易成本。三是设立跨部门机构，减少审批手续。四是筹建文化艺术保税综合体，建设完备的艺术品进出口、仓储、评估、交易等服务平台。

（四）加大功能区优化发展力度

一是建立市级主导的规划统筹协调机制，研究制订《首都产业功能区发展规划》，重点整合功能区专项发展规划。二是建立功能区评价指标体系，引导差异化发展。三是支持跨区合作共建，探索建立招商引资项目统筹流转、利益共赢机制。四是强化对功能区土地供应调控，探索多元化土地集约利用方式。五是推动功能区基础设施一体化发展、重点功能配套设施共建共享。

第九章　高技术产业

创新创业活跃度提升 产业增势保持平稳

2014年，在国家深化结构调整、北京市加快全国科技创新中心建设的带动下，北京市高技术产业迎来发展的新契机，前三季度增加值增速明显快于北京市GDP增长水平，预计全年运行态势总体稳中向好，对经济贡献度有所加大。2015年，在改革持续释放创新活力、京津冀协作向纵深推进、高新企业加快拓展国际市场等因素的作用下，北京市高技术产业将延续较快增长态势，预计全年增加值增速与2014年基本持平，对经济发展的支撑作用进一步加强。

一、2014年北京市高技术产业发展总体情况

2014年，在国际、国内经济环境复杂多变的背景下，北京市高技术产业总体保持平稳的发展态势。高技术服务业实现较快增长，高技术制造业则在弱势中保持稳定。企业创新创业活跃，整体表现出较为稳定的盈利能力。京津冀协同创新向纵深推进，多家中关村示范区分园开园。

（一）高技术服务业实现较快增长，高技术制造业在弱势中保持稳定

随着注册登记制度改革、中关村“1+6”、“新四条”等一系列政策措施的深入落实，高技术服务业发展环境日趋完善，产业增加值增速延续了2012年以来逐年提升的势头，且年内走势呈现逐季攀升，对服务业带动作用显著提高。高技术制造业在北京市工业整体低迷的背景下，产业保持了较为稳定的增长态势，增加值增速整体好于工业平均水平，且年内呈现逐月提升走势（见图9~1）。

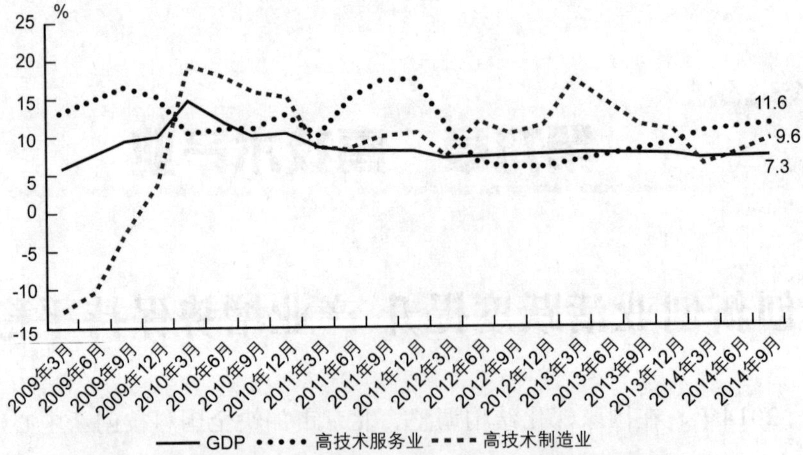

图9~1 2009年3月以来北京市GDP、高技术服务业及高技术制造业增加值累计增速

1. 高技术服务业保持较快增长，对服务业支撑作用日趋明显

2014年1~9月，高技术服务业实现增加值2596.3亿元，同比增长11.6%，增速明显高于GDP的7.3%和服务业的7.4%的增长水平，是2012年以来的最高值（见表9~1）；占服务业比重达到22.3%，是2009年以来的最高比重。高技术服务业对三产增加值的贡献率达到31.4%，是2010年以来的最高值；税收规模达到627.1亿元，增速超过12%，仅科技服务业税收增幅就达25.1%。总体来看，高技术服务业对首都经济支撑作用明显，并在一定程度上抵消了房地产等行业对服务业的下拉作用。

表9~1 2011年以来北京市高技术服务业增加值及同比变化

单位：亿元、%

	2014年				2013年增速	2012年增速	2011年增速
	1~9月增加值	1~9月增速	1~6月增速	1~3月增速			
GDP	14774.1	7.3	7.2	7.1	7.7	7.7	8.1
服务业	12455.5	7.4	7.3	7.5	7.6	7.8	8.7
高技术服务业	2596.3	11.6	11.0	10.2	8.9	6.0	17.6
信息服务业	1400.9	12.1	12.6	12.9	7.2	6.2	22.9
科技服务业	1195.4	11.0	9.3	7.2	11.2	5.8	10.4

信息服务业实现全面增长。2014年前三季度增加值同比增长12.1%，（见图9~2）增速高于2013年同期5个百分点，是服务业增长最为快速的行业。在新兴需求不断涌现，在国家促进信息消费扩大内需等政策支持下，以及随着移动设备的不断普及、新兴技术的持续升级、风投资本的不断进入，信息服务业成为三产中最为活跃的行业之一，线下业务线上化趋势明显，信息、电信、互联网等三大领域均实现较快增长。重点企业发展态势良好，上半年70家信息服务上市企业收入规模合计增长57.2%。

科技服务业总体表现稳健。2014年前三季度增加值同比增长11.0%，增速高于2012年同期1.2个百分点，年内呈现逐季回升；占服务业比重提升至10.3%，是2007年以来的最高值。科技服务在经济发展过程中的作用不断加大，随着中关村"1+6"、"新四条"及"京校十条"、"京科九条"深入落实，前三季度北京市发明专利申请量同比增长20%左右；新认定高新技术企业超过9000家，占全国的四分之一；新认定市级重点实验室、工程技术中心达到108家。产业税收贡献持续增长，前三季度，科技服务业实现税收297.42亿元，增长25.1%，增幅在服务业中最高。

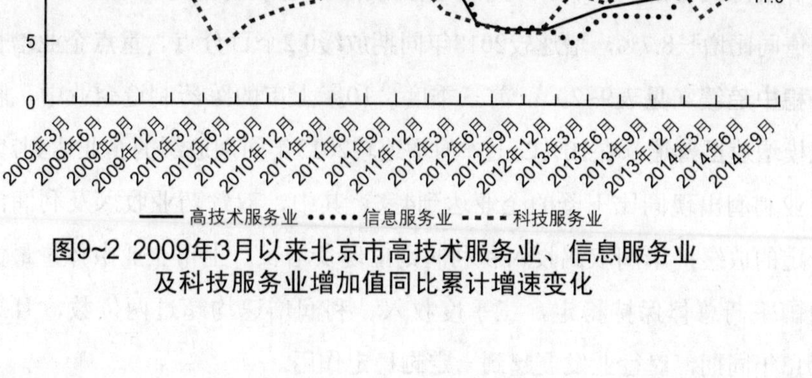

图9~2 2009年3月以来北京市高技术服务业、信息服务业及科技服务业增加值同比累计增速变化

2．高技术制造业在弱势中保持稳定

2014年，在北京市调结构、促转型力度进一步加大，工业增速明显放缓的背景下，北京市高技术制造业总体仍保持了较为稳定的增长态势（见图9~3），前三季度增加值同比增长9.6%，年内呈现逐月回升走势，增速虽略低于2013年同期水平，但放缓幅度明显小于工业整体。战略性新兴产业对北京市工业带动作用明显，1~9月，高技术制造业中的战略性新兴产业增加值同比增长17%，对北京市规模以上工业的贡献率达到55.5%。

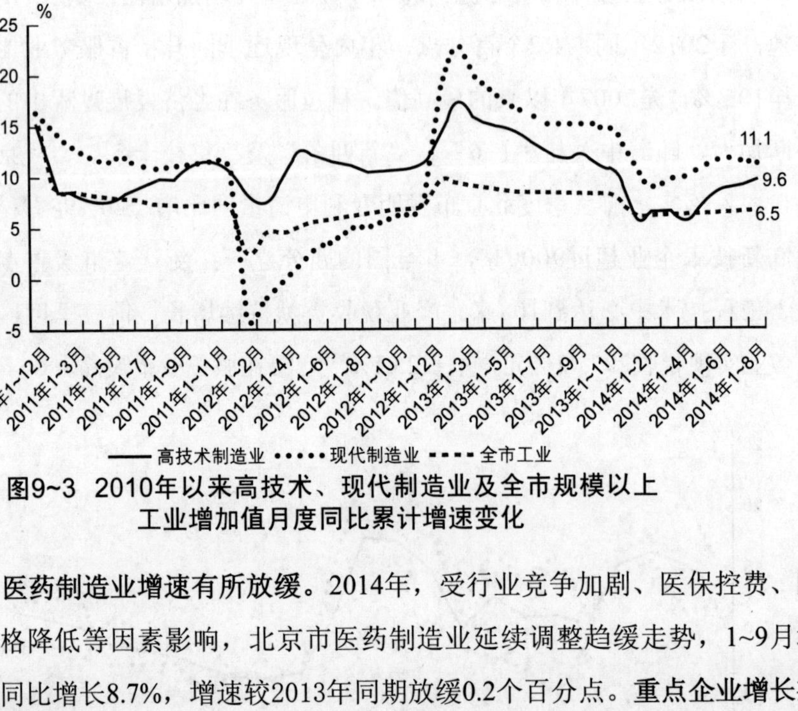

图9~3 2010年以来高技术、现代制造业及全市规模以上工业增加值月度同比累计增速变化

医药制造业增速有所放缓。2014年，受行业竞争加剧、医保控费、医药价格降低等因素影响，北京市医药制造业延续调整趋缓走势，1~9月增加值同比增长8.7%，增速较2013年同期放缓0.2个百分点。**重点企业增长态势稳中趋缓（见表9~2）**，前三季度，10家上市的医药制造企业中，收入规模增速虽普遍都在10%以上，但增速较2013年同期放缓的企业达到7家；营业利润出现同比下降的企业达到4家。其中，双鹭药业收入及利润出现一定的放缓；华润双鹤收入和利润则出现负增长。上市企业中体量最大的中国医药总体保持稳定，三季度收入、利润增速均超过两位数，且高于2013年同期，对行业发展起到一定的稳定作用。

表9~2　　2014年前三季度北京市上市医药制造企业经营情况

企业	营业收入（亿元）	营业收入增速（%）		营业利润（百万元）	营业利润增速（%）		销售毛利率（%）	销售净利率（%）
		2014年前三季度	2013年前三季度		2014年前三季度	2013年前三季度		
中国医药	127.9	17.6	14.5	601.8	24.0	13.2	11.7	3.7
同仁堂	72.4	8.5	14.2	1171.3	19.9	18.1	43.7	13.4
华润双鹤	32.2	-44.3	3.0	511.8	-17.8	9.4	48.6	13.4
中牧股份	25.7	6.1	11.0	284.9	-8.8	3.7	27.4	9.4
天坛生物	15.3	14.1	31.9	400.4	-15.8	71.5	56.8	22.2
双鹭药业	9.0	8.1	30.5	587.7	19.2	21.8	72.3	59.4
舒泰神	7.9	22.0	93.7	143.5	12.6	-12.9	94.3	15.6
九强生物	3.6	10.8	/	179.9	19.4	/	73.4	42.9
利德曼	3.0	10.9	21.6	78.1	-30.2	35.5	61.3	21.7
北陆药业	2.9	22.0	16.8	68.2	19.1	10.5	71.0	21.2

电子信息制造业呈现低位调整态势。随着行业变革的不断加剧，2014年北京电子信息制造业呈现低位调整的发展态势，年初增加值增速降至5%以下，远低于2013年同期的20%左右；之后，随着美国等外部市场的回暖、企业经营战略的调整，行业经营情况出现好转，1~9月，增加值同比增长12.7%，较2013年同期下降1.8个百分点，年内呈逐月回升走势。**重点企业走势分化（见表9~3）**，重点上市企业中，前三季度，京东方、同方股份两家百亿元规模企业均呈现“收入低速增长，利润同比下降”的低迷走势。航天信息和紫光股份表现稳健，收入、利润均实现两位数增长。非上市企业中，小米展现出强劲的发展态势，在主力机型市场表现强劲的带动下，前三季度累计实现销售额达到879.5亿元，同比增长166.34%。

高端装备制造业增加值翻番。在我国高铁技术出口海外势头强劲的带动下，北京市高端装备制造业实现了高速增长，1~9月，增加值增速同比增长103.4%，实现翻番。**重点企业整体表现稳健（见表9~4）**，上市的部分高端装备制造企业中，凭借连续斩获美国、巴西、哈萨克、喀麦隆等国订单，中国南车、中国北车都实现了经营效益的快速增长，其中，中国南车收入、利润增幅均在50%以上。

节能环保及新能源等新兴产业呈较快增长态势。在京津冀节能减排及防污治理力度加大、行业促发展政策效果逐步显现等因素的带动下，2014年，北京市节能环保及新能源产业呈现出较快增长态势。**新能源汽车领域市场扩展势头强劲**，福田企业与北京公交集团签订了700辆的纯电动公交车采购协议，加快在公交领域的新能源汽车推广力度；北汽新能源多措并举推动纯电动车市场化应用，截至目前已投入3000余辆纯电动乘用车及1000余辆纯电动物流车开展示范运营。**风电行业有所复苏**，前三季度，北京市有5家风电企业装机容量同比增长40%以上，工业增加值同比增长接近50%。**重点企业总体运营平稳（见表9~5）**，其中，值得注意的是，在经历了连续多年的市场萎缩后，华锐风电业务出现复苏迹象，前三季度，营业收入、营业利润同比分别增长47.7%、36.3%。

表9~3

2014年前三季度北京市上市电子信息制造企业经营情况
（收入规模排名前12位）

企业	营业收入（亿元）	营业收入增速（%）		营业利润（百万元）	营业利润增速（%）		销售毛利率（%）	销售净利率（%）
		2014年前三季度	2013年前三季度		2014年前三季度	2013年前三季度		
京东方A	252.9	2.1	44.7	1610.9	-3.6	227.0	22.3	7.9
同方股份	163.5	2.9	2.3	220.4	-86.1	513.6	19.2	2.4
航天信息	133.7	24.4	1.9	1467.0	13.6	15.2	17.8	9.6
紫光股份	74.4	29.8	31.1	124.3	31.0	56.0	4.3	1.4
大唐电信	43.3	-2.2	17.0	-194.3	-24.2	-84.1	20.6	-2.8
中国卫星	29.9	0.1	10.5	250.1	-2.9	17.6	13.5	8.0
中科三环	29.3	11.2	-33.4	314.4	-9.5	-58.6	23.6	9.2
大恒科技	22.7	-2.5	-14.9	-28.2	46.2	-389.7	16.8	-0.7
利亚德	7.2	64.3	12.1	78.5	105.8	-9.0	37.5	12.7
北方导航	6.5	0.6	7.4	41.2	66.6	50.2	35.8	5.1
动力源	6.3	23.6	5.8	15.3	388.8	107.3	35.1	5.1
北斗星通	6.1	27.9	26.1	14.8	17.7	1318.9	30.7	3.5

表9~4　　2014年前三季度北京市部分上市高端装备制造企业经营情况

企业	营业收入（亿元）	营业收入增速（%）		营业利润（百万元）	营业利润增速（%）		销售毛利率（%）	销售净利率（%）
		2014年前三季度	2013年前三季度		2014年前三季度	2013年前三季度		
中国南车	848.9	50.2	-11.0	5875.4	81.7	-11.2	20.9	6.0
中国北车	641.7	9.8	-9.1	4825.3	66.8	4.7	18.5	6.4
中国重工	395.0	-3.1	-21.4	1871.1	-22.5	-38.5	13.9	5.2
中航电子	41.2	-1.4	21.2	441.4	0.9	13.7	31.8	9.4
鼎汉技术	4.6	58.1	87.4	78.2	92.2	2695.4	36.1	16.3

表9~5　　2014年前三季度北京市部分上市节能环保制造企业经营情况

企业	营业收入（亿元）	营业收入增速（%）		营业利润（百万元）	营业利润增速（%）		销售毛利率（%）	销售净利率（%）
		2014年前三季度	2013年前三季度		2014年前三季度	2013年前三季度		
华锐风电	29.8	47.7	-44.6	-508.8	36.3	-314.5	12.8	-14.6
三聚环保	19.0	169.2	15.4	348.7	141.6	19.1	34.6	15.4
碧水源	12.9	2.6	77.9	205.7	7.0	25.1	32.9	14.3
国电清新	9.1	74.3	86.2	237.6	59.8	66.5	33.9	23.1
节能风电	8.1	9.9		86.3	-35.8		49.6	14.4
首航节能	6.3	-8.8	1.2	85.2	-30.4	24.2	34.1	16.5
天壕节能	2.7	21.7	18.6	74.1	-1.6	51.3	49.5	30.4
神雾环保	0.7	-74.0	-32.9	6.5	-50.4	-87.4	44.3	12.7

（二）高技术服务业经营效益稳中略升，高技术制造业整体盈利能力有所下降

2014年，高技术产业经营效益虽然总体保持稳定，但内部延续分化走势。在行业快速扩张的带动下，高技术服务业取得较好的经营效益。受外部市场波动、调整转型力度加大及行业内分化明显等因素影响，高技术制造业经济效益增长势头有所放缓。

1．高技术服务业经营效益稳中略升

2014年，在互联网对金融、传媒、旅游等领域快速渗透及轨道交通等高技术项目海外整体出口步伐加快的带动下，信息服务、科技服务的市场需求持续高涨。得益于此，高技术服务业收入、利润延续平稳增长态势，整体增速较2013年稳中略升。其中，前三季度科技服务业收入、利润同比分别增长9.2%、27.8%，增速均高于2013年同期水平；信息服务业也保持了较好的盈利水平，70家上市企业收入增速超过10%的企业超过50家，且行业内部出现近年来少有的信息服务、互联网服务、电信服务三大领域齐头并进的增长局面。

2．高技术制造业整体盈利能力有所下降

2014年，在北京市非首都核心功能疏解不断推进及行业变革加剧的背景下，企业加大了战略调整力度。受此影响，北京市高技术制造业整体盈利能力有所下降，前三季度，收入同比增长6.8%，增速较2013年同期下降1个百分点；利润同比下降9.6%，远低于2013年同期30%左右的增速。但高技术制造业内部出现一定分化。其中，高端装备制造业在高铁技术出口强势带动下，经营效益总体稳中向好；医药制造、电子信息制造业受行业持续调整影响，盈利能力下降幅度相对较大。

（三）高技术产业功能区保持平稳发展态势

2014年，北京市高技术产业功能区发展态势总体平稳，产业结构持续优化，主导产业稳中有升，企业盈利能力有所提升，产城融合态势逐步显现，对北京市构建“高精尖”的经济结构起到了一定的引领和带动作用。

1. 中关村示范区总体延续较快增长态势

2014年1~9月，中关村示范区实现总收入22400.9亿元，同比增长15.2%（见表9-6）。实现技术收入2861.7亿元，同比增长21.4%。**新兴产业成为带动示范区增长的引擎**。六大优势产业和四大潜力产业集群收入同比增速达到20%，占示范区近七成。其中电子信息、节能环保领域收入同比增速在两位数以上，分别比2013年同期增长26.1%和 25.4%。**科技投入呈低速增长态势**，中关村企业科技活动人员44万人，比2013年同期增长2.0%；企业内部用于科技活动的经费支出715.5亿元，比2013年同期增长7.7%。**微观主体创业活跃**，1~9月，新设企业14746家，同比增长59.4%。截至9月底，示范区共有企业29.75万家，占北京市企业总数的31%；注册资本认缴总额达3.04万亿元，占北京市总额的45.35%。

表9-6　　2014年中关村示范区主要经济指标

	2014年1~9月		2014年其他各月同比增速（%）						
	总量	增速（%）	1~2月	1~3月	1~4月	1~5月	1~6月	1~7月	1~8月
从业人员（万人）	171	3.3	1.5	1.9	1.6	2.3	3.2	3.6	2.6
总收入（万亿元）	2.24	15.2	24.9	16.9	16.7	14.3	15.8	16.4	15.0
工业总产值（亿元）	5664	5.3		3.3	4.7	2.3	2.4	4.3	4.7
实缴税费（亿元）	1248.8	28.6	29.3	23.6	29.3	22.1	30.3	29.4	28.9
利润总额（亿元）	1749.2	39.8	83.1	36.6	36.1	59.2	41.2	41.3	41.8
出口总额（亿美元）	232.4	15.4	42.8	28.0	19.3	20.5	23.7	21.7	16.5

2. 北部研发服务产业带创新带动发展态势明显

2014年1~9月，北京市北部研发服务产业带总体实现了较快发展，海淀、昌平等主要组成区域产业收入规模增速均在10%以上；信息服务、科技服务等主导产业均实现10%以上的较快增长。**新设立高技术企业成长快速**，区域内“金种子”企业占北京市比重超过六成，前三季度税收同比增速达21%。**技术创新、商业模式创新旺盛**，百度、小米等一批领军企业不断催生互联网金融、移动互联网等新兴产业。科技服务发展迅猛，创业服务、**科技金融服务**、知识产权服务业等成为创新驱动的关键环节。

3．南部制造业产业带发展势头良好

2014年1~9月，南部制造业产业带整体表现出良好的发展势头，共实现地税税收178.09亿元，同比增长17.8%。经济运行呈现以下三大特征。**一是工业继续回暖**，1~9月实现总产值2187.7亿元，同比增长3.7%；电子信息产业、生物医药产业、装备制造产业、汽车产业四大主导产业整体呈现“三升一降（电子信息）”态势。其中，生物医药产值同比增速首次突破20%，汽车制造业产值同比增速超过30%。**二是企业盈利能力显著增强**，五大主体税种呈同步增长态势，企业产值利润率大幅提高。

4．未来科技城“产城融合”发展格局初步形成

2014年1~9月，未来科技城总体保持良好的发展态势，已入驻的37家央企子公司累计上缴税款8.5亿元，同比增长15%；企业累计申请专利2051件，包含发明专利1362件，企业累计拥有有效专利1166件。**“产城融合”发展态势形成**，未来科技城在加大“人才特区”和科技创新研发平台打造、实现产业多元化发展的同时，生活配套设施也得到明显改善，人才公寓等项目陆续启动，人居环境大幅提升。总体来看，未来科技城“产城融合、宜居宜业”的格局正在形成。

5．中关村科学城对北京市产学研协同创新的示范作用明显

截至目前，中关村科学城共建立产业技术研究院12家，特色产业园4家。**人才集聚态势明显**，吸引“千人计划”、“海聚工程”、“高聚工程”人才27名，高端产业人才91名。**产学研保持良好合作势头**，与企业共建研发机构268个、公共技术服务平台84个，为近4000家企业提供专业技术服务。共引进、转化重大产业化项目104个，新创办企业197家。

（四）政策效应持续释放，创新创业保持活跃

2014年，在“1+6”、“新四条”、“京科九条”等政策效应持续释放的带动下，北京市企业主体保持较高的创新创业活跃度，市场在创新资源配置中的作用明显加强。

1. 先行先试政策效果持续显现

以中关村"1+6"为代表的先行先试政策的执行，在加大市场对科技资源有效配置、拓宽科技企业融资渠道、促进企业加大科研投入等方面起到了非常积极的作用。（1）自科技成果处置权和收益权管理改革试点政策颁布以来，北京地区中央和地方高校、科研机构技术转让（科技成果处置）项目累计1531项，收入约107.85亿元。（2）自股权激励试点政策执行以来，北京市共有95项国有企业、高校和科研机构的激励方案获得批复，其中市属单位方案63项，中央单位方案32项。目前，股权激励试点工作流程和审批程序正日臻完善，相关工作已经转入常态化。（3）自研发费用加计扣除试点政策执行以来，中关村共有超过1690户企业享受研发费用加计扣除试点政策，研发费用归集项目可加计扣除额121.83亿元，享受所得税优惠30.46亿元。共有154户企业享受职工教育经费税前扣除试点政策，超过工资总额2.5%的税前扣除金额1593.13万元，享受所得税优惠399.53万元。（4）科研项目经费管理改革试点政策，打破了我国现行科研项目经费预算体系中没有专门列支间接费用的制度障碍。2013年以来，北京市所有科研项目均纳入改革试点，列支间接费用约1亿元，科研项目列支间接费用已形成常态化制度。（5）建设统一监管下的全国场外交易市场试点政策推出后，2013年1月，全国中小企业股份转让系统（新三板）正式挂牌并落户北京。截至目前，挂牌企业1350家，总市值突破4000亿元。（6）高新技术企业认定试点政策推出后，仅2014年一年北京市新认定高新技术企业就达3500家以上，累计认定高新技术企业超过7700家，其中成立满半年不足一年的企业12家，以技术秘密申请认定企业5家，以国家新药等申请认定企业3家。

2. 企业主体创新活力增强

2014年1~9月，北京市专利申请量超过9.4万件，其中企业申请量达6.3万件，同比增长21%，占比达到67%，较2013年同期提高5个百分点。大中型企业研发支出增长快速，1~9月北京市大中型企业R&D经费内部支出

261.4亿元，比2013年同期增长14.3%；专利申请16092件，其中发明专利9598件，分别增长11.4%和5.1%；**行业标准数量不断增加**，共创制国际标准14项，其中国际标准发布8项、国际标准立项6项；发布产业联盟标准27项，AVS标准等重点产业集群标准推广实现新突破。**重点企业创新影响力提升**，联想、小米成功入围波士顿转型集团发布的全球最具创新力公司50强榜单，其中，小米成为唯一同时被视为最具创新力企业和“后起之秀”企业。**高技术产业获密集投融资支持**，1~9月，战略性新兴产业领域共有406家企业获得股权投资支持，投资金额达到520亿元；截至9月底，北京市中资银行高新技术产业贷款余额2784亿元，同比增长76.4%。

3．微观主体创业热情高涨

2014年，北京市科技型微观主体创业热情高涨。前三季度，北京市共新设科技型企业39345户，同比增长63.7%；注册资本1655.93亿元，同比增长106.27%。北京地区共发生创业投资374起，同比增长59.8%；投资金额269.29亿元，同比增长229.8%，创业投资金额和投资案例占全国四成以上。**新设企业以科技服务型居多**，其中服务型科技企业比重最大，达到99.54%，包括互联网、移动互联网、生物技术等领域；制造型科技企业仅占0.46%。截至9月底，北京市共有科技型企业28.56万户，其中国家级高新技术企业突破1万家，占全国近20%，稳居全国首位，实现收入及利润同比分别增长10.6%和10.2%。**创业大街发展态势良好**，中关村创业大街6月开街以来，初步形成了具有较强影响力的创业生态，入驻创业服务机构13家，入孵创业团队339个，其中，123家获得融资支持，平均融资额500万元。

二、值得关注的问题

（一）中关村示范区高技术产业收入比重有所下降

近年，中关村示范区高技术产业收入比重出现下降迹象，2013年中关村规模以上高技术制造业占示范区工业比重为39.3%，比2012年下降2.1

个百分点；高技术服务业占示范区第三产业比重为43.9%，比2012年下降1.2个百分点。高技术产业比重出现下降的主要原因：一是近年中关村示范区部分分园盲目追求规模扩张，导致一些传统产业的大型企业被纳入园区统计范围之内，如中关村百亿元量级企业群体中，包括批发类的宝马（中国）、冶金业的新华联和冶金、采矿类的中国矿产等企业。二是中小微企业是创新热情最高的群体，但近年该群体数量不断下降（见表9~7）。2008~2012年，中关村示范区500万~1000万元和500万元以下小微企业数量年均降幅分别达到4.9%和11.8%。这一趋势虽在2014年实行注册资本登记制度改革以后有所缓解，新设企业增速取得50%以上的高值，但新设企业在较为严苛的成本压力环境下能否顺利度过发展初始期，有待进一步观察。

表9~7　2008~2012年中关村示范区各规模企业数量变化

单位：家、%

	总和	亿元以上	1000万元~1亿元	500万~1000万元	500万元以下
年均增速	-5.4	11.4	3.8	-4.9	-11.8
2012年	14929	1897	4366	1477	7189
2008年	18651	1232	3760	1806	11853

（二）大型高技术企业税负增长快速

税负压力攀升已经成为制约高技术企业快速发展的一大障碍。以中关村示范区为例，如表9~8所示，亿元以上的大型企业总税负增速过快，2008~2012年实缴税费年均增速达到30.5%。与整体税负相比，大型企业人均税负水平上升也很明显，如表9~9所示，中关村亿元以上大型企业人均税负由2007年的7.7万元上升至2012年的11万元，年均增速达到7.4%。较快的税收增长速度在一定程度上挤压了企业在研发、设备更新、人员培训方面的投入，从长期看势必造成收入、利润增长后劲不足。

表9~8　　2008~2012年分规模企业实缴税费及增速变化

单位：万元、%

年份	全部	亿元以上	1000万元~1亿元	500万~1000万元	500万元以下
年均增速	26.5	30.5	5.7	0.2	5.8
2012年	1445.8	1328.9	99.8	8.5	8.6
2008年	446.6	350.9	75.6	8.4	11.6

表9~9　　2007~2012年分规模企业人均效益指标及年均增速

单位：万元、%

		年均增速	2012年	2007年
全部	人均收入	9.6	158.0	100.0
	人均利润	5.4	11.3	8.7
	人均税费	13.0	9.1	5.0
亿元以上	人均收入	3.5	201.0	169.0
	人均利润	-2.0	14.3	15.8
	人均税费	7.4	11.0	7.7
1000万元~1亿元	人均收入	2.2	48.0	43.0
	人均利润	1.4	4.5	4.2
	人均税费	1.3	3.2	3.0
500万~1000万元	人均收入	2.5	26.0	23.0
	人均利润	-209.0	-2.8	1.8
	人均税费	7.0	2.1	1.5
500万元以下	人均收入	5.4	13.0	10.0
	人均利润	-33.0	-0.5	-3.7
	人均税费	7.6	1.3	0.9

（三）创新活跃程度有待提升

与国际相比，目前北京市各类企业整体创新活跃程度仍然偏低。2013年中关村R&D投入强度为1.5%，按照国际通用的衡量企业创新能力标准，处中等偏下水平。从主要创新指标近年走势看，如表9~10所示，2007~2012年，中关村各类规模企业研发投入强度、技术收入比重、新产品收入比重、科技人员数量等衡量创新活跃程度的指标均呈不同程度的下降。其中，创新潜在动力最强的中小微企业下滑幅度相对更大。2014年统计局最新调查也显示，目前北京市小微型企业创新动力明显不足，小微企业创新轻“质”重“量”问题突出，创业模式、营销手段等领域创新投入明显不足。

表9~10　2007~2012年中关村示范区各类企业创新活跃程度变化

单位：人、%

		全部	亿元以上	1000万元~1亿元	500万~1000万元	500万元以下
创新投入强度	年均	-9.90	-6.80	-5.70	-9.30	-10.50
	2012年	3.67	3.21	9.05	12.52	21.32
	2007年	6.19	4.57	12.14	20.38	37.09
技术收入比重	年均	-3.60	-1.60	-2.40	-1.70	-3.60
	2012年	13.60	12.70	25.60	30.70	33.50
	2007年	16.30	13.80	28.90	33.40	40.30
新产品收入比重	年均	-9.40	-8.70	-14.50	-26.90	-31.30
	2012年	38.35	39.08	32.60	14.71	10.86
	2007年	62.95	61.61	71.15	70.41	71.20
科技人员数量	年均	3.40	17.00	-2.40	-17.80	-27.20
	2012年	402330	282624	93366	10368	15972
	2007年	339999	129080	105347	27626	77946

（四）高技术产业布局待进一步调整

目前，北京市70%的产业用地集中在中关村，存在充分利用不足、科学布局不够等一系列问题。**一是产业有待进一步向园区集聚。**16个分园中，昌平、大兴、丰台、石景山、海淀5个分园经济总量占所在区县的45%以上，集聚效果较强。其他11个分园占比均在25%以下（其中7个为新扩园区），尚有吸纳空间。**二是人口疏解和产业定位需要更好统筹。**位于首都功能核心区的产业园地平均产出低于所在区县，优势不明显，有调整空间。**三是各园区产业相似度较高，需要引导错位发展。**

（五）产学研协作模式尚未形成

北京市科研院所、高等院校云集，科技人才、经费资源充足，2013

年，在京科研机构和高等院校R&D研发投入占北京市的62.4%。其中，基础研究投入占北京市的96.4%，应用研究投入占北京市的91.1%。不过，中关村企业承接利用这些科技成果的比例偏低。2013年，中关村企业与境外机构、境内院校、科研机构及其他企业合作的研发项目仅占企业研发项目总数的16.3%，八成以上研发项目靠企业独立完成，与“学研”的协作创新模式仍不明显。

三、2015年高技术产业发展环境分析

（一）改革加快推进为高技术企业发展提供新契机

改革是中国最大的红利，更为创新发展提供了新的契机。新一届中央政府履职以来，不断推出深化改革的组合举措，改革新政陆续推出，改革效应逐渐释放，各类市场主体发展活力和创造力得到有效激发，新的增长动力正在生成。一是在以行政审批、工商管理为抓手的“简政放权”的加速推进下，对降低创业门槛、调动创新创造主体活力上起到积极作用。二是在以大力支持小微企业、新产业新业态为重点的结构调整的持续推动下，新需求不断涌现。三是在以提高消费能力、扩大消费需求为重点促消费举措的带动下，内需得到有力保障。四是在金融改革的带动下，文化创意、科技等符合首都城市功能定位的产业将继续得到金融业的鼎力支持。

（二）加快全国科技创新中心建设提供了体制机制保障

随着《关于进一步创新体制机制，加快全国科技创新中心建设的意见》的发布，北京市围绕科技成果转化、企业技术创新主体地位强化等科技创新发展的核心问题，提出8个部分共20条改革举措，涉及范围之广、力度之大为近年少有，显示出北京市在构建“高精尖”经济结构、发挥创新支撑引领作用的决心。而新近发布的《北京技术创新行动计划（2014—2017年）》，则通过提高财政性资金的杠杆效应和导向作用、扩大战略性新兴产业创投引导基金规模、加大科技创新项目储备等具体手段，加大对先导技术和战略性新兴产业培育力度。总体来看，这些将有利于创新发展的体制机制保障更加完备，创新型经济有望保持快速增长势头。

（三）京津冀协同发展有利于推动创新成果转化

随着京津冀协同发展上升为国家战略，京津冀地区现有的7个国家级高新区的协作发展格局将逐步形成。**一是功能定位和发展思路更加清晰。**以习总书记考察北京市为契机，科技创新中心定位首次予以明确，北京市将在坚持和强化首都核心功能的基础上，加快构建高精尖经济结构，着力促进形成京津冀协同创新共同体，打造战略性新兴产业策源地。**二是重点领域更加明确。**围绕交通、生态环保、产业三个领域，2015年京津冀三地将重点聚焦天津滨海－中关村科技园、曹妃甸产城融合发展示范区、张承生态功能区、北京新机场临空经济合作区等区域协作项目，通过试点示范实现区域协同发展的战略目标。**三是创新协同发展合作机制有望加快形成。**三地将通过研究编制《中关村推动京津冀区域创新合作的行动计划》等文件，联合打造创新发展战略高地，推进中关村优惠政策在京津冀范围内延伸覆盖。

（四）高技术产业竞争力逐步提升有助于扩展海外市场

近年，北京市高技术产业竞争力得到明显提升，开拓国外市场脚步明显加快。特别是信息产业、高端装备、卫星通讯等领域已达到了世界先进水平，而较低的运营成本、务实的盈利模式使得企业开拓海外市场的竞争力突出。如高端装备业中的中国北车2011年以来连续三年位居全球轨道交通装备行业首位，相继成功打入法国、巴西、阿根廷、美国等地市场，对上下游产业链带动作用明显。卫星通讯中的北斗导航系统自商业化以来，已经签署多个东南亚项目，成为发展中国家替代美国全球定位系统（GPS）的选择之一。同时，随着“一路一带”战略的全面推进，以“亚洲基础设施投资银行”的设立为契机，沿线国家与地区的基础设施建设将加快推进，轨道交通、电子信息等多个行业需求有望加快释放，为相关企业带来巨大的市场机会。

四、2015年高技术产业发展态势展望

2015年，北京市高技术产业将保持较快增长态势。**一是业态优化发展趋势更加明显。**随着高新企业海外投资力度不断加大、高铁等技术出口海

外步伐持续加快，高技术产业市场规模将延续扩张态势，高端装备、电子信息、信息服务、科技服务等领域的比重有望进一步提升。**二是政策效应释放，新兴市场渐趋成型。**新能源汽车补贴等政策实施以来，北汽、福田等企业加快培育全国电动汽车市场，逐步形成多渠道开拓全国市场的发展格局。同时，在促进互联网相关产业发展政策的带动下，依托移动互联网技术，着眼满足高端商务、旅游等需求的房屋短租、专车服务等新生业态也将逐步成型。**三是互联网等领域的投资进入回报期。**互联网金融、在线旅游、在线视频、在线社交、在线招聘、电子商务是近年京东、小米、百度、360、乐视等互联网资本进入较为密集领域。目前，互联网金融、在线视频、电子商务等领域已经进入投资回报期，将为互联网企业带来密集的现金流。基于以上三个方面，初步判断，2015年北京市高技术产业将保持较快增长态势，高技术服务业增长动力较为强劲，高技术制造业总体保持平稳。

五、重点产业走势判断

2015年，北京市高技术产业总体延续平稳走势，高技术服务业保持平稳较快增长态势，高技术制造业稳中有升。

（一）需求保持旺盛，信息服务延续快速增势

信息服务业是中国最具国际竞争力的高技术产业。北京市作为我国信息服务业发展的领军地区，2015年将保持快速增长态势。一是4G实现快速覆盖的同时，第五代移动通信技术(5G)、大数据等关键技术有望加快实现突破，技术的快速更新换代将带动新需求不断涌现，成为推动信息服务业发展的新动力。二是新兴领域加快发展，移动视频、在线旅游、在线社交等领域进入快速成长期；互联网医疗、在线教育等领域市场环境将得到进一步改善，份额有望提高。三是政策支持力度不断加大。电信业“营改增”效果将逐步显现，涉及北京市的16个国家移动互联网及第四代移动通信产业化专项也陆续进入建设期。总体来看，2015年，北京市信息服务业仍将保持全国行业发展风向标和策源地地位，全年增加值有望延续10%左右的增速。

（二）市场环境不断优化，科技服务业稳中向好

北京市科技服务业具有国内其他城市无法比拟的资源优势，无论是规模、效益，还是核心竞争力，一直居于全国首位。2015年，科技服务业将延续稳中向好的发展态势。一是随着中国南车中国北车合并进军美国等海外市场、小米全球市场份额的不断提升，中国高技术产品及技术出口势头有望保持强劲。由于高技术产品出口涉及工程设计、技术支持等多个科技服务业环节，因此，以提供整体解决方案为己任的工程技术服务类企业有望借势发展。二是国家更加注重行业发展环境建设。国务院新近发布的《关于加快科技服务业发展的若干意见》，从健全北京市场机制、强化基础支撑、加大财税支持、拓宽资金渠道、推动示范应用等7个方面进一步夯实行业发展基础。三是市级重点实验室、市级工程技术研究中心等创新资源建设力度、开放力度均加大，首都科技创新平台初具规模。四是随着科技企业孵化器建设力度加大、中关村核心区创新创业服务平台的启动，科技企业孵化全链条服务模式渐趋形成，科技中介服务业发展前景向好。总体来看，2015年，北京市科技服务业保持稳中向好的发展走势，在全国的竞争力有望进一步提升。

（三）市场扩张节奏加快，电子信息产业稳中略升

产业集中度高、龙头企业带动力强是北京市电子信息制造业的特点。2015年，在重点企业的带动下，北京的电子信息制造业将延续稳中略升走势。以小米为代表的本土电子信息制造业将加快国际化进程，新近拓展的印度、俄罗斯、巴西、新加坡、中国香港地区等市场规模将进一步做大，而随着终端销量的不断攀升，小米MIUI系统全球用户有望超过4000万。联想将以收购摩托罗拉为契机，扩大在美市场份额。中芯国际芯片产品国际竞争力也有望提升，特别是在与全球领先的半导体知识产权提供商ARM公司合作后，面向智能手机、平板电脑、无线设备、智能家居等市场的芯片供应将有所提升。结合行业近年走势，综合判断北京市电子信息制造业仍将保持10%左右的增长速度。

（四）调整态势延续，生物医药产业稳中趋缓

生物医药是北京市重点发展战略性新兴产业之一，产业增速多年来一直保持在20%左右，2014年行业进入调整期，增速放缓至10%以下。预计，2015年生物医药产业将延续调整态势，增加值增速稳中趋缓。但从长期看，产业仍存较大的发展潜力。**一是医改优化产业发展环境。**2014年末发布的北京市《关于继续深化医药卫生体制改革的若干意见》，谋划了北京市未来医药卫生领域的蓝图，在人事薪酬制度、医保管理方式、财政补偿方式等多个领域进行了有针对性的改革，有助于进一步释放资源潜力和各级需求，将有力带动医疗服务、医药制造等环节发展。**二是带动力强的重大项目陆续开工建设。**如国家应急防控药物工程技术中心及产业化基地开建，一期工程计划于2015年上半年竣工，将用于应急防控药物和军队特性药品的研发和生产。综合判断，2015年北京市生物医药增加值增速保持在7%左右。

（五）支持力度加大，节能环保及新能源行业迎来发展新契机

2015年，在国家级、市级层面持续加大对能源领域、环保领域支持力度的带动下，北京市节能环保和新能源行业总体保持较快的增长态势。**从项目看，**一批重大项目陆续开工或投入使用。郭公庄水厂、海淀区循环经济产业园再生能源发电厂等有望投入使用；西北热电中心大唐燃气热电厂、西北热电中心京能燃气热电厂、东北热电中心供气工程将投入使用；国内首个锂电池储能调频示范工程将进入运营阶段；昌平区作为国家首批新建的新能源示范区，一批重大项目将陆续上马。**从重点领域看，**新能源汽车推广力度加大，购置税减免等支持新能源汽车政策效果逐步显现，市场渐趋形成。北京市将继续加大在公共交通领域新能源汽车推广力度，双源无轨、纯电动、电动出租车等一批成型产品将投入使用；北汽、福田等重点车企也将加大新能源汽车市场拓展力度。风电行业将延续复苏走势，在张北建立国家级新能源“特区”预期加强的带动下，风电并网消纳难带来的弃风限电问题将逐步得到解决。**从京津冀合作看，**雾霾防治将成为区域合作重点，工业废（余）热采暖技术、PM2.5除尘技术等一批新技术有望在京津冀推广。京津冀及周边地区节能低碳环保产业联盟等将加快研究制定产业互动发展措施，搭建产品技术展示平台。综合以上因素，预计2015年，北京市节能环保和新能源产业将保持稳健的发展态势。

六、功能区协同发展态势展望

在京津冀协同发展不断深化的带动下，北京市高技术产业梯次布局的态势将更加明显。**中关村示范区作为京津冀创新协作的重要驱动源泉，将加快向津冀辐射。**中关村海淀区秦皇岛分园、中关村宝坻科技新城等已入驻企业园区，将加快京津冀三地在创新资源、空间、产业、技术、人才等方面的有效对接，在推进京津冀协同发展方面将迈出实质性步伐。中关村昌平园则将通过在怀来建设示范区的方式实现发展空间的扩展。中关村门头沟园将通过引导园区内工业企业向河北廊坊、固安等地外迁生产制造环节、加快腾退土地用于引进研发总部等手段，实现创新资源的优化整合。**经济技术开发区将全面推进京津冀合作。**三地协作框架将加快搭建，预计区域合作协会、实体公司等合作主体将陆续成立，专项开发基金将加快设立。永清园共建合作园区将加紧建设，电商物流、集成电路、生物医药等九大行业有望向协作区域进行梯次转移。

七、政策建议

（一）提升科技创新对高端产业功能区的驱动能力

将“六大高端产业功能区”作为优化高精尖经济结构的主要载体，提高科技创新驱动能力，进一步优化产业结构和布局，明确各园区主导产业向特色化、差异化方向发展。按照高技术产业内在发展规律，科学构建园区发展的衡量标准和指标，既体现高精尖产业结构，又丰富城市业态。分析、梳理园区创新资源推动产业发展的创新效率，使创新集聚效应和产业特点相结合。

（二）进一步完善市场机制促进高新技术中小企业发展

加快制定《北京市促进中小企业发展条例》相关细则，形成鼓励创新、宽容失败和有利于创业者开展创新性活动的氛围。编制《北京市中小企业服务手册》，将相关政策法规、优惠政策、服务机构等纳入其中。完善体制内外、大中企业间的科技人才顺畅流动的制度体系，打破社保缴存、职称评定等体制壁垒，推动科技人才存量资源优化组合。积极争取中央支持，申请设立北京中小企业政策性银行改革试点。

（三）加大对相关优惠政策的宣传力度

通过编制优惠政策汇编、国内外行业最新资讯并组织培训、讲座，使企业及时了解政策信息和行业创新发展趋势。同时，简化政策申请流程和办理手续，促使政策与企业需求有效对接。

（四）加大产业技术联盟等协作创新组织的支持力度

完善扶持政策，针对涉及战略性产业等的产业技术联盟，给予重大项目支持，允许优质产业技术联盟承担一定的项目开发和市场开发功能。完善产业技术联盟共享机制，通过人才资源共享，加大引进和培养人才的力度，搭建知识产权共享平台，构建联盟专利池，加大联盟内部成员单位的重点实验室等科研平台的共享机制建设。支持和鼓励产业技术联盟参与国际合作与交流。

第十章 房地产

调控手段回归市场化 运行更趋于稳健

2014年，宏观经济下行调整，全国房地产市场出现调整，北京市房地产市场同步回调。住宅市场交易量出现波动，交易价格环比小幅下降；商业地产运行稳健。2015年，北京市房地产市场运行将更趋稳健。住房市场政策调控手段将逐步市场化，住房市场的自我调节能力将明显提高。资金环境有望小幅改善，土地供应将保持稳定，房地产开发投资增速将出现回落；住房市场稳步回暖，交易价格温和上涨，商业地产供应放量，租金价格保持稳定。房地产企业国际化、与其他产业融合发展步伐加快，房地产业对宏观经济的影响不容小觑。

一、2014年房地产政策调控手段逐步市场化

2014年以来，政策调控延续了2013年以来的市场化思路，坚持以建立房地产长效机制为目标以及住房市场分类调控的原则，政策逐步呈现出常规化、去行政化的趋势。

（一）调控手段逐步市场化，为长效机制建设做准备

推进改革、调整政策都是建设长效机制的必要环节。2014年下半年以来，随着房地产市场持续调整，行政性政策陆续退出，大部分城市限购已经放开，市场化趋势日益显现。

一是重点领域改革稳步开展。国务院公布《不动产登记暂行条例（征求意见稿）》。该意见稿明确国土资源部负责指导、监督全国不动产登

记工作，同时要求县级以上地方人民政府确定一个部门负责本行政区域不动产登记工作；建立统一的不动产登记信息管理基础平台，各级登记机构的信息要纳入统一基础平台，实现信息实时共享。住房和城乡建设部发布《关于开展加强和改进住房公积金服务专项督查工作的通知》；通过专项督查，以实现健全服务制度、优化业务流程、降低中间费用、提升服务能力、改进服务方式的目标。国土资源部印发《关于推进土地节约集约利用的指导意见》，提出要遵循严控增量、盘活存量、优化结构、提高效率的总要求。

二是重点领域工作加快推进。国务院办公厅下发《关于进一步加强棚户区改造工作的通知》，要求各地区、各有关部门进一步加大棚户区改造工作力度。

三是应对市场变化及时调整政策。央行发布《关于进一步做好住房金融服务工作的通知》，提出加大支持保障性安居工程建设、积极支持居民家庭合理的住房贷款需求、增强金融机构个人住房贷款投放能力、继续支持房地产开发企业的合理融资需求等要求。特别值得关注的是，该通知对二套房政策进行了适度放松，规定对拥有1套住房并已结清相应购房贷款的家庭，为改善居住条件再次申请贷款购买普通商品住房，银行业金融机构执行首套房贷款政策。多部门联合出台《关于发展住房公积金个人住房贷款业务的通知》，要求各地提高住房公积金使用效率及贷款发放率。

延伸阅读：解读《关于进一步做好住房金融服务工作的通知》

2014年9月30日，央行发布《关于进一步做好住房金融服务工作的通知》，提出要加大支持保障房建设、支持居民合理住房需求贷款、开发商合理融资需求等。在宏观经济持续处于下行期，房地产市场同步调整的时候出台该政策，有通过刺激楼市提振宏观经济之嫌；但通知中提到的鼓励改善型需求、住房抵押贷款证券化、开展房地产信托基金（REITs）试点等内容都是住房市场建设长效机制的必要环节，是综合改革的必然选择，与2008年底单纯为增加楼市交易而出的政策明显不同。此次政策出台不仅力度合适，也合时宜，在有力推动房地产市场建设长效机制的同时，对北京市出现调整的楼市和宏观经济也都会有一定的提振作用。

1. 北京市改善型需求积蓄已久，此时释放很合时宜

综合考虑北京市城镇居民人均住房面积、居民在首次购房后10年左右会陆续出现改善需求的国际经验以及北京市现有住宅中七成左右为2000年前建设的老房等因素，保守估计北京市有数十万个家庭有改善型需求。近年来，中央多次提出，要满足居民合理购房的信贷需求。在建设住房市场长效机制的大背景下，房地产市场出现小幅调整的时候，出台释放合理需求的政策应该说是很合时宜的，既有利于提高居民居住质量和生活水平，又有利于适度平稳房地产市场运行，减少房地产业给宏观经济带来的下行压力。

2. 住房抵押贷款证券化，为住房政策性金融机构进行先行探索

党的十八届三中全会提出了“研究建立住宅政策性金融机构”，旨在为购房者和保障房建设提供更廉价、优质、便利的贷款服务。我国曾针对国际上主要的抵押贷款证券化、合同储蓄、强制储蓄三种住房政策性金融机构运营模式做过多种尝试。从我国已有的住房金融基础和党的十八届三中全会提出的改革方向来看，我国建立住宅政策性金融机构应该选择以抵押贷款和住房储蓄银行为主的混合模式。因此，新政提出鼓励银行开展住房抵押贷款证券化，可以看成是为建立住宅政策性金融机构进行的先行探索。

3. 房地产信托基金试点，将改变资金在地产领域的配置

房地产信托投资基金(REITs)是房地产证券化的重要手段。目前主要发达国家和地区都有REITs产品，我国2005年就提出试点，但至今政策没有落地。北京市前两年提出了要试点公租房REITs，至今也没有开展。如果REITs能真正开始试点并推广，将能有效改善资金在房地产领域的配置模式，改变资金对实体房屋的过度追逐。如果北京市公租房REITs能够成功试点，将能有效缓解保障房建设资金压力，提高保障房供给能力。REITs试点能否稳妥开展，将成为住房领域长效机制建设的关键一环。

延伸阅读：《关于发展住房公积金个人住房贷款业务的通知》相关内容

2014年10月9日，央行等多部门联合发布《关于发展住房公积金个人住房贷款业务的通知》（以下简称《通知》），以提高住房公积金缴存职工住房消费能力，支持缴存职工购买首套和改善型自住住房。

《通知》规定：职工连续足额缴存住房公积金6个月(含)以上，可申请住房公积金个人住房贷款。对曾经在异地缴存住房公积金、在现缴存地缴存不满6个月的，缴存时间可根据原缴存地住房公积金管理中心出具的缴存证明合并计算。同时，按

照支持基本住房消费原则，《通知》强调，住房公积金贷款对象为购买首套自住住房或第二套改善型普通自住住房的缴存职工，不得向购买第三套及以上住房的缴存职工家庭发放住房公积金个人住房贷款。

《通知》要求，住房公积金个人住房贷款发放率低于85%的设区城市，要根据当地商品住房价格和人均住房面积等情况，适当提高首套自住住房贷款额度，加大对购房缴存职工的支持力度。当前，职工跨地区流动日益增强，在就业地缴存、回原籍购房需求增多。为适应职工流动性需要，《通知》要求，各地要实现住房公积金缴存异地互认和转移接续，并推进异地贷款业务，即职工可持就业地住房公积金管理中心出具的缴存证明，向户籍所在地住房公积金管理中心申请住房公积金个人住房贷款。针对部分城市贷款发放率较高，资金流动性紧张，职工贷款排队轮候等现象，《通知》要求，住房公积金个人住房贷款发放率在85%以上的城市，要主动采取措施，积极协调商业银行发放住房公积金和商业银行的组合贷款。为切实维护缴存职工利益，降低贷款中间费用，减轻贷款职工负担，《通知》规定：住房公积金个人住房贷款担保以所购住房抵押为主。取消住房公积金个人住房贷款保险、公证、新房评估和强制性机构担保等收费项目。

（二）北京市多措并举，还原市场活力

2014年年初以来，在积极落实中央政策的同时，北京市针对土地和房屋两个市场出台了若干政策措施，以还原市场本貌、增强市场活力。一是逐步取消了预售监管。不管是对定价在4万元/平方米以上的高端项目，还是拟售价格高于同区域的普通住宅，均陆续有项目取得预售许可证，使2013年推迟入市的项目加速推盘，有效增加市场供应。二是积极调整土地供应计划。继续积极、稳妥加大住宅用地供应，同时进一步优化住宅用地供应结构。为了保障养老服务设施建设用地需求，继续在计划中单列养老服务设施用地约100公顷。三是时隔12年首轮调整基准地价。北京市土地市场迎来了12年来的首轮基准地价调整。此次拟更新的基准地价中，对于不同级别的土地划分得更细致，价格采取动态机制，挂钩市场价格，这样有助于保持北京楼市的健康发展。四是重新调整对普通住宅价格的认定。标准调整后，享受到普通住房税收优惠的购房家庭比重扩大到90%以上，在一定程度上减轻了购房压力。

延伸阅读：12年来北京首轮基准地价调整

2014年4月，北京土地市场迎来了12年来的首轮基准地价调整。基准地价的调整与房价、地价没有直接关联，基准地价只是反映土地的价值，而土地进入市场会通过招标、挂牌、拍卖方式形成地价，这时确定的地价，是综合了土地一级开发成本、每个地块的具体情况综合评估确定的，与基准地价的关系不大。而土地最终的成交价格也是由市场需求决定的，因此基准地价的调整对地价和房价不会产生明显影响。

目前北京实行的基准地价是2002年调整的，当时按照土地用途分为商业、综合、居住和工业四类，并由城区至郊区划分为10个级别。东城、西城、崇文、宣武、海淀、朝阳为一到六类地段，丰台、石景山为三到九类地段，其他郊区县为六到十类地段。其中，商业、综合、居住用途最高的一级价格分别达到9750元/建筑平方米、8250元/建筑平方米和7000元/建筑平方米，而最低的十级则分别只有140元/建筑平方米、140元/建筑平方米和90元/建筑平方米。

此次拟更新的基准地价中，土地用途分为商业、办公、居住、工业和综合五大类，土地级别从原先的10个增加到12个，对于不同级别的土地划分得更细致。其中，二环内的大部分土地，都定为最高一级；三环内则主要为二级和三级；五环内大都是六级以内。价格将采取动态机制，挂钩市场价格，这样有助于保持北京楼市的健康发展。

延伸阅读：北京市重新调整对普通住宅价格的认定

2014年9 月30 日，北京市住房城乡建设委、市财政局、市地税局联合发布《关于公布北京市各区域享受优惠政策普通住房平均交易价格的通知》，明确自2014年10月8日起，购房人根据新的普通住房价格标准纳税。此次北京住宅认定标准调整后的区域住房平均交易价格，是以2013 年北京市新建商品住房平均交易价为基准（单价2.2 万元/平方米、套总价260万元/套），根据区域调整系数确定。区域调整系数为五环内1.5、五到六环之间1.2、六环外0.9。标准调整后，享受到普通住房税收优惠的购房家庭比重扩大到90%以上。

二、2014年北京市房地产市场运行特点

（一）资金到位情况出现恶化，内部结构走势分化

主要受流动性整体收紧影响，2014年北京市房地产开发项目资金到位情况出现恶化。1~9月，房地产开发投资本年资金来源小计同比下降14.7%，降幅为近十年来同期最大。由于流动性整体偏紧，个人贷款全面收紧，且年初银行就建立了合作房企名单（仅将财务状况较好的品牌房企定为主要合作对象），所以在房地产企业与金融业深度融合、政策性住房大规模建设以及商服地产用地交易大增的背景下，2014年1~9月，北京市房地产开发投资资金来源中金融贷款仅同比实现了18.5%的增长，在本年资金来源中占比同比也提高了近10个百分点，达到32.5%。受宏观经济走弱和房地产市场交易低迷等因素影响，2014年1~9月，北京市房地产开发投资资金来源中自筹资金和定金及预收款同比分别下降17.2%和24.2%，均为近年来同期低点（见图10~1）。

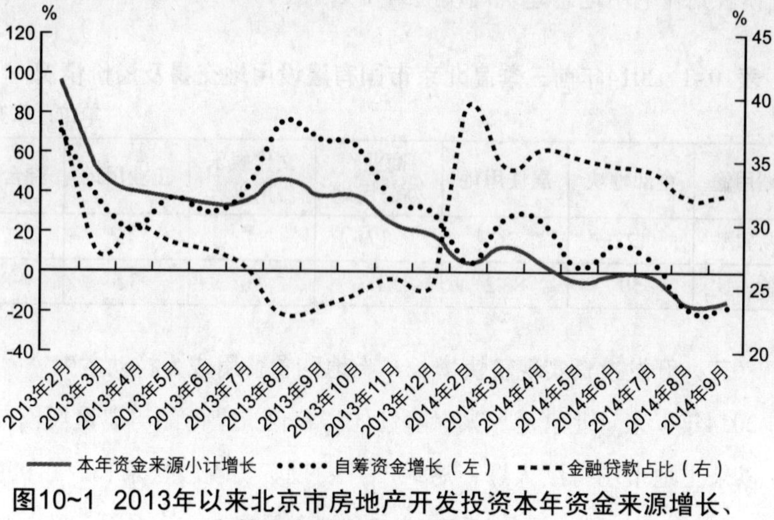

图10~1 2013年以来北京市房地产开发投资本年资金来源增长、自筹资金增长和金融贷款占比

（二）土地市场整体平稳，住宅用地是供应主体

2014年前三季度，虽然宏观经济偏弱、房地产市场交易低迷，但在首都集聚效应、开发企业回归一线城市等因素影响下，北京市土地市场运行整体平稳。1~9月，北京市的土地交易量达122宗，建设用地面积830.46万平方米，同比减少4%。由于优质地块较多、开发企业回归一线城市、企业2013年营业利润较好，在地价持续走高的影响下，八成以上挂牌交易的住宅和商业用地出现溢价，总成交额达1583.77亿元，同比增加37%，全年有望再创历史新高。从供应和交易地块的规划用途来看，住宅用地是绝对主力。在适度加大住宅用地供给的指导下，前三季度成交的住宅用地的规划建筑面积为906.13公顷，占土地总成交面积的46%以上；土地成交额达到了906.14亿元，占全部招拍挂土地成交额的57%。在确保保障性住房建设用地规模的要求下，前三季度，北京市住宅用地规划建筑面积中，各类保障房建筑面积约131万平方米，自住型商品房约242万平方米，两者总体建筑规模占到住宅用地总建筑规模的54%（见表10~1）。

表10~1　2014年前三季度北京市国有建设用地交易及溢价情况

单位：宗数、%

规划用途	全部地块	居住用地	商业/办公用地	文化娱乐用地	工业用地	综合用地
交易宗数	122	36	17	4	45	20
溢价占比	50	86.2	81.3	50	3.5	83

（三）开发投资实现较快增长，土地购置费用成为拉动主力

2014年以来，北京市加大保障性住房和自主型商品房建设规模，加之去年以来土地市场持续火爆，房地产开发投资实现较快增长。1~9月完成投资2779.7亿元，同比增长15.2%，占全社会投资比重上升至53%，高于去年同期3.6个百分点，为近3年来同期最高（见图10~2），预计全年增长8%左右。其中，土地购置费同比增长48.3%，占比达到四成以上，同比提高了近10个百分点。从具体用途来看，住宅和写字楼投资均实现较快增长。

一方面，自住型商品房、小户型商品房等项目续建需求较大，弥补了新增需求不足，带动住宅投资实现较快增长。1~3季度，北京市住宅投资完成1371.4亿元，同比增长14.1%。另一方面，在大量续建需求带动下，前三季度北京市写字楼投资完成555.8亿元，同比增长39.8%，为近4年来同期高点，增速高于房地产开发投资24.6个百分点。整体商业地产占房地产开发投资的比重继续小幅上升。政策性住房建设加速推进。为落实中央相关政策，加速改善居民生活条件，年内北京市启动棚户区改造项目205个，完成老旧小区综合整治约1239万平方米。保障性住房实现开工建设10.1万套，竣工10.7万套。

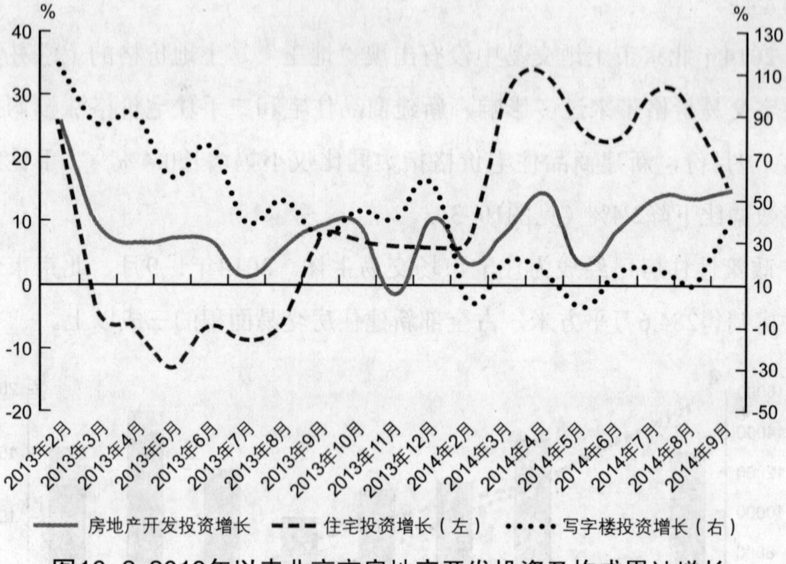

图10~2 2013年以来北京市房地产开发投资及构成累计增长

（四）商品住宅市场小幅调整，量跌价稳

在经历一轮快速上涨后，2014年伴随宏观经济整体走弱，北京市房地产市场出现了小幅调整行情，交易量锐减，交易价格涨幅明显回落。租赁市场供需矛盾有所缓解，租金涨幅也出现回落。

1．市场交易锐减，交易价格预计仅实现微幅上涨

2014年，主要受宏观经济整体低迷、个人房贷全面收紧、自住型商

品房加速供应等因素影响，北京市商品住宅市场观望情绪进一步加重，成交量持续低迷。1~9月，新建住宅和存量住宅共销售105695套，同比下降44%。其中，在自住型商品房集中签约的带动下，三季度末商品住宅销售降幅较上半年收窄6.2个百分点。四季度，在央行住房金融新政等政策的刺激下，交易量有所回升，全年有望实现住宅交易15万套，同比下降40%左右，交易价格仅实现微幅上涨。从交易结构来看，二手住宅累计交易套数占比为62.6%，比重较2013年同期小幅下降0.55个百分点。二手房交易占比的稳定，一方面反映出二手房市场运行稳定；另一方面也反映出本轮市场调整不是因为新建住宅供给相对不足，更多是因为对未来市场走势的预期不确定性。

2014年北京市土地交易中没有出现“地王”，土地价格的上涨并没有对住宅交易价格带来过多影响，新建商品住宅和二手住宅价格涨幅均持续回落。9月份，新建商品住宅价格指数同比仅小幅增长0.4%，二手住宅价格指数同比下降2.4%（见图10~3）。

政策性住房已经成为住宅市场交易主体。2014年1~9月，北京市保障性住房销售284.6万平方米，占全部新建住房交易面积的三成以上。

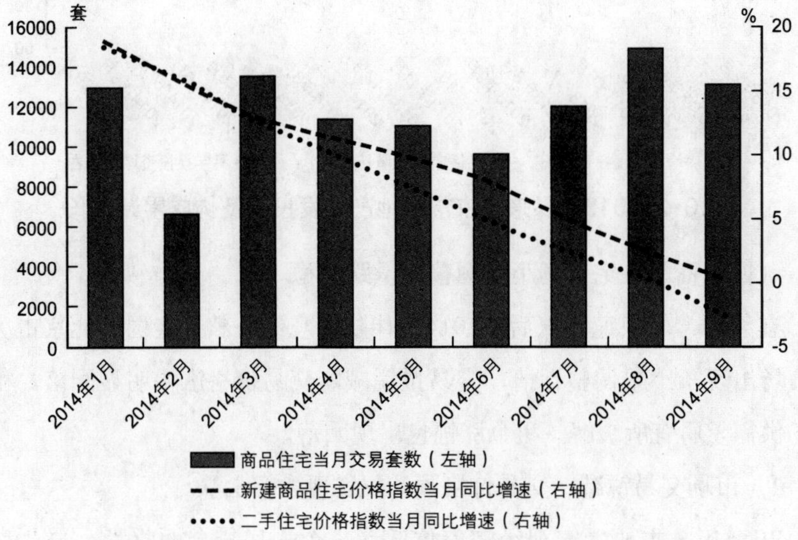

图10~3 2014年1~9月北京市商品住宅交易及价格走势

2. 租赁市场平稳运行，租金涨幅出现回落

近年来，新建住宅大都位于五环外，随着轨道交通日益延伸，租赁需求随之呈现出郊区化趋势，平均租金价格较中心城区相对低廉。而中心城区住宅普遍存在租金过高，但房屋偏旧、房屋格局不尽合理等因素，导致除学区房外，整体需求明显减少。受此影响，2014年，北京市二手房租赁市场的供需关系得到明显缓解，租金涨幅明显回落。9月份二手住宅租金指数为161.1，虽仍处在多年来的历史高位，但较2013年同期下降了1.6个百分点。2014年租金涨幅回落，但整体降幅小于住宅交易价格，因此住宅的租售比小幅回升，二手住宅租金回报率也出现小幅回升（见图10~4）。

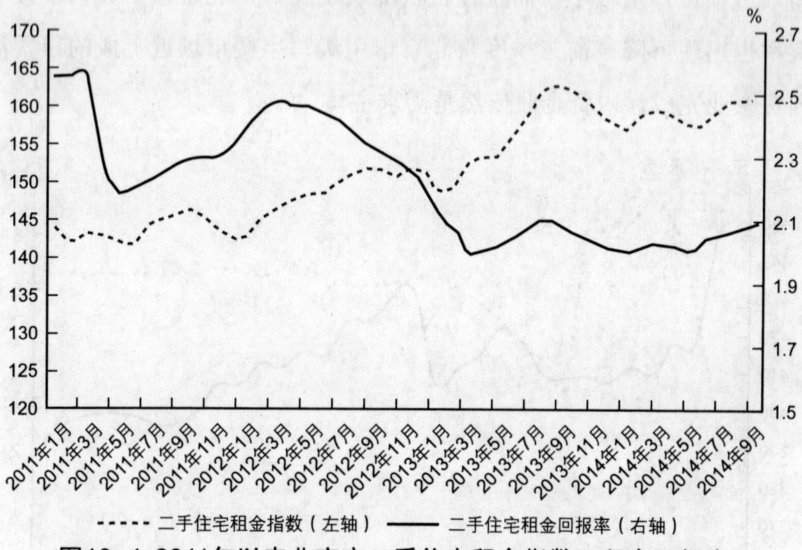

图10~4 2011年以来北京市二手住宅租金指数及租金回报率

（五）商业地产运行整体稳健，优质物业租金保持平稳

2014年，北京市商业地产市场运行整体平稳，租售出现两极分化，交易面积大幅下降，租赁市场运行良好，优质物业租金稳中有升。

1. 写字楼交易市场低迷，租赁市场运行平稳

2014年前三季度，虽然供应量较大，但由于大量写字楼为业主自用，整栋出售物业较少，加之很多新增物业只出租没有零售，写字楼市场交易

活动较低迷，1~9月，北京市写字楼销售面积为97.4万平方米，同比下降55.7%，降幅均为近两年最大。由于新增供应总量较小，而且相对区位较好，三季度末，北京市甲级写字楼销售价格为每平方米65104元，同比上涨3.2%。

写字楼租赁市场整体运行良好。前三季度，随着中关村商圈互联网金融中心和东二环商圈的朝阳广场人寿保险大厦两个项目入市，甲级写字楼市场净吸纳量环比上涨79.55%。2014年前三季度，受CBD商圈租金上涨的拉动，北京市甲级写字楼整体市场的平均租金环比上涨1.94%，至每月每平方米387.62元（63.03美元），同比上涨幅度为2.89%（见图10~5）。由于新入市项目体量较小，而且预租状况表现良好，北京市甲级写字楼平均空置率也出现下降。前三季度，北京市甲级写字楼市场近七成的租赁活动由内资企业完成，内资企业依然是需求主体。

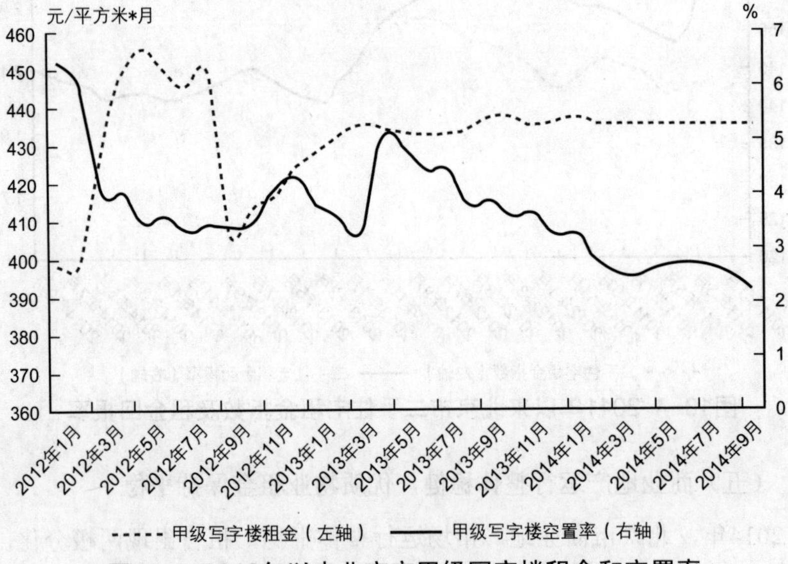

图10~5 2012年以来北京市甲级写字楼租金和空置率

2．商业用房供应集中于年底，租赁市场保持稳定

受商业用房竣工面积连续四年持续下降、宏观经济整体低迷等因素影响，2014年1~9月，北京市商业、非公益用房及其他销售面积为113.1万平方

米，同比下降25%。供应日渐稀缺，再加上部分受限购影响的投资需求涌进商铺市场，助推了商铺价格的增长。9月份销售的商用项目成交均价同比上涨12.15%。从成交分布来看，随着商业用房郊区化趋势的延续，2014年前三季度，北京市成交商铺主要位于大兴区、朝阳区、通州区和昌平区。

商铺租赁市场运行稳定。前三季度，由于新增供应整体偏少，加之2013年以来持续出现的“去主力店化”、“去高端化”调整已接近尾声，不少核心商圈内的购物中心已经增加了轻奢品牌、品牌集合店的比重，除了正常的业态调整外，商铺新增租赁供给也相对较少，租金相对稳定，空置率出现明显下降。四季度，东五、六环间的北京新天地，大兴区域的明发广场、中建国际港等多个项目陆续推出商铺产品。如果通州罗斯福广场、通州万达广场、龙湖长楹天街项目等几家大体量商业能按期入市，2014年底前有约50万平方米的购物中心投放市场，新增供应会有增加，市场总体空置率有所上升。由于未来供应的项目在地理位置上较为分散，预计不会因直接的招商竞争而影响到整体市场租金水平（见图10~6）。

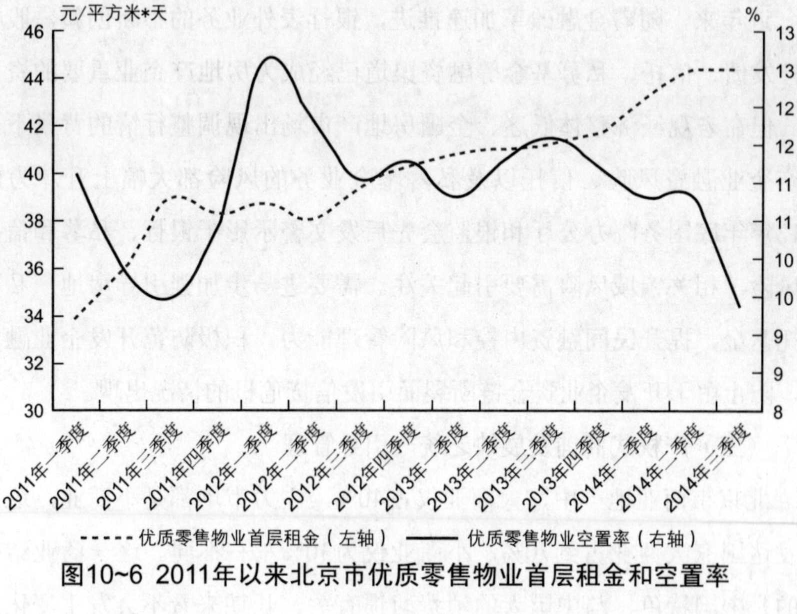

图10~6 2011年以来北京市优质零售物业首层租金和空置率

三、房地产领域需要关注的问题

（一）房地产业对经济的影响不容小觑

2014年年初以来，尽管北京市房地产业对经济增长的贡献一直为负，房地产业增加值占地区生产总值比重也由前几年的接近7%降至6.2%，而且随着改革的深入，财政要“去土地化”，投资要“去地产化”，房地产市场运行出现调整，但并不意味着房地产业不再重要。从数据上看，目前的房地产业远不及战略性新兴产业发展迅速，利润率也出现大幅下降，但房地产业作为支柱产业的地位并未发生动摇。国家统计局正在进行的GDP核算体系改革，将要把房地产租金纳入核算，届时房地产占GDP的总量将有所提高，支柱产业地位将更加巩固。房地产业的大幅波动仍将成为宏观经济波动的重要诱因，因此，一方面，在房地产市场回归自我调节的进程中，适度、常规化的政府干预仍必不可少；另一方面，在密切关注市场变化，适时微调的同时，更要注重保持调控政策的稳定性。

（二）房地产企业将面临融资风险

近年来，随着金融改革加速推进，银行表外业务的不断创新，股权、海外发债、信托、私募基金等融资渠道已经成为房地产企业重要的资金来源。但在宏观经济整体低迷、全国房地产市场出现调整行情的背景下，房地产企业融资风险、信托以及私募基金业务的风险都大幅上升。为此，2013年年底国务院办公厅和银监会先后发文警示影子银行、私募和信托基金风险，相关领域风险需要引起关注。需要进一步加强引导房地产私募、信托基金，提升民间融资内控和风险管理能力，积极防范开发企业融资风险，防止由于开发企业资金链断裂而引发信贷危机的情况出现。

（三）产权式商铺发展缺乏统一引导管理

北京市商业地产中，大商业仅占40%，主力市场都是小商业，这与西方发达国家大商业占到70%，小商业仅为30%左右不同。这一商业结构反映的是中国特色，与中国人的消费习惯有关，长期来看不会发生变化。近年来，随着小区、社区的加快发展，这类小商铺很大一部分都是伴随住宅项目进行销售，大部分为产权式商铺，有的成为社区商业。然而，人们追求便捷和体验性消费的背景下，由于缺乏统一的规划、招商和运营，散售的产权商铺大多是出租给餐饮、美容美发等业态，以追求短期租金高收益为主；而对社区居民需要的教育培训等服务性业态引入相对较少，如此很难形成整体的商业氛围，更难推动社区商业形态升级。这样不仅投资风险相对较高，还容易造成整个小区域内的服务业态布局不均衡。

四、2015年北京市房地产市场运行走势判断

（一）外部环境整体稳定，利好于房地产市场健康发展

从国际环境看，2015年，世界经济仍将保持低速增长，从国内外历史经验来看，实体经济增长低迷时期，资金更加偏向收益较高的不动产领域。仲量联行预测："2015年投向亚太区房地产市场的来自私募基金、养老基金、房地产信托基金、保险公司、高净值人群和开发商的资金量累计将达2000亿~2500亿美元，几乎是2014年预计的1300亿美元总交易量的两倍。"随着我国金融改革的推进，加快建立多层次资本市场，房地产直接融资规模有望加速扩张。

从国内环境看，2015年，我国仍将实施积极的财政政策和稳健的货币政策，房地产运行的政策环境整体保持平稳。为降低房地产投资下滑给宏观经济带来的影响，预计中央会继续出台微刺激政策、推动政策性住房建设等相关政策。伴随房地产市场持续调整，政策调控将延续2014年以来的市场化思路，坚持以建立房地产长效机制为目标以及住房市场分类调控的原则，政策将逐步呈现出常规化、去行政化的趋势，房地产法治环境有望进一步完善。

从北京市环境看，政策环境稳中有松，需求结构会发生变化，但供需缺口依然存在。2015年，京津冀协同发展将加快推进，为北京市房地产发展开拓了新的空间，虽然限购政策暂时难以取消，但随着限价、限贷等行政命令的取消，北京市住房市场的自我调节能力将明显提高。为落实城市

功能定位，产业结构调整和非首都核心功能疏解带来的企业、市场外迁，将改变北京市产业、人口布局，给房地产市场带来影响。单独二孩政策和二套房信贷政策放宽带来的新增购房需求，人口老龄化带来的对养老地产的需求，生活质量提高、消费结构升级带来的对文化娱乐、旅游地产的需求将逐步显现。

（二）资金环境将小幅改善，融资成本有望降低

2015年北京市房地产企业资金环境有望小幅改善。房地产开发投资资金来源中，占比三成的金融贷款规模有望保持适度增长，占比近三成的自筹资金和近四成的其他资金来源有望实现增长。

1．金融贷款将保持适度增长

2015年，保障性住房、棚户区改造和自住型商品房、商服地产等项目建设贷款需求依然较大。随着货币政策放松空间不断加大，市场将迎来降准、降息，流动性偏紧的状况有望逐步改善。而且近期央行也提出要求银行金融机构在防范风险的前提下，积极支持有市场前景的在建、续建房地产项目的合理融资需求，这也将有助于优质房企、普通住宅和政策性住房建设项目获得银行金融机构贷款。房地产公司入股上市银行趋势也将愈演愈烈。房地产金融发展加速，不仅能够反哺企业房地产业务，还可以为房地产衍生服务提供金融支持，这都将有助于金融贷款规模适度增长。

2．房地产自筹资金和其他资金有望实现增长

2015年，宏观经济难有明显改善，2014年市场销售低迷将影响企业自有资金的增长；但央行2014年提出的积极、稳妥开展房地产投资信托基金（REITs）试点、住房抵押贷款证券化等都将有利于企业通过信托基金、发行债券和增发股权等形式获得融资。随着市场交易逐步回暖，尤其是大批自住型商品房入市交易，定金及预收款增长将明显改善。整体来看，房地产自筹资金和其他资金来源将出现改善，全年有望实现增长。

3．房地产融资成本有望降低

虽然自2013年三季度起，受流动性适度收缩、宏观经济中枢下移等因素影响，房地产企业融资利率普遍上升；但随着金融市场改革稳步推进，央行货币政策有望适度宽松，将进一步激发资金要素活力，2015年房地产企业银行金融机构融资成本有望降低。加之房地产行业兼并收购力度不断加大，整合后的品牌大企业更具实力，偿债能力更强，更容易得到银行贷款。2014年4月末证监会成立私募监管部，私募基金陆续备案，也意味着私募基金可以自己发行并管理基金产品而不必借助于信托通道等，减去了信托等中介费用，将有效降低房地产企业融资成本。

（三）土地供应规模保持稳定，土地出让制度不断完善

2015年，在中央和北京市多项政策调控和市场需求的共同作用下，北京市土地市场交易规模仍将保持稳定。为落实首都功能定位，土地储备、供应将契合城市发展需要，土地出让制度将进一步完善。

1．土地供应保持稳定，价格仍将小幅走高

2015年，虽然中央要求控制特大城市新增建设用地，但在北京市加快推动城乡统一的建设用地市场建设、不断改革完善土地储备制度的背景下，住房建设和商业地产发展的需求依然旺盛，预计北京市土地供应总量将保持稳定。在中央要求运用土地租金和价格杠杆促进土地节约集约利用、北京市调整基准地价等政策影响下，土地价格仍将小幅走高。

2．土地出让制度进一步完善，保障房建设将更加科学、合理

北京市公布的《北京市城镇基本住房保障条例（草案）》有望于2015年出台。该条例从土地储备、出让方式、拿地前置条件等多方面完善保障性住房用地制度。其中，“轨道交通沿线、站点周边住宅用地，应当优先用于保障性住房土地储备；配建保障性住房类型、配建面积、建设标准等内容，应当作为取得建设用地的前置条件；鼓励社会单位利用自用土地建设保障房”等条例的实施，将推动保障房建设更加科学、合理地契合有效需求，有利于更好地实现“低端有保障”的建设目标。

3．养老设施用地供应将有保障

北京市已经进入老龄化时代，为此相关部门已加快研究符合首都人口特点的土地供应政策。2014年北京市正在加快出台国有土地和集体土地建设养老设施的土地供应细则，将进一步完善土地供应方式，从已经开发成熟的储备地块中，梳理出适合调整用于养老设施建设的地块，积极引入社会资本，以加快养老设施用地供应。

（四）开发投资增速将出现回落，住宅投资放缓是主因

2015年，在多年政策调控累积及其预期作用下，要素供给相对充裕，房地产交易市场有望回暖，开发企业建设能力和信心将逐步恢复，带动新增建设需求呈现显著增长，但续建需求相对较弱，尤其是占比五成的住宅投资需求偏弱，导致投资增速将出现回落，预计全年实现5%左右的增长。

1．新增投资需求将实现增长

主要受市场交易低迷影响，2014年1~9月北京市商品房新开工面积同比下降29.6%。但考虑到北京市土地市场交易面积已经连续两年大幅增长，年底市场已开始转暖，资金来源相对充裕，以及2012年颁布的《闲置土地处置办法》规定的未动工开发满一年的要征缴土地出让价款20%的土地闲置费，未动工开发满两年的无偿收回国有建设用地使用权等政策，可能会倒逼企业加紧开工进度，预计2015年北京市商品房新开工面积将实现增长。

2．住宅投资增速将回落

综合考虑到在相关政策要求下最晚于土地交易完成后两年内投资将陆续形成投资量、住宅建设投资量时序安排等因素，2015年北京市住宅投资增速将回落。一方面，2014年1~3季度，北京市住宅用地交易面积同比下降39%，但考虑到2013年住宅用地交易面积大幅增长等因素，新增项目需求有望保持平稳。另一方面，前三季度北京市住宅新开工面积同比下降26.4%，预示了2015年续建项目投资需求整体偏弱。

3．商业地产投资将持续增长

综合考虑商业地产建设周期、商业地产用地交易量连续两年快速增长，而2014年新年开工出现下降，前两年新开工面积均保持增长等因素判断，2015年，北京市商服地产投资将持续增长，新增和续建需求均较为旺盛。2013年以来房地产开发投资呈现出的投资重点向产业承载转移的趋势仍将继续，写字楼和商服地产投资占房地产开发投资的比重有望继续上升。

（五）住宅市场逐步回暖，交易价格温和上涨

2015年，在信贷政策支持下，随着多种需求同步释放，市场交易有望逐步活跃，交易价格将实现温和上涨。

1. 市场交易规模稳步扩张，存量房市场有望加速发展

信贷和税收政策是影响北京市购房者心理预期和实际购房能力的重要因素。2015年，在限贷政策解禁的背景下，首次置业和改善型需求将同步释放，有效需求将出现明显增长。受制于2014年北京市住宅新开工和施工面积同比均出现回落影响，新建住宅供给将出现放缓，受此影响，一方面房地产企业去库存周期将明显缩短，另一方面也有利于激发存量房市场活力。改善型需求释放也将加速存量房市场发展。城市交通压力不断加大、上学就医依然集中于中心城，以及交通成本即将上升等因素使得中心城区的住房需求依然较高，而价格相对较低、空气环境相对较好也将带动远郊区县别墅等大户型的需求有所增加；但是近年来新建房中保障性住房和小户型住宅占比较大，难以满足改善性需求。自住型商品房将成为新建房交易主力。从近两年土地供应结构可以看出，自住型商品房用地占比接近半数，随着2014年申购、摇号等工作的稳步推进，大部分项目将于2015年完成交易，成为新建房交易主力。整体来看，2015年，北京市住宅交易规模有望稳步扩张，预计全年实现住宅交易20万套以上，同比增长30%左右。

2. 供需矛盾难以化解，价格仍将上涨，但涨幅较为温和

2015年，虽然在北京市人口调控的背景下新增常住人口可能有所减少，但多年形成的住房供需缺口短期内无法弥补；加之受住房金融新政影响，首次置业和改善型需求将同步释放，交易量的走高将推升交易价格。然而由于市场自我调节机制正逐步完善，供求关系也在逐步改善，价格相对偏低的自住型商品房将影响周边新盘定价，价格将呈现温和上涨，预计

全年涨幅在10%左右。

3. 租赁市场将进入平稳运行期

2015年，随着北京市产业结构调整，非首都核心功能逐步疏解，限制人口调控政策将严格实行，轨道交通仍将继续延伸。受此影响，中心城区的租赁需求将持续减少。随着回迁房和公共租赁房大规模增长，以及轨道交通沿线租赁房源的不断涌现，房源供给仍将持续增长，租赁需求郊区化的趋势仍将延续。考虑到住房交易价格仍将走高、物价水平低速增长等因素，租赁市场价格全年仍将小幅上涨，涨幅在5%以内。整体来看，北京市二手房租赁市场将从前两年量价齐升的快速增长时期转到量增价稳的平稳运行期。

（六）商业地产供应放量，租金价格有望保持稳定

2015年，北京市商业地产新增供应量仍将持续攀高。随着发达经济体持续缓慢复苏，外资企业对北京市商业地产的需求有望增多；受我国经济运行持续偏弱影响，内资企业需求增速恐将放缓。从区位看，新增供应大都位于中心城边缘甚至远郊区县，一方面契合北京市非首都核心功能疏解，另一方面郊区租金价格偏低会抵消中心城区价格涨幅，平均租金价格有望保持稳定。从结构看，商业地产中文化地产、旅游地产、养老地产等新兴地产占比将逐步提高。

1. 写字楼供应放量，核心区项目领涨租金

从供应规模来看，2014年前三季度，北京市写字楼施工面积和竣工面积同比分别增长22.3%和63.4%，其中施工面积已经连续4年持续增长，预示了2015年新入市项目将放量增长。从布局来看，无论是已连续2年多没有大项目入市的CBD等核心商圈，还是望京、通州商务园等非核心商圈都将迎来放量供应。从需求来看，随着全球经济缓慢复苏，外资对北京市甲级写字楼的需求将有所增加；内资企业仍将是租赁主体。CBD等核心商圈新项目入市，将在一定程度上缓解持续紧张的供需矛盾，同时也将推升租金，领涨北京市租金水平。

2．商铺供应量增加，转型发展成为必然

2015年，北京市将有一定量的大型购物中心入市，中心城区产业调整企业外迁也会适度增加有效供应。随着供应增加和消费需求更新，优质商铺稀缺的情况将改观，市场将呈供需两旺势头。从目前较高的签约率来看，市场需求较为健康，新增供应对空置率的影响有限；从布局来看，由于未来供应的项目在地理位置上较为分散，因此直接的招商竞争不会影响到整体市场的租金水平。从运营模式来看，由于受到电商冲击，传统商业需要以变求生，加大自营比例、向购物中心靠拢增加体验性，或加强会员管理和服务，或争取实现线上线下有效互动等都将是转变方向，其中体验性、个性化的项目，以及文化旅游街区等将成为商业发展新趋势。

（七）房地产企业国际化、融合化发展步伐加快

2014年，房地产企业国际化步伐明显加快。2015年，虽然国内资金环境有所改善，市场交易也将逐步恢复，但企业“走出去”的步伐不会停滞。房地产企业“走出去”是自身国际化的重要一步，不仅仅为获得廉价资金、开拓市场，更承载了我国产业孵化、引导和升级的战略理念。

延伸阅读：2014年房地产企业国际化步伐加快

2014年，万科、绿地等品牌房企争相海外发债；房地产业呈现出海潮，绿地集团在韩国济州岛投资4亿美元打造健康医疗城项目，华夏幸福基业在美国硅谷设立了产业孵化器；品牌中介机构也开始进军海外地产，8月份伟业我爱我家集团宣布正式启动海外地产业务，进军美国、加拿大、英国等地。

近年来，万科和淘宝、百度联姻，绿地转型做基础设施、建地铁，方兴转型持有商业运营，房地产企业也纷纷开始尝试轻资产、借助金融、利用互联网、转型服务、持有运营等模式。2015年，这一趋势将在行业间蔓延，产业融合发展将提速。时尚化、特色化、信息化、网络化都将成为房地产企业的新特色。

五、政策建议

（一）探索推出住房政策性金融机构运行模式

党的十八届三中全会在“完善城镇化健康发展体制机制”中提出“研究建立住宅政策性金融机构”。住房政策性金融模式的确立和相关机构的建立，短期来看，在住房价格持续上涨的阶段有利于降低购房者信贷压力，为各类政策性住房建设提供资金支持；长期来看，实则为房地产市场长效机制建立奠定基础，有助于多项改革稳步推进。从我国已有的住房金融基础和党的十八届三中全会提出的改革方向来看，我国应该选择以抵押贷款和住房储蓄银行为主的混合模式。一是逐步取消现行公积金制度。虽然我国已经学习新加坡建立起住房公积金制度，但公积金制度内在的难以解决的公平性和保值增值等问题，使其不能成为我国住房政策性金融发展的长期模式。二是将抵押贷款设立为主要模式。目前，住房抵押贷款已经成为我国居民购买住房的主要融资模式，随着全面改革的深入尤其是金融市场化改革的推进，进一步规范住房金融一级市场，推动住房抵押贷款证券化，逐步培育二级市场，将成为住房政策性金融的基础。三是在本土化的基础上，将住房储蓄设立为辅助模式。住房储蓄银行可以对公积金进行专项管理，能够改变公积金中心与商业银行之间委托与被委托、客户与银行的关系，将公积金的归集、发放和管理全部纳入业务范围。住房储蓄制度还能够从源头有效区分住房需求和投机、投资性需求，从而增强宏观调控政策的针对性和有效性，引导理性、适度、循序渐进的消费。

（二）着手研究房地产调控行政手段退出机制

由于供需缺口依然较大，北京市的限购政策暂时难以取消，但对于市场来说，一个行政色彩过于浓重的调控政策，不利于资源合理配置，随着市场逐步回归理性增长，终将会被取消。考虑到市场对政策敏感度、北京市住房各类需求的规模之大，限购政策应逐步退出。建议首先放开对高端住宅、大面积住宅（140平方米及以上）、公寓、别墅的限购；因为高端住房市场的走势，不会影响北京市普通商品住宅的供需，还有利于北京市居民改善性需求的释放，也能满足北京市建设世界城市吸引的国内外优秀人才的住房需求。其次，可以适度缩短非户籍人口连续纳税的年限，或是在不缩短年限的基础上去掉连续的要求。

（三）为住宅区产权式商铺引入运营商

产权式商铺是国际流行的所有权和经营权分离的一种房地产商铺产品形式。我国住宅底商和社区商业大都属于这种形式，其中，绝大多数采取的是先零售、再出租模式，不仅没有统一规划运营、投资风险大，而且还不能满足居民生活需求。建议吸取欧美发达国家经验，采取在商铺出售后，商铺业主不负责经营，而是将住宅区商铺由开发商、物业、业主委员会或第三方公司整体委托品牌经营商进行统一运营，商铺业主获得定期定额的投资回报的模式。

※ 专题研究

——住房政策性金融模式的国际经验借鉴

住房金融是金融业的传统业务，自1775年英国第一家“克特利住房建设会”设立至今已有200多年的历史。但直到第一次世界大战后，随着欧美各国和一些发展中国家结合本国的经济发展和金融制度创新了各具特色的住房金融体制，住房政策性金融机构才陆续出现。典型代表有：美国的房利美和房地美、德国住房储蓄银行、新加坡中央公积金局、日本住房金融公库、韩国住房银行等。本文将结合抵押贷款、合同储蓄和强制储蓄等住房金融的主要模式，总结其住房政策性金融机构运营的经验教训。

一、住房政策性金融模式设计要立足国情

由于发展阶段和政策目标的差异，住房政策性金融模式设计要立足本国国情，因地制宜。美国住房抵押贷款体系能够良好运作，是由于美国拥有完备的资本市场、发达的金融业以及成熟的市场主体。德国储蓄银行稳健运行，依赖于经济稳定、通胀和利率都保持在一个较低的水平和相对完善的信用体系。新加坡的中央公积金制度能够长期稳定发展，依赖于经济稳定持续发展、城市国家人口相对较少、国内居民收入差距相对较小，而且拥有一个高效、廉洁的政府。

二、需要有健全的法律机制作保障

纵观各国的住房政策性金融机构设立，都有相关的法律、法案保障。美国通过多项立法，建立若干专门从事住宅金融服务的政府机构和“准政府”机构，从而形成了独具美国特色的住宅金融体系。房利美的设立始于《公共住宅法案》，房地美的设立源于《紧急住房融资法》。德国也形成了一套完整的法律法规体系来保证住房储蓄银行的有效运作。相关的法令包括《住房储蓄银行法》、《住房银行法》、《抵押银行法》和《德意志

合作银行法》等，这些法律制度对住房储蓄银行的业务范围和经营原则作了严格的约束。新加坡的中央公积金制度设计源于《中央公积金法》，该法对公积金的筹集方式、资金来源、享受资格、计发办法、监督管理等方面以法规的形式确定下来。

三、住房政策性金融机构要与其他金融机构相互配合

从上述三种住房政策性金融模式的发展来看，住房政策性金融机构都需要充分融入金融市场，与其他各类金融机构，尤其是商业性金融机构相互配合。美国“两房”的运作，离不开一级市场和二级市场之间的配合，抵押银行和人寿保险公司、互助储蓄银行之间的配合。德国的住房储蓄银行，需要与住房金融体系中建房储蓄互助信贷社、抵押银行、信贷合作社、大商业银行、保险公司等其他机构之间进行互动。新加坡的中央公积金制度必须要有商业银行的贷款给予支持。

四、政府支持是住房政策性金融机构运行的基本保障

虽然各种住房政策性金融模式都独具特色，但政府的支持都是其稳定运行的基本保障。美国“两房”的资本金来源于政府，联邦政府信用担保、免除部分税费和获得财政部信贷支持为其稳定运营提供了有利条件，并且在其亏损时，政府及时出手注资相救，甚至直接接管。德国政府对储蓄银行采取多种优惠和奖励措施，具体包括：减免税和退税优惠，根据收入不同给予不同储蓄奖励，向低收入者、残疾人和多子女家庭提供无息或低息贷款等。相比较而言，新加坡政府对中央公积金制度的干预更加直接、有效。中央公积金制度本身就是一种强制储蓄，中央公积金局实际上是政府的法定机构，具有浓重的行政色彩，政府通过政治力量和制度保障实现其有效运行。

五、制度设计要与时俱进，具有一定的灵活性

新加坡中央公积金制度设计，随时代变化承担着不同的历史使命，

具体政策条款随之灵活调整，政策设计也体现出灵活性。具体表现在：一是公积金缴纳比例根据经济发展状况不断调整。公积金的缴纳率每年由中央公积金局与全国工资理事会参照经济发展状况研究确定。如1985年新加坡出现经济衰退，雇主的缴纳率由1984年的占雇员工资25%降为10%；经济好转后于1993年调整为雇主缴15%，雇员缴23%；为了抵御亚洲金融危机的影响，1999年新加坡政府将雇主缴纳率降为10%；随着经济复苏，又分别在2000年和2001年将雇主公积金缴纳率回调至12%和16%，并延续至今。缴纳比例的灵活调整，有利于社会保障功能的发挥和宏观经济的发展。二是支取方式灵活。公积金会员可以提前支取公积金存款支付购房首付款，这样则可使大部分居民有能力支付首付款；公积金会员也可以提前支取公积金存款偿还银行贷款本息。20世纪80年代后，新加坡政府还允许会员支取公积金从事政府制定的投资，对于收入较高的公积金会员，政府允许其动用公积金购买商品住宅。三是个人自助与家庭互助相结合。新加坡政府鼓励家庭成员通过公积金计划相互支持帮助，公积金可在家庭主要成员中转移支付、继承。如果父母退休前账户里的最低存款少于法定数额，子女必须将自己账户公积金里的一部分转移到父母账户里填补。这种在家庭成员之间的转移支付金融机制，鼓励家庭成员相互资助，照顾配偶、子女和父母，增强家庭的凝聚力。

六、需要有明确的监管部门

为保证住房政策性金融机构，既能有效落实住房政策，又能够充分发挥其金融属性，需要相关政府部门对其进行监管。1968年，在美国国会对房利美进行改制时就明确规定，由住房和城市发展部对房利美的政策性职能进行监管。为进一步推动“两房”改革，2011年美国政府又提出加强联邦住房管理局对“两房”的监管。德国的住房储蓄银行是政府建立的国营银行，主要接受其中央银行的监管。新加坡中央公积金局是人力资源部的一个职能部门，是一个半官方的独立机构，执行人力资源部的有关政策，并接受其监督。

七、政策性制度设计要避免陷入“福利陷阱”

住房政策性金融机构的职责之一，就是为居民尤其是中低收入居民提供购房支持，该职责具有一定的社会保障性，需要以地方财政保障能力为标准，而不能过度民粹。美国“两房”引发的金融危机，就是一个的反面案例。自20世纪80年代以来，美国历届联邦政府都把提高中低收入家庭住房拥有率作为争取中低收入阶层选票的主要手段，历届总统都频频向“两房”施加政治压力，要求降低住房按揭收购标准，增加中低收入家庭购买住房的信贷供给。这导致美国政府积极要求“两房”向原来得不到住房贷款服务的社区增加法定贷款，而且一再降低信用标准和放松借款人的资格审核要求，直至将次级按揭贷款纳入收购范畴，才导致次贷危机的发生。因此，我们在制度设计之初和运行过程中都要避免因为政府政绩或是社会舆论压力等各种因素而降低门槛、放宽条件，以致陷入“福利陷阱”。

第十一章 金融

改革创新持续推进 行业持续平稳运行

2014年，受金融改革力度加大、宏观经济缓中趋稳等影响，北京市金融业增长较2013年有所加快，对实体经济和社会发展的支持力度持续增强。1~3季度金融业实现产值2269.1亿元，同比增长11.9%，增速和占GDP比重均比2013年同期有所提升。预计全年增长11.5%左右，比2013年提升0.4个百分点。2015年，全国经济加速转型，经济增长面临较大下行压力，货币政策保持稳健，信贷规模有望平稳增长，信贷结构继续向北京市主动调控方向发展。多层次资本市场建设加速，直接融资规模将在IPO重启、债券融资较快增长等影响下持续较快增长。融资投向继续向基础设施建设、文化创意产业、小微企业等薄弱环节倾斜。金融行业内部发展呈现分化，证券业保持较快发展，银行和保险业保持平稳增长，互联网金融等新兴业态在国家政策支持下也将持续较快增长。金融改革创新不断推进，行业效益有望继续改善。总体而言，金融业增速略有回调，但整体依然保持较快增长，全年增长11%，支撑经济社会发展的作用进一步增强。

一、2014年北京市金融领域运行特点

（一）金融改革与创新推进首都金融业发展转型

市场发展进一步规范。2014年5月，国务院发布《关于进一步促进资本市场健康发展的若干意见》（新“国九条”），进一步规范资本市场发展；出台《关于加强地方政府性债务管理的意见》，规范政府性债券，

有利于降低金融风险。**市场化改革不断推进。**存款利率放开指日可期，自贸区试点推广也将进一步推动金融改革和开放进程；民营银行试点或将扩大，进一步激发资本活力，给首都金融发展带来积极影响。《国务院关于进一步优化企业兼并重组市场环境的意见》等政策出台，企业并购重组管制不断放松，将提升企业资金效率。**金融创新不断推进。**信贷资产证券化试点[①]和融资融券[②]范围进一步扩大，增强金融对实体经济的支撑力度；盘活存量，提升金融资本的利用效率，改善资金配置效率，从而改进行业发展效益。总体而言，金融改革和金融创新将促使北京市金融业尤其是银行业的转型发展。

延伸阅读：国务院发布《关于进一步促进资本市场健康发展的若干意见》

《关于进一步促进资本市场健康发展的若干意见》（又称《新国九条》以下简称《若干意见》）是贯彻落实党的十八大和十八届二中、三中全会精神、全面深化资本市场改革的纲领性文件，从经济社会发展全局的高度，对新时期资本市场改革、开放、发展和监管等方面进行了统筹规划和总体部署，对于指导当前和今后一个时期资本市场各项工作具有重要的现实意义，也必将对我国资本市场的长期稳健发展产生深远影响。

《若干意见》从指导思想、基本原则和主要任务三个方面，提出了进一步促进资本市场健康发展的总体要求。

关于指导思想，一是要高举中国特色社会主义伟大旗帜，以邓小平理论、“三个代表”重要思想、科学发展观为指导，贯彻党中央和国务院的决策部署，解放思想，开拓进取。二是要紧紧围绕促进实体经济发展，依靠改革创新，坚持市场化和法治化取向，维护公开、公平、公正的市场秩序，维护投资者特别是中小投资者合法权益。三是要激发市场创新活力，拓展市场广度和深度，扩大市场双向开放，促进直接融资与间接融资协调发展，提高直接融资比重，防范和分散金融风险。四是要积极发展混合所有制经济，完善现代企业制度和公司治理结构，提高上市公司质量，促进资本形成和股权流转，更好发挥资本市场优化资源配置的作用，促进创新创业、结构调整和经济社会持续健康发展。

---

① 在汽车、房地产、消费等领域发行相关信贷资产证券化信托资产支持证券，资产证券化有所加速。

② 经中国证监会同意，中国证券金融公司从2014年6月23日起扩大转融券业务试点范围，试点证券公司将由原来的30家增加至73家，转融券标的证券数量将由原来的287只股票增加至628只股票。

关于基本原则，资本市场改革发展要从我国国情出发，积极借鉴国际经验，处理好四对关系：一是市场与政府的关系，二是创新发展与防范风险的关系，三是风险自担与强化投资者保护的关系，四是积极推进与稳步实施的关系。

关于主要任务：要加快建设多渠道、广覆盖、严监管、高效率的股权市场，规范发展债券市场，拓展期货市场，着力优化市场体系结构、运行机制、基础设施和外部环境，实现发行交易方式多样、投融资工具丰富、风险管理功能完备、场内场外和公募私募协调发展。到2020年，基本形成结构合理、功能完善、规范透明、稳健高效、开放包容的多层次资本市场体系。

（二）金融业增长有所加快

2014年，虽然宏观经济有所放缓，但在金融改革创新推动以及一系列微刺激政策作用下，资本市场活跃度提升，北京市金融业增长较2013年有所加快。一~三季度金融业实现产值2269.1亿元，同比增长11.9%，增速比2013年同期提升0.8个百分点，占GDP比重15.4%（见表11~1），比2013年同期提高0.8个百分点，为2005年以来的同期最高水平；对经济增长的贡献维持在15%左右，是稳定北京市经济增长的重要产业力量。随着稳健货币政策延续、经济缓中趋稳，四季度北京市金融业将延续平稳较快发展态势，预计全年增速在11.5%左右（见图11~1）。

表11~1　2001年以来北京市金融业增加值、增速以及占GDP比重变化趋势

单位：亿元、%

年份	GDP		金融业		
	地区生产总值	增速	增加值	增速	占GDP比重
2001年	3708.0	11.7	487.5	13.1	13.1
2002年	4315.0	11.5	561.9	12.4	13.0
2003年	5007.2	11.1	635.6	10.6	12.7
2004年	6033.2	14.1	713.8	7.1	11.8
2005年	6969.5	12.1	840.2	13.2	12.1
2006年	8117.8	13.0	982.4	11.4	12.1
2007年	9846.8	14.5	1302.8	21.4	13.2

（续表）

年份	GDP		金融业		
	地区生产总值	增速	增加值	增速	占GDP比重
2008年	11115.0	9.1	1519.2	7.8	13.7
2009年	12153.0	10.2	1603.6	6.4	13.2
2010年	14113.6	10.3	1863.5	8.6	13.2
2011年	16251.9	8.1	2215.4	7.6	13.6
2012年	17879.4	7.7	2536.9	12.4	14.2
2013年	19500.6	7.7	2822.1	11.0	14.5
2014年（预计）	20943.0	7.3	3162.393	11.5	15.1

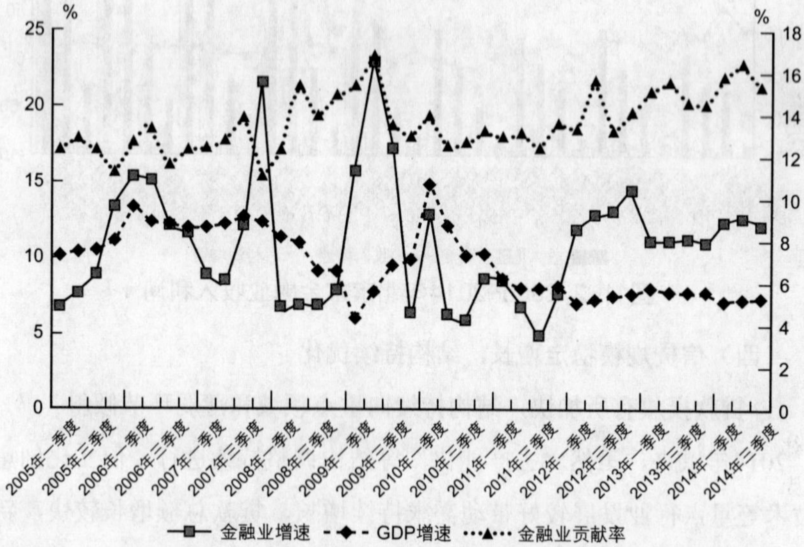

图11~1 2005~2014年第三季度北京市各季度金融业增速（左轴）、GDP增速（左轴）及金融业贡献（右轴）趋势

（三）行业效益增长有所改善

2014年，虽然存在宏观经济增长放缓、房地产交易降温等影响，但金融领域改革创新加快推进，定向降准等刺激政策发挥作用，北京市金融业效益加快增长。一~三季度，北京市金融业分别实现收入和利润13226.9亿元和8598.3亿元，同比增长20.8%和22.3%，分别较2013年同期提升13.3个百分点和5.6个百分点（见图11~2）；其中收入增速达到2010年8月以来的新高。金融租赁、小额贷款利润增长持续保持在行业平均水平之上。四季度，随着行业改革创新持续推进，金融业整体经济效益有望持续改善。但由于利率市场化的持续冲击，占北京市金融业四分之三的银行业借贷息差缩小，行业效益持续改善的空间有限。

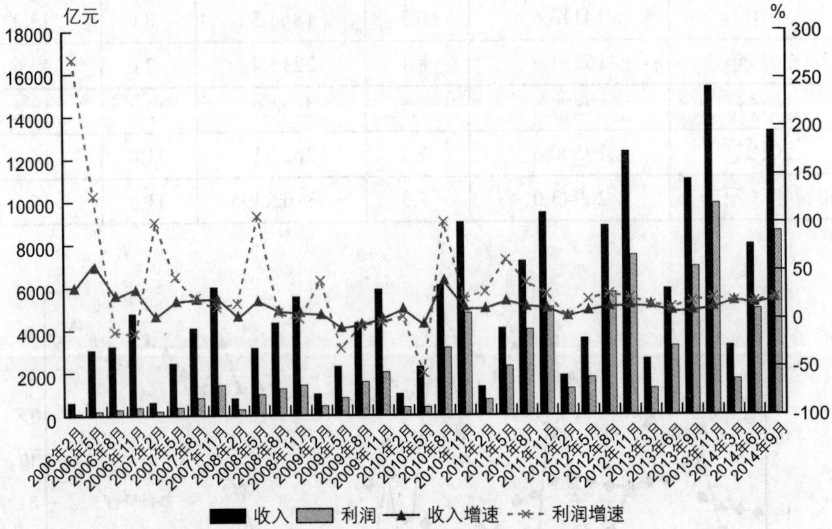

图11~2 2006~2014年北京市金融业收入利润

（四）信贷规模稳定增长，结构持续优化

1. 贷款投放有所加快，结构持续向重点领域和薄弱环节倾斜

2014年以来，虽然“去产能化”等结构调整持续进行，但文化创意、高技术等重点行业发展较好带动需求持续增长，贷款总额增长较快，新增贷款增长呈现先加速、后趋缓的态势，总体上北京贷款增长比2013年同期有所加快（见图11~3），尤其是中小企业贷款和文化创意产业贷款增长较快；1~9月，北京市本外币贷款余额52612.5亿元，增长11.8%，比2013年同期提升0.8个百分点。其中，新增本外币贷款余额4623.3亿元，增长23.54%，增速比2013年同期略有下降。随着直接融资手段更趋多元化，债券等融资渠道进一步通畅，再加上2013年底信贷总量控制，四季度信贷增长步伐将有所放缓，预计全年贷款增长11.5%，增速比2013年同期提升0.6个百分点。

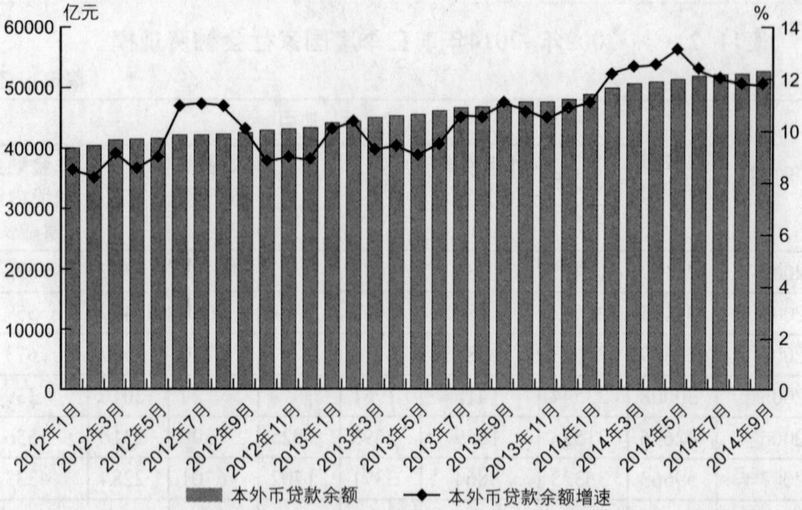

图11~3 2012年~2014年9月北京市本外币新增贷款余额及其增速

延伸阅读：前三季度国家社会融资总额

初步统计，2014年前三季度社会融资规模为12.84万亿元，比2013年同期少1.12万亿元。其中，前三季度人民币贷款增加7.68万亿元，同比多增4045亿元；外币贷款折合人民币增加3756亿元，同比少增1409亿元；委托贷款增加1.79万亿元，同比少增329亿元；信托贷款增加3602亿元，同比少增1.23万亿元；未贴现的银行承兑汇票增加1188亿元，同比少增5173亿元；企业债券净融资1.82万亿元，同比多增2863亿元；非金融企业境内股票融资3033亿元，同比多增1408亿元。2014年9月份社会融资规模为1.05万亿元，比上月多增945亿元，比2013年同期少增3598亿元。

从结构看，前三季度人民币贷款占同期社会融资规模的59.8%，同比高7.7个百分点；外币贷款占比2.9%，同比低0.8个百分点；委托贷款占比13.9%，同比高0.9个百分点；信托贷款占比2.8%，同比低8.6个百分点；未贴现的银行承兑汇票占比0.9%，同比低3.7个百分点；企业债券占比14.2%，同比高3.2个百分点；非金融企业境内股票融资占比2.4%，同比高1.2个百分点。（见表11~2）

表11~2　　2002年~2014年前三季度国家社会融资规模

单位：亿元

时期	社会融资规模	其中						
		人民币贷款	外币贷款（折合人民币）	委托贷款	信托贷款	未贴现银行承兑汇票	企业债券	非金融企业境内股票融资
2002年	20112	18475	731	175	-	-695	367	628
2003年	34113	27652	2285	601	-	2010	499	559
2004年	28629	22673	1381	3118	-	-290	467	673
2005年	30008	23544	1415	1961	-	24	2010	339
2006年	42696	31523	1459	2695	825	1500	2310	1536
2007年	59663	36323	3864	3371	1702	6701	2284	4333
2008年	69802	49041	1947	4262	3144	1064	5523	3324
2009年	139104	95942	9265	6780	4364	4606	12367	3350
2010年	140191	79451	4855	8748	3865	23346	11063	5786
2011年	128286	74715	5712	12962	2034	10271	13658	4377
2012年	157631	82038	9163	12838	12845	10499	22881	2508
2013年	172904	88917	5848	25465	18448	7751	18021	2219
2014年前三季度	128441	76832	3756	17871	3602	1188	18186	3033

从结构来看，短期贷款增速有所回落，新增贷款中占比大幅回落，中长期贷款余额增长稳定。1~9月，本外币中长期贷款余额和短期贷款余额分别增长7.3%和19.3%，前者增速比2013年同期提升0.1个百分点，后者增速则相对2013年同期下降4.2个百分点。新增中长期贷款占比和新增短期贷款占比分别为43.5%和37.4%，前者比2013年同期略高，后者则比2013年同期下降13.6个百分点（见图11~4）。**贷款结构呈现以下几个特点：一是金融对小微企业的支持力度不断加大，小微企业贷款持续较快增长。**2014年1~9月，北京市小微企业人民币贷款余额4037.1亿元，同比增长14.8%，比2013年同期提高4.3个百分点，分别比大、中型企业人民币贷款增幅高1.35个、2.88个百分点。北京市小微企业人民币贷款累计新增422.6亿元，其中

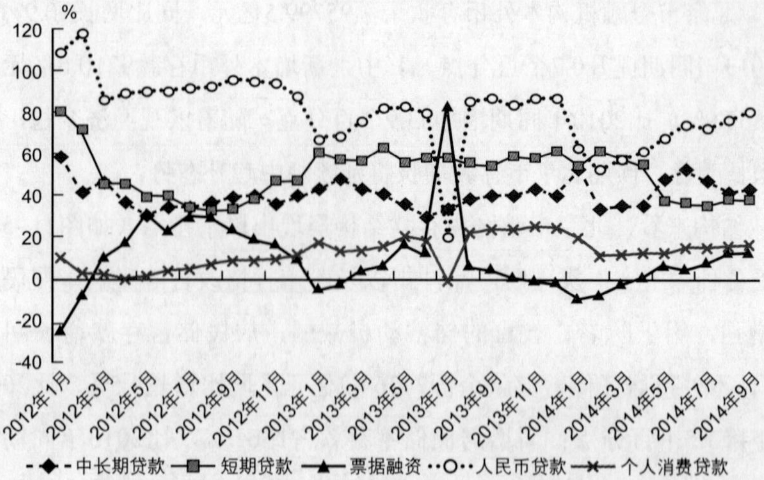

图11~4 2012~2014年9月新增贷款占比变动趋势

微型企业人民币贷款累计新增105.3亿元。**二是文化、科技领域贷款保持快速增长，体现了金融对文化、科技的支撑作用逐步增强。**北京市中资银行文化创意产业人民币贷款余额774亿元，同比增长19.9%，增速比2013年同期略有下降。高新技术产业贷款余额2784.7亿元，同比增长76.4%，增速比2013年同期提升59.3个百分点。**三是房地产开发贷款同比少降，个人住房贷款持续增长。**1~9月，房地产开发贷款余额4445.3亿元，累计减少34.1亿元；本外币个人住房贷款余额4399.1亿元，累计增加343.4亿元，同比多增12.4亿元。**四是由于票据贴现方式方便、灵活以及银行8月集中加大票据融资力度，票据融资增长由负转正，增速大幅提升，在新增存款占比有所增加。**1~9月，票据融资1703.5亿元，增速比2013年同期提升32.3个百分点。**五是由于经济基本面仍然偏弱，中小企业景气低迷，银行对资产质量担忧不减，**惜贷情绪仍然未现改善，全年贷款有望保持这种增长态势和结构性特征。

2．存款增长稳中趋升，居民储蓄存款增长放缓

2014年，北京市辖区内存款增长稳中有升，但受理财产品冲击等影响，金融机构本外币新增存款余额增长延续往年月度波动较大的特征。

1~9月，北京市金融机构本外币存款余额95799.5亿元，同比增长10.9%，增速比2013年同期提升0.7个百分点。其中，新增本外币存款9210.6亿元，同比增长55.9%，比2013年同期增加33.9个百分点。随着宏观经济企稳，企业收入增长改善，预期北京市存款增长将延续稳中趋升态势。

从结构来看，北京市辖区内存款结构呈现出以下特点（如图11~5）：一是受各种“宝宝”类理财产品冲击以及股市行情改善等影响，居民投资意愿增强，用于防老、教育的储蓄动机减弱，居民储蓄存款增长回落。1~9月，本外币居民储蓄存款余额24364.2亿元，同比增长4.5%，比2013年同期下降3.5个百分点；新增居民储蓄存款占比6.7%，比2013年同期下降11.6个百分点。随着投资渠道多元化，预计全年新增居民存款占比难以提升。二是在宏观经济缓中趋稳、企业主体投资意愿不强等综合影响下，企事业单位存款增长稳中趋升。1~9月，北京市本外币企事业单位存款余额63906.5亿元，同比增长15%，增速比2013年同期提升6.5个百分点。由于基数原因，新增企事业存款占比有所下降。随着宏观经济基本面依然较弱，预计企事业单位存款增长将保持稳中略升态势。

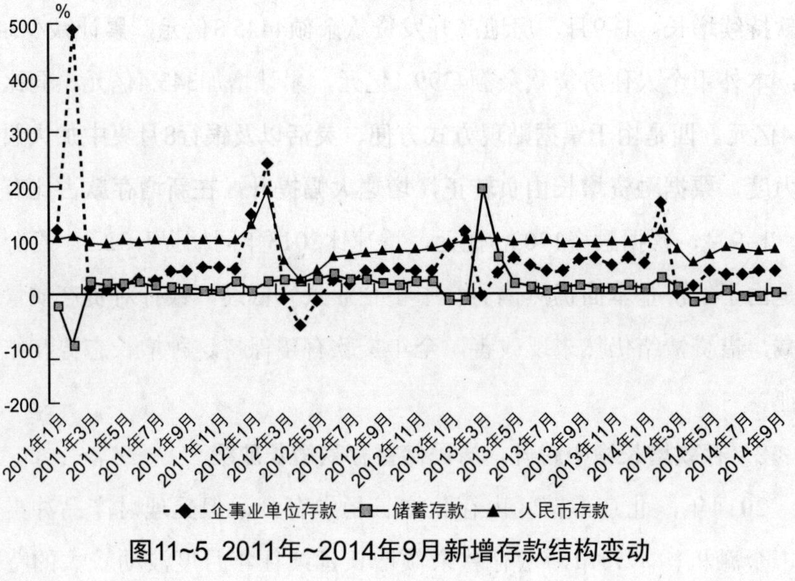

图11~5 2011年~2014年9月新增存款结构变动

（五）多层次资本市场体系建设加快，资本市场交易有所回落

2014年，多层次资本市场建设加快推进。随着全国中小企业股份转让系统有限责任公司在北京市成立，在很大程度上弥补了北京市在资本交易市场建设方面的缺憾，而北京市股权交易中心[①]的挂牌运行，北京铁矿石交易的中心、北京邮票交易中心的批准设立，也推动了北京市多层次资本市场的建设步伐，方便中小微企业进一步拓宽了融资渠道。目前，全国股份转让系统已经扩容至全国，新交易结算系统也已成功上线，初步建立了以信息披露为中心的自律监管体系，做市技术系统仿真测试顺利，对券商、证券服务机构、中介服务机构等的集聚效应逐渐显现。截至2014年7月，全国“新三板”挂牌企业超过850家，其中，北京298家。北京股权交易中心（即“新四板”）自2013年底挂牌之后，首批50多家企业已经正式上线挂牌，3家中小企业与有关中介机构签约，拟发行中小企业私募债，融资规模2.5亿元。未来，多层次资本市场建设加快推进，将为北京市企业尤其是中小企业融资拓宽渠道。

随着IPO重启、融资融券试点扩大等金改措施的不断推进，市场活力略有增强，但受整体经济疲弱以及2013年基数较高影响，北京市资本市场交易增长有所回调。1~9月，北京市金融市场交易额143972.3亿元，同比增长39.6%，增速比2013年同期回落22.5个百分点（见图11~6）。从结构来看，虽然债券交易持续保持65%的高位增长，但由于基数原因以及股票交易增长均有回落，金融市场交易增速回落。随着沪港通开通，进一步打通资金通道，“新三板”加快发展，股票交易将随着市场活力提升而有所改善，预计全年金融市场交易增长在30%以上。

---

① 北京市现有中小微企业将近30万家，不同规模、不同类型、不同成长阶段的企业需要差异化的金融服务。绝大多数中小微企业迫切希望可以从资本市场获取直接融资。目前，全市进入主板、创业板、“新三板”市场融资的企业不超过500家，还存在大量的企业既难以通过银行贷款获取间接融资，也无法从资本市场直接融资。北京股权交易中心的设立，可以为“新三板”乃至创业板、中小板、主板市场培育和输送更多的优质企业资源，为企业进入更高层次的资本市场做好准备，形成企业挂牌上市的“梯次发展”格局，从而使北京市各层次资本市场协调发展、错位经营，共同实现金融服务实体经济的目标。

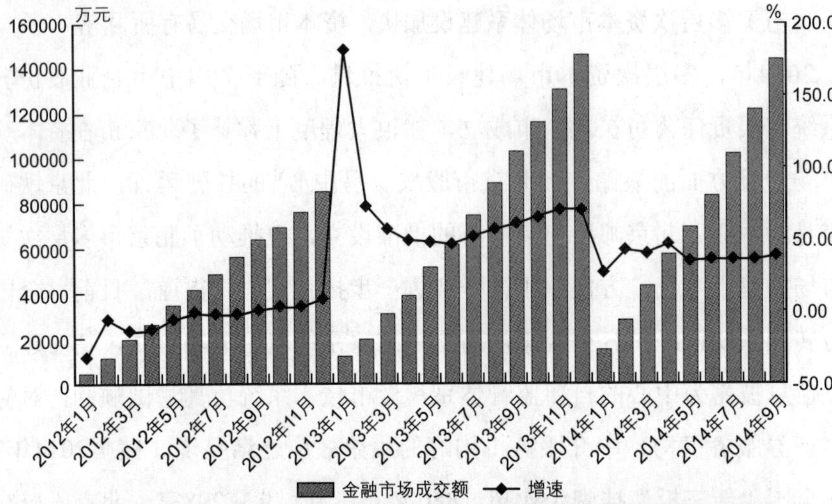

图11~6 2012年~2014年9月北京市金融市场成交额及其增速

从融资来看，随着金融业态的丰富，金融产品和融资工具不断创新推出，融资渠道多元化趋势更为明显，北京市企业融资规模不断增长，其中，直接融资占比保持60%左右。2014年1~9月，北京市通过贷款、债券和股票等方式获得融资总额为9820.6亿元，同比多342.4亿元。其中，贷款占比37.8%，受高基数以及非金融企业债券净融资相对下降的影响，直接融资占比略有下降。随着国内经济缓中趋稳，资本市场基本面发生较大变动的概率较小，预计全年直接融资将保持较快增长。

（六）重点功能区建设稳步推进，金融发展空间进一步拓展

随着区域拓展稳步推进、空间置换、招商选资工作积极推进，北京市金融业发展空间进一步扩大。2014年1~9月份，聚集了北京市七成以上金融业的金融街，其规模以上法人缴纳税收2927.94亿元，同比增长8.55%。其中，金融业实现税收2671.41亿元，增长9.55%，占金融街税收总量的91.24%。新引进各类金融机构112家，同比增长78%，累计注册资本达到147.07亿元。其中，60%以上的新增机构以货币金融服务和资本市场服务类为主，产业集聚效应持续提升，对北京市构建“高精尖”经济结构的支撑作用也继续增强。CBD商务区拓展建设稳步推进，金融等重点行业发展势头良好。1~8月，金融业税收同比增长25%，区级收入同比增长20%，增速高于全区经济增长近10个百分点。占全区财政收入的13.5%，对区级财政收入增收的贡献度为24.3%。中关村科技金融持续较快发展。第三方支付企业、P2P平台、众筹融资等互联网金融机构数量日益增加，科技金融服务体系不断完善。丽泽金融商务区、东二环交通商务区等金融功能新区建设不断推进。丽泽金融商务区目前入驻企业超过200家，金融机构比例在75%以上。

延伸阅读：CBD有望打造外汇结算中心

近年来朝阳区在全国率先推行跨国公司总部外汇资金集中运营管理试点，已有16家企业获试点资格，占北京市获批企业总数的一半以上、全国的五分之一以上。试点政策在跨国公司资金统一运营、跨境往来、轧差结算、外汇资金池资金融通等多方面均有较大突破，最大程度满足了企业外汇资金集约化、便利化管理的需求，基本消除了跨国公司在京设立外汇资金结算中心以及其他外汇收支业务的主要障碍，切实实现了金融服务实体经济的目标。以施耐德电气有限公司为例，在获得试点资格后，其在法国的全球总部立即将“中国区”提升为全球三大业务区域之一，中国区成为其唯一以单独国家为单元的业务区域。

二、需要关注的问题

（一）自贸区试点推广将对北京市金融业形成一定冲击

继上海自贸区挂牌之后，天津滨海、福建平潭、广东横琴、四川成都、安徽合肥、宁夏银川、辽宁沈阳等多地轮番申请自贸区试点。2014年10月27日，习总书记在中央全面深化改革领导小组第六次会议时强调，选择若干具备条件的地方发展自由贸易园(港)区，并将上海自由贸易试验区取得的可复制经验[①]，尽快推广到其他适宜地区，甚至推广到全国。天津滨海、福建平潭、广东横琴很可能成为第二批自贸区试点。围绕人民币资

① 上海自贸区已经形成一些可复制推广的经验。以负面清单管理为核心的投资管理制度已经建立；以贸易便利化为重点的贸易监管制度平稳运行；以资本项目可兑换和服务业开放为目标的金融创新制度基本确立；以政府职能转变为导向的事中事后监管制度基本形成。

本项目可兑换、利率市场化、人民币跨境使用等方面金融改革将加快在自贸区试点展开。这将对北京市金融发展形成一定冲击，一方面加剧与北京市金融发展相关的国际资源、国内资源的竞争，分流部分首都金融资源，另一方面也将进一步拉大北京市租赁金融等非传统金融领域、离岸金融等与上海等地的差距。

延伸阅读：上海自贸区改革一年成效

自2013年9月以来，上海自贸区挂牌一周年。这一年里，上海自贸区成为中国多项制度创新改革的高地和试验田。负面清单、中央和地方推出的投资贸易、金融和服务领域的改革不胜枚举；自贸区内新设企业井喷。

初步统计，上海自贸区目前已有283个项目落户，共新设企业12266家，超过原上海保税区20年的注册数量。上海自贸区内新设企业注册资本(金)总量超过3400亿元，注册资本在1000万元人民币以上的企业就达5200余户。从新设企业行业分布看，主要集中在批发和零售业、租赁和商务服务业。大额注册资本(金)的企业明显增多是当前企业设立的一个显著特点。

同时，外商投资热情迸发，外资企业1677家，占13.7%。一年来新设外商投资企业数相比2013年增加了十倍，其中90%通过备案方式设立，包括12家跨国公司地区总部。自贸区管委会在5个工作日内，就能完成境外投资备案手续。区内跨境人民币业务累计金额达到1760亿元，同比增长了数倍。

（二）利率市场化对银行盈利模式冲击持续存在

随着利率市场化进程加快，银行业的盈利将持续受到冲击。一是盈利空间受到挤压。银行业收入中四分之三来自净息差收入，贷款利率市场化后，一方面存款利率普遍提升抬高资金成本，另一方面竞争加剧、贷款利率下限放开降低银行贷款收益。传统简单依赖存贷利差的盈利模式将不断被压缩。二是资金脱媒的快速发展、基于大数据的金融创新等带给银行越来越多冲击。债券等直接融资的发展，互联网金融的崛起将为居民、机构提供更多渠道投资，进一步分流银行信贷资源。三是银行为了应对资金成本的上升，转而经营更高风险的业务以提高收益率，这将对目前风险定价能力相对有限的商业银行提出一定挑战。

延伸阅读：互联网金融对银行业的影响正在走向深化

从试水P2P，到微信银行；从智能化网点，到直销银行……面对互联网金融对银行业的冲击，商业银行借鉴互联网的创新思维，从渠道优化、平台搭建、供应链金融、产业链合作等多方面主动融入互联网金融。

互联网金融整合与创新势头不减。“余额宝”类理财产品为小额存款提供了保值、增值的渠道，储蓄存款持续流出银行业。与此同时，互联网理财产品规模的爆发式增长，加剧了理财领域的激烈竞争，迫使银行抬高理财产品的收益来应对竞争。不仅如此，大数据、云计算提供了收集和分析客户交易信息的技术手段，提高了风险定价和风险管理效率。互联网企业通过这些技术可以更有效地覆盖小微企业和以淘宝商户为代表的个体经营者的信贷需求。

传统金融业态发生明显变化。 积极应对互联网金融，银行已经开始在经营模式、盈利模式和服务模式等方面作出调整和改变，传统金融业态正在发生明显变化。商业银行不断加强电子渠道建设，通过强化线上、线下渠道的获客和经营能力，打造一体化综合服务优势；越来越多的银行开始探索以平台建设为核心的互联网金融模式；积极拓展供应链金融，解决中小企业融资难问题；面向小微和个人融资需求，试水P2P业务；展开与电商、互联网企业、电信运营商多元化战略合作，增强金融综合服务能力，如交通银行推出TTM创造了远程智能柜面服务的新模式；中国邮政储蓄银行试点推出的基于IPTV网络的电视银行版本，开辟了与各地电信公司合作推出电视银行的新路径。

银行与互联网的合作开始走向深化。商业银行积极运用互联网思维与技术，与电商、互联网企业展开合作，培育具有自身特色的金融生态已然展开，基于互联网技术与创新的新平台、新模式、新业态不断涌现。 中国邮政储蓄银行与第三方社交平台合作，先后推出了包括微信银行、易信银行和微博银行在内的“微银行”服务。招商银行与腾讯合作将微信客服升级为国内首家“微信银行” 。上海浦东发展银行通过与中国移动、中国银联合作，首家将银行卡完整地空中植入SIM卡，为客户提供涵盖借记卡、贷记卡全系列的NFC手机支付产品。北京银行和小米科技签署移动互联网金融全面合作协议，合作领域涉及移动支付、便捷信贷、产品定制、渠道拓展等多个方面。浦发银行与腾讯以共建互联网金融生态圈为核心，以提升用户服务体验价值为诉求的全面战略合作也已然开始。

（三）实体经济融资成本居高不下

2014年，受定向降准等“微刺激”政策影响，货币与债券市场利率下降，但是由于中长期利率居高不下，这种短期利率下调并未传导至实体经济。2014年10月22日，银行间隔夜、1周shibor以及银行间7天加权拆借利率分别为2.42%、2.93%和3.14%，比年初和2013年同期均有所下降。而9月发行的7年期中长期企业债券（债项评级AAA）发行利率为5.18%，比2013年同期高出0.6个百分点。根据Wind数据，9月份发行的信托产品平均预期收益率约为8.75%，比2013年同期高0.67个百分点，其中，贷款类信托产品平均预期收益率约为8.03%，比2013年同期高0.25个百分点。房地产、地方政府融资平台等资金需求大户对利率不敏感是中长期利率偏高的主要原因之一。

三、2015年运行环境判断

（一）国际金融市场渐趋稳定

2015年，随着主要经济体经济温和复苏，全球金融体系正沿着稳定增强的路径进行调整；美国量化宽松政策退出，全球流动性将有所收紧；国际资本流入新兴经济体的长期趋势随着发达国家“再工业化”战略可能将悄然改变，短期随着投资者风险承受力增强以及美国长期国债利率降低而不断回流新兴市场[①]。美国加息预期升温，包括我国在内的新兴经济体继续面临美元升值、金融市场低迷等局面，这些因素将进一步加大北京市潜在的金融风险。

延伸阅读：国际资本流动新动向

国际金融协会发布报告，2014年以来新兴市场资本流入强劲反弹，5月新兴经济体股票和债券市场共净流入资金450亿美元，创2012年9月以来新高。这一数字明显高于3月份的270亿美元和4月份的280亿美元。国际金融协会认为，这主要是因为全球金融市场风险偏好上升，以及投资者降低了对美联储加息节奏的预期。

① 国际金融协会认为，投资者风险规避意识降至低点，美国长期国债利率降低，市场环境已经变得有利于资本流向新兴市场。由于乌克兰局势风险犹存，限制了资金流入欧洲地区的新兴市场，同时中国政府“阻击”短期热钱流入，国际金融协会将2014年和2015年新兴市场资本流入量分别下调了470亿美元和270亿美元。

受美联储退出量化宽松政策影响，2013年不少新兴市场曾面临大幅资本外流的动荡局面，但近几个月来国际资本已快速回流至新兴市场。国际金融协会指出，全球新兴市场证券基金研究公司的数据也显示，新兴经济体股票和债券基金在连续12个月面临资金净流出后，2014年4月转为净流入。但受乌克兰危机、俄罗斯面临大幅资本外流和中国采取措施减少短期套利资金流入等因素影响，国际金融协会将2014年新兴市场私人资本净流入总体规模下调至1.032万亿美元，较2014年1月份的预测减少470亿美元，也低于2013年的1.156万亿美元。

在影响私人资本流动的主导因素方面，国际金融协会认为，2013年投资者的关注点集中在美联储退出量化宽松政策的时机上，2014年则转向新兴市场的经济基本面，新兴市场分化趋势日益明显。那些已经减少宏观经济脆弱性的经济体未来会迎来稳定的资本流入，那些推迟结构改革的经济体则会更容易受到资本流动大幅波动的影响。

（二）金融改革持续推进

虽然产能过剩依然存在，但随着结构调整深入、发展转型持续以及党的十八届四中全会后法制建设进一步完善，资源品、金融、土地等重点领域的改革措施不断出台，改革红利有望加速释放，公平、公正的市场环境进一步被打造；经济社会发展活力将得以激发，国内经济将面临下行压力，预计2015年中国GDP增长7%左右；市场活跃度有所提升，资金需求保持平稳，预计M2增长13%左右。

金融领域改革持续推进，统一开放、竞争有序的资本市场将加快建设。一方面，进一步深化金融重点领域改革，稳步推进利率和汇率市场化改革，根据条件适时、渐进地推进存款利率市场化，实施股票发行注册制等。另一方面，加快推动多层次资本市场建设。推进创业板与“新三板”、区域股权交易市场间的转板联通制度，同时放开私募和柜台市场等基础资本市场的发展，鼓励面向小微企业的金融服务创新。金融领域的多项改革加快推进，将进一步激发发展活力。

（三）货币政策保持稳健

2015年，宏观调控基调保持稳健，财政政策延续积极，而基于利率水平、经济增长等方面的综合考虑，货币政策将保持稳健，央行将根据流动性情况，灵活、有针对性地采取逆回购、调整存贷款利率和存款准备金率等政策。考虑到政策手段的灵活性，中期借贷便利（MLF）、短期借贷便利（SLF）等创新性工具将根据实际情况伺机采用。继续加大资产证券化的试点范围，进一步盘活存量、优化增量，支持经济结构调整转型升级。整合金融资源，进一步加大金融机构对小微企业和重点领域的支持力度。人民币形成机制改革进一步推进，外汇市场价格发现功能的完善以及交易主体自主定价和风险管理能力的进一步增强，将使人民币变动趋于稳定。

（四）首都发展战略调整和京津冀区域协同发展带来发展机遇

首都发展定位进一步清晰，北京市将继续调整疏解非首都核心功能、构建“高精尖”经济结构。与此同时，京津冀区域一体化作为国家战略将会得到实质性推进，区域协同发展将围绕产业结构调整、新型城镇化建设等多方面继续开展，在道路交通、大气治理、产业疏解、基础设施、产业园区等建设领域将产生巨大的资金需求，对北京市金融业带来一定发展机遇。

延伸阅读：京津冀区域协同发展的四个阶段

京津冀都市圈区域合作具有较长历史，早在20世纪80年代，京津冀都市圈的区域协调工作就已经开展，在这个过程中各时期关注的重点问题在不断变化。

第一阶段（1982年~1989年）1982年北京在《北京城市建设总体规划方案》中首次提出“首都圈”的概念，随后进行了首都圈规划，成立了全国最早的区域协作组织——华北地区经济技术协作会，解决地区间的物资调剂，指导企业开展横向经济联合。

第二阶段（1990年~2003年）各地方政府更为专注于自身经济的建设，在招商引资、基础设施建设、产业发展等方面展开激烈的竞争。京津冀都市圈的区域协作逐步削弱。区域内大型国有企业主导经济发展，不利于区域之间的产业发展合作。

第三阶段（2004年~2013年），在国家发改委的召集下，北京、天津和河北的发改委领导，在河北廊坊召开了京津冀都市圈发展和战略研讨会，三地官员达成了“廊坊共识”，决定就京津冀都市圈的基础设施、资源、环境方面展开合作，并引导区域内行业和企业间的经贸、技术合作，建立京津冀发改部门的定期协商制度。

第四阶段（2014年2月26日至今），借习总书记亲自批示契机，京津冀区域协同发展上升为国家战略，确定了区域一体化发展和产业融合等工作的重要性，提高了三省政府对于这项工作的重视程度，未来区域将会得到更好的发展。

四、2015年北京市金融领域展望

（一）金融业保持平稳较快增长，效益继续改善

2015年，虽然存在一些不利因素：自贸区试点推广中金融改革加大力度将分流首都部分金融资源；北京市依然处于政府债务偿还高峰期将加大金融风险等。但整体上，金融业仍将保持平稳增长：货币政策保持稳健，货币供应量相对稳定；北京市经济缓中趋稳，结构调整继续推进，企业效益有一定改善，市场主体资金需求保持平稳；随着存款利率可能放开、民营银行试点扩大等市场化改革的进一步推进，资金利用效率和配置效率将有所提升；多项降低企业融资成本措施的效果逐步显现、资金通道市场进一步打通，市场实际融资成本相对2014年将会降低。地方融资平台的规范清理也将降低金融风险。金融街西扩、CBD东扩以及丽泽商务金融等新区建设推进将进一步拓展行业发展空间，提升产业发展容量。此外，京津冀协同发展加快也将增加对北京市金融行业的需求。根据信贷增长以及行业的利润指标初步推算，2015年金融业增长有望达到11.2%，增速较2013年略有回调。

随着行业市场化改革不断推进，沪港通开通等资本市场领域改革创新加快落实，金融业整体效益有望继续改善。但是值得注意的是，在利率市场化以及资金脱媒快速发展等多元冲击下，占北京市金融四分之三的银行业净息差缩减，将持续压缩其利润空间。总体而言，2015年，金融改革创新将继续推动北京市金融业效益改善。

（二）行业发展态势不一，证券业加快发展

2015年，各行业发展继续呈现分化态势。**银行业发展较为稳定。**虽然存在债券等直接融资快速发展、互联网金融理财分流信贷资源、监管机构

加强监管等影响，贷款利率市场化后非银行机构竞争也更为激烈；但银行自身加快产品开发以及非信贷业务不断创新发展将带动银行业保持平稳较快发展。**证券行业发展或将加速。首先，**行业创新发展势头不减。股票发行注册制改革、资产证券化和融资融券范围扩大等将促进相关业务规模加快增长。**其次，**企业并购重组管制不断放松①，投资、并购、重组等活动活跃度提升，将带动北京市投资咨询、投行等业务加快增长。**再次，**新三板较快发展促进相关证券业务保持较好发展势头。“新三板”已正式实行做市转让制度，这也将推动促使券商盈利模式的转型。券商通过主板、定向增发、转板、做市、直投、资金监管等可以获得投行收入、经纪以及投资收益。**最后，**随着行业创新改革加快，资本市场相对将有一定回暖，交易量上升带动营业收入、利润回升，从而带动行业较快增长。**保险业有望平稳较快增长。**随着北京市居民消费理念的转变、保险市场化深入推进，财产险保费收入稳定、人身险加快发展将带动总体保费收入较快增长；保险市场会在产品、保费期限结构上发生略微变化，分红型产品将逐步减少，固定回报产品和保障型产品将增加；趸缴保费将逐渐减少，期缴保费和续期保费逐渐增加。

（三）金融市场活跃度进一步增强

1. 信贷规模稳定增长，结构继续改善

2015年，虽然资本市场的快速发展尤其是直接融资通道更为多元化，使得实体经济对信贷融资的依赖将有所降低；但随着国家和北京市经济缓中趋稳、宏观经济热度指数上升②、新机场等重大项目的推进，资金需求将相对平稳，银行业景气有所提升③；货币供应将保持适度增长，北京市

① 2014年3月，发布《国务院关于进一步优化企业兼并重组市场环境的意见》；7月，证监会对《上市公司重大资产重组管理办法》和《上市公司收购管理办法》进行修订。以“放松管制、加强监管”为理念，大幅减少和简化并购重组行政许可，在并购重组支付手段、定价方面也更加灵活而有弹性。这将降低企业并购重组的经济和时间成本，有利于行业集中度进一步提升。

② 据央行营管部统计，第三季度，银行家宏观经济热度指数为36.2，较上季提高3.9点。其中，69.7%的银行家认为宏观经济“正常”，29%的银行家认为宏观经济“偏冷”。对于下季，71%的银行家预期宏观经济“正常”，22.4%的银行家预期“偏冷”。

③ 第三季度，银行业景气指数为78.3，较上季提高3.3点。

信贷总量将保持稳定增长，增速相对2014年将保持平稳。

随着国家和北京市继续加大主动调控和持续推动经济转型，信贷将延续近两年的趋势，继续向重点产业、重点领域和经济薄弱环节加大支持力度。在二机场、轨道交通建设等项目带动下，基础设施类贷款有望保持快速增长，增速或将超过2014年；在科技、文化创意产业快速增长带动下，文化创意产业等重点行业贷款增长仍将保持较快增长；随着一系列支撑中小微企业发展政策的持续实施，小微企业贷款需求旺盛；利率市场化竞争加剧，银行自身转型也将对有潜力的小企业相对重视，小微企业的贷款增长仍将保持快于大中型企业的速度。从贷款期限结构来看，随着基建投资较快增长、房地产类贷款基数影响抵消，新增中长期贷款占比将略有提高，而新增短期贷款占比会略有下降。

2．资本市场活跃度提升，金融交易持续较快增长

2015年，实体经济缓中趋稳，需求延续平稳态势；一系列改革创新加快推动，沪港通打通海外资金通道等，将进一步激发市场活力，资本市场交易增长提速，股市将在波动中继续上行；同时，美元升值预期加大，利率水平的变动导致国际资本跨国间的大规模流动可能性增大，加剧资本市场的波动。总体而言，北京市金融市场交易将延续较快速度增长，从结构来看，股票交易、债券将有所回升，基金交易由负转正。同时，随着做市商和转板制度细则的实施完善，新三板挂牌企业数量也将快速增加，推动场外交易量较快增长。

（四）金融创新不断推进，行业业态不断丰富

1．金融业态不断丰富，新兴金融行业保持较快发展

随着北京市金融创新不断进行，融资担保体系的不断完善，创业投资、股权投资、小额贷款公司、第三方支付公司、科技金融等新兴金融机构不断涌现，基本覆盖了金融行业的所有业态。自2003年以来，新兴业态

金融机构已经占据新成立金融机构的一半以上，股权融资、小额贷款①等新兴金融机构收入和利润均保持两位数以上的快速增长。随着宏观经济缓中趋稳，中小微企业资金需求持续保持增长，居民消费需求升级带动相关业务增长等，新兴金融机构的这种快速发展的趋势将延续。

2. 融资渠道多元化，直接融资作用稳中增强

随着金融业态的丰富，金融产品和融资工具不断创新推出，融资渠道多元化趋势更为明显，北京市企业融资规模不断增长，其中，直接融资占比保持60%左右。从2015年以来的趋势看，直接融资对实体经济的支撑作用有望进一步增强。随着资本市场交易活跃、"中小企业股份转让系统"快速发展等，直接融资功能将进一步增强，北京市企业尤其是非金融企业和中小企业的直接融资占比将进一步提高，这将推动金融服务继续发挥对经济发展的支撑作用。

3. 互联网金融快速发展，改变行业发展格局

近两年来，互联网以及大数据的发展直接推动互联网金融迅速崛起。目前北京市已聚集各类互联网金融企业近200家，其中第三方支付企业56家，纳入央行互联网金融委员会统计的P2P融资企业31家。互联网的发展、大数据的崛起推动金融制度与业务模式不断创新，对金融行业发展格局形成冲击，这主要体现在以下三点：一是以第三方支付、移动支付替代传统支付业务；随着第三方支付、移动支付快速发展，北京市有望成为移动支付业务试点城市。二是以人人贷、余额宝、理财通等为代表的互联网金融对银行业部分传统存贷款以及理财业务有所冲击。三是逐渐显现以众筹融资替代部分传统证券业务的苗头和趋势。京东金融、百度金融、苏宁分别在其推出理财、小贷等业务之后，积极布局众筹，加速整

① 本市共批准设立81家小额贷款公司，注册资本金总额117.5亿元，贷款余额113.6亿元，年内累计发放贷款87亿元，主要向"三农"、中小企业以及个体工商及个人发放贷款。2014年上半年，本市共有创业投资和私募股权投资管理机构915家，管理资本总量11410.2亿元人民币，共发生创业投资和股权投资案例261起，投资金额582.8亿元，占全国的比重分别为37.1%和37.9%，均居全国首位，投资额接近2013年全年。

合产业链[①]。随着国家对行业潜在风险监管方式和监管模式进一步完善，未来互联网金融行业将保持健康、较快发展，行业格局的这种改变将日益明显。

4. 重点领域支撑力度加大，不断服务民生发展

金融产品和服务的不断创新，将继续有力支撑北京市重点领域建设和薄弱环节。目前，北京市不断通过股权、债权等融资工具，创新产品和模式，支持重点领域建设。通过与国家开放银行等金融机构合作，北京市成功发行40亿元企业债券[②]，用于首都棚户区改造、公租房等民生领域建设。通过加快农村集体土地承包经营权确权，创新金融模式，支持现代农业园区、专业大户、家庭农场、农业企业等多种形式规模经营。通过新型农村合作金融试点，农民专业合作社信用评价体系建设，增加农业保险品种等，农村金融改革建设将取得积极进展，进一步为“三农”发展发挥金融服务作用。随着可移动支付手段的使用、北京市电子发票试点运行等，缴费方式更为方便、灵活，民众生活更为便捷。

五、相关建议

（一）兼顾互联网金融的创新与监管

互联网金融是现有金融体系的有益补充，目前其发展已经显现雏形，每个细分领域的领先企业运营模式正在逐步完善，但是行业潜在风险也有所暴露，需要进一步规范行为、加强监管，积极引导互联网金融健康发展。一是加强互联网金融业务监管。建立并不断完善以“一行三会”为监管主体，科技部、商务部等多部门参与的协调机制。监管方式实行严格的分级分类监管，创新数字化非现场监管手段，重点加强经营行为动态监管和系统性风险控制。二是健全相关法律法规。借鉴国际经验，尽快出台放

① 继2014年4月百度发布众筹平台后，京东金融、苏宁金融于7月各自发布京东众筹和苏宁众包，整合资源，构建消费者、生产者、投资者和融资者共赢的发展模式。

② 北京天恒置业集团发行15亿元6年期企业债，发行利率5.4%，用于百万庄居民住房改善项目；北京市保障性住房建设投资中心发行25亿元15年期企业债，发行利率5.3%，用于6个公租房项目建设，中心主体评级和债项评级均为AAA。

贷人条例、电子资金划拨法，网络购物条例、网络借贷行为规范指引等相关法律法规，明确互联网金融双方各自权利与义务，赋予相应合法地位。三是完善消费者权益保护机制。出台互联网金融消费者权益保护办法，加强对消费者金融权益、私密信息和资金安全的保护，提振消费者对互联网金融的信心。

（二）抓住京津冀协同发展的国家战略机遇期，释放北京市金融行业优势

未来，京津冀区域协同发展将有所加快，围绕产业结构调整、新型城镇化以及基础设施等多方面的建设将继续开展，对金融业也将产生巨大的资金需求，带来一定的发展机遇。具体来看，主要有以下几个方面：一是京津冀区域协同发展应该是体现三地差异化的发展，差异化的发展需求将使不同金融机构发挥差异化的定价和分层服务功能。二是国企改革和产业迁移中的企业融资、并购重组、产权改革等将产生多方面资金与金融服务需求，资本市场将获得更多良机。三是随着要素价格改革的推进，价格体系的进一步市场化，充分释放医疗、教育、科技、交通、文化等领域的潜力，推进民生和公共事业的改革，需要金融充分发挥融资等多项功能。四是将推动区域间金融要素的优化配置，提升金融资源配置效率和使用效率，充分释放北京市金融资源优势。京津冀区域协同发展带来的机遇更主要体现在中长期发展方面，在这个过程中，北京市应该抓住机遇，利用自身的资源优势，比如发挥北京市投资咨询、股权投资等金融服务行业优势，进一步促进金融业的发展。

（三）推动金融创新，促进消费金融的稳步发展

受房地产市场调整、汽车限购等影响，以房产类、汽车等为主要构成的个人消费贷款增长放缓，在新增贷款中的占比有所下降。随着首都经济的发展、人民生活水平的提高，北京市消费结构正在向发展型、享受型方向升级，对于教育、休闲、文化、旅游等需求日益增多。在注重继续优化消费信贷环境的同时，结合需求结构变化，推动消费金融创新，包括金融产品的创新和支付手段的创新，积极挖掘各种消费潜力。进一步拓宽消费金融品种，突出耐用消费品贷款的同时，发展教育助学贷款、小额生活贷款、度假旅游贷款等，推动居民扩大精神消费、文化消费等方面的支出，充分发挥消费信贷对消费需求的挖掘和拉动作用。

（四）继续完善资本与产业、科技、文化对接，增强金融的支撑力度

以“中关村国家自主创新示范区建设国家科技金融创新中心”为据点，构建形成覆盖技术创新、产业发展全过程的多功能、多层次金融服务体系。继续大力加快海淀科技金融综合改革试验区建设，推广其经验，全面推进适应科技产业发展和投融资特点的金融工具和服务创新。以推进金融与科技结合为核心，进一步建设和完善科技信贷体系、科技保险体系、科技担保体系、科技创投体系、科技金融组织体系、科技上市公司培育体系。扩大科技企业信用贷款试点范围，大力发展知识产权质押贷款。增加科技保险险种，扩大保险覆盖面，发展科技再保险，加大科技保险政策支持力度。针对文化产业“轻资产”的特点，一方面，创新融资担保手段和模式；另一方面，要推动优质文化企业利用公开发行股票上市融资，扩大文化产业直接融资规模。

（五）推动银行业发展创新，应对利率市场化冲击

利率市场化背景下，银行业将持续面临盈利模式的冲击。与此同时，多层次资本市场的完善和非银行结构的壮大都对银行的发展提出挑战。面对新兴行业发展带来的挑战和资本市场的冲击，银行业自身必须加快转型，加快创新。随着网络科技和电子商务的发展，利用网络平台发展是银行业转型的一个重要方向。据研究，美国银行业网上银行、电话银行、网点和ATM四种渠道交易中，网上银行以年均11%的增长速度遥遥领先其他渠道。因此通过与科技、与网络平台的融合，减少依赖节点性的专用资本，运用网络化的社会资本应该是未来银行业转型和创新的一个重要发展方向，以网络化、移动银行为方向重构渠道体系，以虚拟化、便捷化和客户自定义为方向构建产品体系，培育行业自身的产业链和生态系统。

※ 专题研究

——《国务院关于加强地方政府性债务管理的意见》的意义和影响

2014年以来，财税体制方面的改革加快推进，8月预算法修正案通过，10月国务院出台《关于加强地方政府性债务管理的意见》（以下简称《意见》），两者勾勒出了我国地方政府债务问题的基本框架，具有重要的里程碑意义。新修订的《预算法》和《意见》在举债主体、运作模式、存量债务处理、风险防范处置等方面作了更为明确的规定，在地方债务运作模式、防范道德风险等诸多地方均有所突破。《意见》的实施将有利于地方政府债务可持续发展，降低无效资金需求，降低债务高企带来的系统性风险。政府信用背书降低了地方政府融资成本，为社会融资成本的下行提供有利条件。在基础设施以及公共服务等公益性领域，通过地方债及PPP模式适度满足地方政府融资需求,降低了地方财政对土地的依赖程度,在一定程度上分离了地方债务风险与房地产周期性下行风险，同时盘活社会存量资金,提高资金利用效率。

一、《意见》出台的背景

2014年8月份预算法修正案获得通过后不久，国务院于10月2日发布了《关于加强地方政府性债务管理的意见》。我国从2011年10月份开始在上海、广州、深圳、浙江等试点地方政府自主发债以来，相关领域的改革进展相对较慢（如表11~3所示）。2014年，两者的出台，代表着本届政府对于解决地方政府债务的一个全局性部署，这也是自全球金融危机后地方政府债务快速扩张引发投资者严重担忧以来，针对解决地方政府新增和存量债务的最为全面的解决框架。

金融危机以来，在“四万亿”刺激作用下，我国地方性政府债务快速扩张。根据审计署的统计，截至2013年6月底，各级政府负有偿还责任的

表11~3　　我国地方政府自行发债试点四年政策变化

<table>
<tr><th></th><th>2011年</th><th>2012年</th><th>2013年</th><th>2014年</th></tr>
<tr><td>试点省市</td><td colspan="2">上海、浙江、广州、深圳</td><td>上海、浙江、广州、深圳、江苏、山东</td><td>上海、浙江、广东、深圳、江苏、山东、北京、江西、宁夏、青岛</td></tr>
<tr><td>还债机制</td><td colspan="3">财政部代办还本付息</td><td>地方自行还本付息</td></tr>
<tr><td>发债额度</td><td colspan="4">国务院批准限额内，当年有效不得结转</td></tr>
<tr><td>债券期限</td><td>3年、5年各占50%</td><td>3年、5年、7年，均不能超过总额的50%</td><td>3年、5年、7年，均不能超过总额的50%</td><td>5年、7年、10年，比例为4:3:3</td></tr>
<tr><td>定价</td><td colspan="2">以新发国债发行利率及市场利率为定价基准，采用单一利率发债定价机制确定债券发行利率。</td><td colspan="2">以新发国债发行利率及市场利率为定价基准，采用单一利率发债定价机制确定债券发行利率。如发行利率低于招标日前1至5个工作日相同待偿期国债收益率，试点省市须在债券发行情况中进行重点说明。</td></tr>
<tr><td>评级</td><td>无</td><td>无</td><td>逐步推进建立信用评级制度。</td><td>试点地区按照有关规定开展债券信用评级，择优选择信用评级机构。信用评级机构及时发布信用评级报告。</td></tr>
</table>

债务206988.65亿元，负有担保责任的债务29256.49亿元，地方政府负有偿还责任的债务已经超过10.8亿元。地方政府性债务快速扩张，虽然保持了宏观经济增长的弹性和稳定性，但债务扩张也使得中国经济增长背负的债务负担越发沉重，债务风险也越来越凸显。由于没有自主发债权，地方政府借助融资平台公司，带来一系列诸如政府和企业责任划分不清、融资风险表外化和难以控制[①]、大量金融资源被无效部门占用导致资源配置低效率、腐败频发等问题。因此，如何规范和硬化地方政府财政纪律，是中国“去杠杆”的核心问题，也是党的十八届三中全会决定提出的“让市场在资源配置中起决定性作用”需要进展的重要一步（见表11~4）。

① 2008年和2009年我国地方债增速分别达到48.20%和61.92%，明显高于其他年份。随着债务快速增长，部分地方融资平台多头举债，项目资金管理不规范、营利能力较弱等问题日益突出。与此同时，部分融资平台公司自有资本金薄弱，缺少营利性项目，存在对银行信贷过度依赖、还款期限过于集中问题，对部分财政赤字较高的地方政府形成了很大压力，有债务风险集中爆发的可能性。比期限结构更严重的问题是，我国的地方债存在严重的信息不透明问题，这导致了以风险—收益为基础的市场定价能力失效。

表11~4　　　政府部门债务占GDP比重

单位：%

	2010年	2013年
全部政府债务占比	55.8	58.3
#中央政府债务占比	16.7	15.1
#地方政府债务占比	30.3	35.0
资产管理公司债务占比	3.5	2.5
政府对外负债占比	0.7	0.4

二、《意见》的主要突破

新修订的《预算法》和《意见》进一步对举债主体、举债权限、运作模式、存量债务处理、风险防范处置等做了更为明确的规定，勾勒了解决我国地方债务问题的相对完整的框架,具有重要的里程碑意义。《意见》主要有以下几个方面的突破。

第一，明确地方政府性债务的举借主体。债务举借由试点城市扩大至经国务院批准的省、自治区、直辖市，市县级需举债的省、自治区、直辖市政府代为举借。**划清楚政府和企业的界限，**政府债务只能通过政府及其部门举借，不得通过企事业单位等举借，分清责任，企业债务不能退给政府偿还，做到随借随还，风险自担。**剥离地方融资平台公司的政府融资职能，**融资平台公司不得新增政府债务。

第二，进一步规模地方政府债务融资及管理体制。举债规模方面实行地方政府债务规模限额管理，限额由国务院及人民代表大会确批；**举债采取政府债券方式，**没有收益的公益性事业需要融资的，由地方政府发行一般债券融资，以一般预算收入偿还；有一定收益的公益性事业需要融资的，由地方政府发行专项债券融资，以政府性基金或专项收入偿还。**地方债务需分门别类纳入全口径预算管理。**将一般债务收支纳入一般公共预算管理，将专项债务收支纳入政府性基金预算管理，将政府与社会资本合作项目中的财政补贴等支出按性质纳入相应政府预算管理。地方政府各部门、各单位要将债务收支纳入部门和单位预算管理。或有债务确需地方政府或其部门、单位依法承担偿债责任的，偿债资金要纳入相应预算管理。**举债用途严格限定**，地方政府债务只能用于公益性资本支出和适度归还存量债务，不得用于经常性支出。

第三，运作模式推广使用政府与社会资本合作的模式。对于城市基础设施（如供水供气、污水处理）等有一定收益的、能吸引企业参与的公益性事业投资和运营，推广使用政府与社会资本合作模式。投资者或特别目的公司可以通过银行贷款、企业债、项目收益债券、资产证券化等市场化方式举债并承担偿债责任。地方政府对投资者或特别目的公司按约定规则依法承担特许经营权、合理定价、财政补贴等相关责任，但不承担投资者或特别目的公司的偿债责任。**商业性质的企业经营项目**（如商业房地产开发）要与政府脱钩、完全推向市场。此类债务应转化为一般企业债。

第四，硬化地方政府预算约束，降低道德风险。首次提出地方债纳入政绩考核，中央政府实行不救助原则。《意见》首次提出将政府性债务作为一个硬指标纳入政绩考核，各省、自治区、直辖市政府要对本地区地方政府性债务负责任，中央政府实行不救助原则。各级政府要制订应急处置预案，建立责任追究机制。地方政府出现偿债困难时，要通过控制项目规模、压缩公用经费、处置存量资产等方式，多渠道筹集资金偿还债务。地方政府难以自行偿还债务时，要及时上报，本级和上级政府要启动债务风险应急处置预案和责任追究机制，切实化解债务风险，并追究相关人员责任。**与此同时**，《意见》要求银行继续按协议提供贷款以确保在建项目后续融资，为未来地方政府公益性事业投资运营开拓新的融资渠道，并建立债务风险应急处置机制来应对债务偿还危机。

第五，将存量债务纳入预算管理，妥善偿还存量债务。对于地方政府及其部门举借的债务，或由企事业单位举借但属于政府应当偿还的债务，应纳入地方政府一般债务和专项债务。对甄别后纳入预算管理的地方政府存量债务，各地区可申请发行地方政府债券置换，以降低利息负担，优化期限结构。地方政府还应妥善偿还存量债务，必要时可以处置政府资产偿还债务。**对于由企事业单位举借但地方政府无偿还义务的债务，其偿付应遵循市场规则。**地方政府应落实偿债责任，明确偿债时限，指导并督促债务人按时还本付息。对确需地方政府履行担保或救助责任的债务，地方政府要切实依法履行协议约定，作出妥善安排。对确已形成损失的存量债务，债权人应按照商业化原则承担相应责任和损失。

三、对宏观经济和资本市场的影响

第一，有助于地方政府债务可持续发展，降低无效资金需求，降低债务高企带来的系统性风险。根据审计署发布报告[①]，近几年我国的地方性债务保持较快速度扩张，地方政府进入偿债高峰；与此同时，在房地产和制造业投资放缓的情况下，政府需要通过保持基础设施建设投资规模稳定经济增长，要求地方政府的融资平台公司继续向银行、信托等金融机构融资，并保证不能违约，这都加大了财政金融风险。《意见》的出台有利于政府债务规模增长和使用方向更趋合理，降低无效资金需求，从而降低地方债务风险给金融系统带来的系统性风险。一是允许地方政府通过法律透明、成本更低的渠道举债，有助于改善地方政府债务可持续性。要求地方政府尤其是独立发债的地方政府编制和公布资产负债表，对提高地方财政透明度有重要意义。二是严格区分企业和政府责任，取消地方融资平台的政府融资功能，意味着未来缺乏透明的平台融资模式将大量压缩，各种平台类公司将要么被政府纳入预算，要么企业自负盈亏，这有利于地方政府减轻包袱；同时，政府债替换部分原来的城投债，有利于中国债券市场的深化和增强流动性。三是将地方债务纳入预算管理，通过规模管理和资金用途，保持地方债务规模的合理增长，保证债务资金使用方向，专债专用，同时能降低无效资金需求。四是通过严格限定地方政府举债程序，规范发债行为。五是债务置换有利于减轻地方政府利息负担和本金偿还压

---

① 审计署：《中国政府性债务：存量尚可控，增速需警惕》，2013年12月31日。

力，改善地方债务的期限结构。未来新发的地方政府债券期限平均在5~7年，现有存量债务平均期限在3年左右。

第二，利率将呈现趋势性降低趋势，社会融资成本有望降低。房地产、地方融资平台、部分过剩行业等资金需求大户对资金价格不敏感，是社会融资成本居高不下的重要原因之一。《意见》出台后，地方政府可以利用自身信用（政府信用背书）发行债券，这种债券利率相对较低，显著降低融资成本，从而也能改变地方政府对利率不敏感的现状，从而进一步降低社会融资成本。**与此同时，债务报告和公开制度**也有利于地方政府以较低的成本发行政府债券。据相关研究，地方政府的财政透明度与城投债发行利差显著正相关，地方政府的财政透明度越低，投资者承担的风险则相对越高，会要求更高的投资回报率以弥补其承担的风险。**从目前的利率水平来看，**我国国债收益率低于贷款利率和企业债收益率，而自发自还试点地方政府债的中标收益率与国债收益率大体相当。从信用风险角度来看，由于信用差异以及地方融资平台部分城投债剥离纳入地方性政府债务等，未来新发行的地方债务收益率将高于中央国债收益率，但是会明显低于银行平均贷款和城投债收益率（见图11~7）。

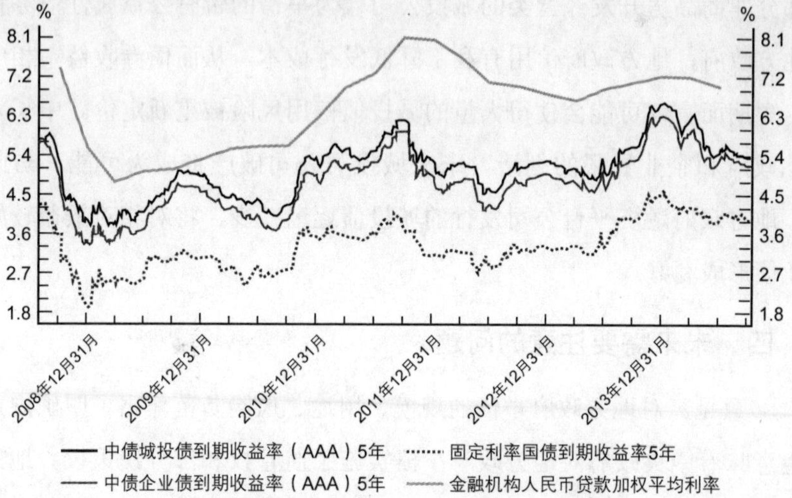

图11~7 银行贷款平均利率与债券收益率比较

第三，推广使用政府与社会资本合作模式，有利于降低财政对土地的依赖程度。在基础设施以及公共服务等公益性领域，地方政府可以采用信用背书发行债券，或者与社会资本合作（PPP）的形式进行，这有利于拓宽资金来源，降低地方财政对土地的依赖程度。PPP模式，通常是由社会资本承担设计、建设、运营、维护基础设施的大部分工作，并通过“使用者付费”及必要的“政府付费”获得合理投资回报；通过这种模式可以拓宽建设融资渠道，形成多元化、可持续的资金投入机制，有利于整合社会资源，盘活社会存量资本，同时激发民间投资活力，拓展企业发展空间，提升经济增长动力，促进经济结构调整和转型升级。政府部门负责基础设施及公共服务价格和质量监管，以保证公共利益最大化。与此同时，在目前房地产调整周期中，也一定程度分离了地方债务风险与房地产周期性风险。虽然地方政府还持有价值约5万亿元的土地储备，但由于房地产活动持续调整，未来两年的土地出让金可能不尽如人意。

第四，债券市场将呈现分化态势。未来通过分类治理，地方融资平台公司债务中属于地方政府债务将剥离回政府，用地方债替换相应的城投债；不属于政府债务的划入企业债，比如商品房开发类。由此可以推断，大部分非商品房开发经营类的城投公司代为举借的带有公益属性债务将划回地方政府，地方政府信用有利于降低发行成本，从而债券收益率相应降低。短期而言，可能会使得大量的城投债信用风险被重新定价。中长期来看，政府和企业界限的划清，未来城投类公司破产将成为可能。与此同时，地方政府融资平台公司发行的城投债逐渐减少，将对相对效益较好的产业债形成利好。

四、未来需要注意的问题

《意见》对地方政府举债的规模、用途、风险防范作出了明确规定，这也意味着中央政府对地方政府举债实施了监管权和部分决策权。地方政府在举债过程中，更多的是执行权，决策权、监督权及评判权依然归中央政府。那么中央政府对于地方政府实施“不救助原则”，需要地方政府拥有更多自主权，同时要求地方人大可以实质性地约束地方政府权力，同时需要央地关系以及宏观调控体系和社会管理体制方面的创新，引入地方政府破产机制等等。目前，这些改革难度都很大，短期内很难实现。在考虑到上述工作难度很大的情况下，《意见》中提及了上级救助机制。《意见》规定，地方政府难以自行偿还债务时，要及时上报，本级和上级政府要启动债务风险应急处置预案和责任追究机制，切实化解债务风险，并追究相关人员责任。因此，在短期内，中央政府对地方政府的救助是免不了的。

对于北京市而言，新修订的预算法以及《意见》有利于北京市政府性债务融资机制更为规范。2014年5月，北京市被纳入全国10家自发自还政府债的试点城市之一。从北京市情况来看，政府性债务在全国属于较好情况。截至2013年6月底，市政府负有偿还责任的债务为6506.07亿元，风险总体可控；已支出债务中约95.72%用于市政建设、交通运输、保障性住房等基础性公益性项目。但是目前债务管理中还存在债务偿还土地财政依赖相对较高、政府负有偿还责任债务增长较快等问题，2010年以来，北京市政府负有偿还责任债务年均增长33%左右。新修正的预算法案和《意见》有利于北京市政府债融资机制更加规范。

第十二章 人民生活

居民收入消费平稳增长 公共服务更加惠民便民

2014年，在经济运行缓中趋稳的发展态势下，北京市继续加大政策惠民力度，社会领域系列政策稳步实施，居民收入和消费保持增长，人口保持低位增长，城乡居民就业总体稳定，涉及民生的社会公共服务水平继续提升，社会保障程度和福利水平逐步提高。但居民增收缺乏长效机制、社会公共服务供给难以满足居民多元化需求等问题仍然制约着居民生活水平的提升。展望2015年，全面深化改革将进一步释放改革红利。北京市将适应超大城市民生多元化、多层次诉求，促使城市功能提升更好地为市民服务，实现居民收入和消费平稳增长，社会公共服务水平持续提升，努力让城乡居民生活得更加幸福。

一、2014年北京市人民生活主要领域运行特征

（一）居民收入稳定增长，实际增速与GDP增长基本同步

2014年，伴随着城乡居民就业的平稳运行，有关改革红利逐步释放，各项社会保障标准和社会福利待遇继续提高，带动北京市城乡居民收入实现稳定增长（见图12~1）。1~9月，北京市城镇居民人均可支配收入达到32322元，收入水平在全国省和直辖市中仅次于上海市，同比增长9.1%，扣除价格因素，实际增长7.1%，连续四年稳定在7%左右；农村居民人均现金收入达到17830元，同比增长10.4%，扣除价格因素，实际增长8.3%，连续四年保持在8%左右。预计2014年城乡居民收入实际增速为7.1%和8.2%，与GDP增长基本同步。

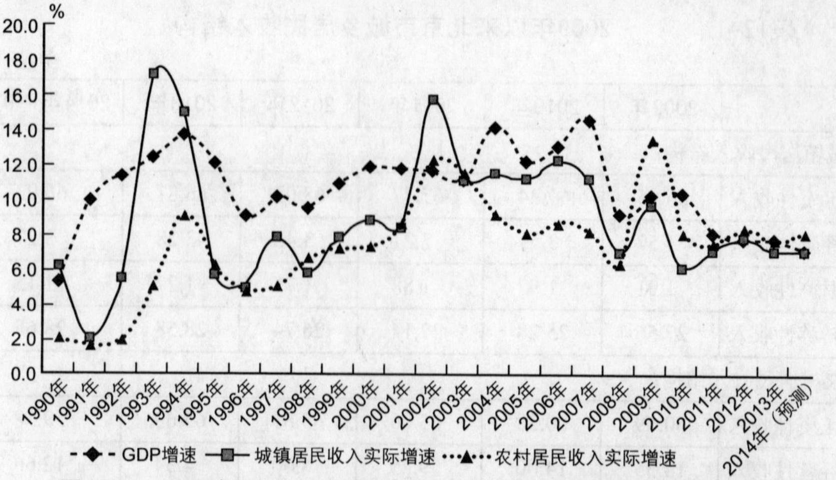

图12~1 1990年以来北京市城乡居民收入实际增长与GDP增速

城镇居民四类收入均保持增长态势，占家庭总收入比重超过九成的工资性收入和转移性收入仍是城镇居民收入的主要来源（见表12~1）。政策性因素推动工资性收入稳定增长。2014年，北京市将最低工资标准由1400元/月上调至1560元/月，加上企业效益较快增长、工资指导线为企事业单位调薪提供支撑等因素作用，城镇居民人均工资性收入延续2013年3月以来的增长态势，1~9月达到24407元，同比增长9.6%，涨幅同比提高1.7个百分点，占家庭总收入比重接近七成。**转移性收入保持稳定。**受各项社会保障标准持续提高带动，人均转移性收入保持历年同期的平均水平，1~9月达到10449元，同比增长9.4%，占比接近三成。**经营性收入持续增长。**受近年税费减免、审批松绑等扶持小微企业优惠政策持续显现，加上2014年注册资本登记制度改革正式实施，企业投资创业门槛进一步降低，助推城镇居民人均经营性收入延续2013年以来的持续增长态势，1~9月达到1191元，同比增长15.4%，涨幅同比提高12.6个百分点。**财产性收入稳定增长。**以余额宝为代表的新型金融理财方式逐渐普及、投资分红增加，受此推动，城镇居民人均财产性收入由2011年以来的波动增长转向稳定增长态势，1~9月达到418元，同比增长10.9%，涨幅同比提高9.8个百分点。

表12-1　　2009年以来北京市城乡居民收入结构

单位：%

	2009年	2010年	2011年	2012年	2013年	2014年1~9月
城镇居民收入结构：						
工资性收入	66.95	69.24	67.77	68.03	66.87	66.93
经营性收入	3.57	3.51	3.21	3.48	3.28	3.27
财产性收入	1.91	1.97	1.88	1.75	1.27	1.15
转移性收入	27.56	25.28	27.14	26.74	28.58	28.65
农村居民收入结构：						
工资性收入	60.69	60.38	65.00	65.81	65.63	59.58
经营性收入	14.35	14.00	9.25	8.00	4.54	12.66
财产性收入	11.7	11.99	10.43	10.42	18.79	11.19
转移性收入	13.26	13.63	15.32	15.77	11.03	16.57

注：城镇居民收入数据均为城镇居民家庭总收入，农民收入年度数据为人均纯收入，农民月度收入数据为人均现金收入。

农村居民四类收入实现不同程度增长，占农民现金收入比重接近九成的工资性、经营性和转移性收入是农民增收的主要动力。工资性收入低位增长。受平原造林管护任务减量带来农民就业增量有所下降等因素影响，农村居民人均工资性收入为2007年以来同期的次低水平，1~9月达到10623元，同比增长9.9%，较2013年同期降低5.3个百分点，占现金收入比重接近六成。**经营性收入扭转持续下行态势。**受盘活改建闲置农房发展乡村酒店、发展合作社等带动，农村居民人均家庭经营收入由2013年以来的持续下降转向稳定增长态势，1~9月达到2257元，同比增长7.3%，涨幅同比提高28.4个百分点。**转移性收入低位增长。**受养老金等福利标准调整影响，农村居民人均转移性收入增长有所放缓，增速为2007年以来同期的最低水平，1~9月达到2955元，同比增长10.3%，占比超过一成半。**财产性收入保持稳定。**土地流转确权加快、乡村集体资产经营推进，新型集体经济组织分红收益增加，促使农村居民人均财产性收入增速实现历史同期的中等水平，1~9月达到1995元，同比增长16.9%。

“提低扩中限高”政策改善低收入群体收入水平。2014年，以“提低扩中限高”为目标，北京市出台了一系列收入分配政策，促进低收入群体收入持续增长。一是国有企业工资总额控制和高管限薪促使企业调薪向工资水平较低的员工群体倾斜；二是2014年北京市最低工资标准提高11.4%，低收入群体直接受益；三是北京市企业退休人员基本养老金平均上调10%，并继续向退休年龄早、养老金水平偏低的人员倾斜。1~9月，20%低收入组城镇居民人均可支配收入同比增长11.8%，20%低收入组农村居民人均现金收入同比增长10.5%，增幅均高于城乡居民人均收入的平均水平。城镇、农村20%高收入户与20%低收入户收入差距较2013年分别缩小0.2倍、0.02倍。

（二）居民消费增长相对平稳，消费结构保持升级态势

伴随居民收入的稳定增长，消费理念和消费方式逐步更新，北京市城乡居民消费支出持续平稳增长，消费结构保持升级态势。受近年促消费政策效应减弱、基本消费趋于饱和、居民消费供需错位等因素影响，1~9月城镇居民人均消费支出达到20675元，同比增长7.2%，是2008年以来同期的次低水平；农村居民人均生活消费现金支出达到10436元，同比增长8.7%，与近五年以来同期水平基本持平。

从消费结构上看，衣着、交通和通信、教育文化娱乐、居住等方面支出均为城乡居民家庭的主要消费项目，城乡居民家庭消费结构保持一致的升级态势。**食品、衣着、交通和通信、教育文化娱乐服务等四类支出占比超过七成，是城镇居民消费的主要方向。**其中，城镇居民恩格尔系数（食品支出占消费支出比重）持续保持在30%左右；交通和通信、教育文化娱乐服务占比均保持在15%左右。此外，家庭设备用品及服务等类消费支出保持稳定。**食品、衣着、居住、交通和通信、医疗保健类是农民消费的主要项目。**其中，农村居民家庭恩格尔系数虽然同样处于30%~40%比较富裕的生活水平区间，但明显高于城镇4.5个百分点；受城乡居民医保报销水平差异等因素影响，农民医疗支出占比明显高于城镇居民；居住、交通和通信类支出占比均超过12%，显示农民自购房屋支出保持增势，智能手机应用加快向农村普及。

从消费热点上看，**服务性消费保持较快增长。**1~9月城乡居民人均服务性消费支出占比持续稳定在30%，同比分别增长10.1%和12.4%，增速均高于商品性消费支出。呈现三大特点：**一是旅游消费快速增长。**远郊休闲旅游需求快速增长。1~9月北京市乡村旅游共计接待游客同比增长7.8其他，乡村旅游收入同比增长11.7%。APEC期间旅游井喷。根据携程旅行网统计，APEC期间北京出游人数同比增长500%，人气直追国庆黄金周。其中，APEC假期国内游占比达六成；出境游方面，韩国、泰国、日本排名前三。**二是网络消费持续火热。**伴随电商平台消费逐步克服地域和门店位置限制，“双11”、“双12”等非传统季节性购物逐步成为新的消费时节，网络消费持续火热。1~11月城镇居民人均通过互联网购买的商品或服务支出同比增长46%；人均通过互联网购买的商品或服务支出在人均消费支出中所占比重由2013年同期的1.9%提高至2.6%。**三是文化娱乐消费、信息消费保持旺盛。**受惠民文化消费季活动持续开展、教育培训需求旺盛、智能手机日益普及等因素推动，城乡居民文化娱乐、信息消费支出快速增长。1~9月，城镇居民人均参观游览支出同比增长50.7%，农村居民人均文化体育娱乐服务消费同比增长45.4%，均保持快速增长态势；城镇居民人均电信费支出同比增长10.9%，农村居民人均通讯工具支出同比增长33.6%。此外，空气净化器、防霾口罩等消费增长翻番，有机食品消费快速增长，以节能环保、有机健康为内涵的绿色消费开始兴起。

（三）常住人口低位增长，居民就业保持稳定

常住人口延续缓慢增长态势。伴随全国人口红利逐步消退，北京市加快产业结构调整，近年北京市常住人口增速呈现持续下降态势。2011~2013年，北京市常住人口增速分别为2.9%、2.5%、2.2%。2014年，北京市继续坚持以业控人、以房管人、以证管人，特别是习近平总书记在北京考察时就推进北京发展和管理工作提出要求之后，非首都核心功能疏解步伐加快，人口规模控制力度逐步加大，户籍人口继续保持增长态势，常住外来人口增量保持下降趋势，促使常住人口延续缓慢增长态势。

在加强人口规模控制背景下，北京经济增长放缓、高校毕业生规模持续高位，就业仍然承受较大压力，但在一系列就业促进政策作用下，就业形势保持稳定。**一是行业就业保持稳定。**截至2014年9月，北京市法人单位就业同比增长2.9%，自2011年一季度以来保持稳中有降的态势，滞后经济增长约一个季度。从具体行业看，受产业结构升级、调整疏解等因素影响，制造业、批发和零售业就业比重微降，租赁和商务服务业、信息服务业、科技服务业等增长平稳，支撑了就业的持续稳定，五大行业就业占比持续稳定在一半以上，有力保障了就业的总体平稳。**二是高校毕业生群体就业保持平稳。**截至9月，北京地区高校毕业生就业率94.3%，尽管同比下降1.1个百分点，但仍持续保持95%左右的较高水平。在近年高校毕业生规模不减、经济缓慢增长的形势下，高校毕业生就业水平持续高位，有力保障了北京市重点群体就业的总体稳定。

外来人口就业有所下降，非就业外来人口呈上升态势。伴随非首都核心功能加快疏解，如区域性批发市场加快转移外迁，集中在批发和零售业、制造业、建筑业和居民服务业等行业就业的外来人口增速开始出现下降态势。与此同时，非就业的外来人口开始上升。一方面，经济形势放缓导致找工作的外来人口数量增多；另一方面，受老年优待卡办理范围扩至非京籍老年人等政策因素影响，退休的外来人口登记量持续增加，此类人群是常住人口持续增长的重要来源。此外，北京市优质公共服务对外来人口的吸引力仍在不断加大，人口涌入压力仍然较大。

（四）社会公共服务水平提升，居民生活质量逐步改善

居民子女受教育条件逐步改善。2014年，学前教育、中小学、市属高校3个“三年行动计划”有序推进，累计增加幼儿园学位7.5万个、中小学学位17万个，学位紧张状况有所缓解。调整实施义务教育免试就近入学政策，加快建设一体化学校、组建教育集团、名校办分校，教育联盟合作

办学等，促使优质教育资源总量不断扩大。**居民就医条件更加方便。**2014年，友谊医院等5家试点医院医药分开改革成效得到进一步巩固。试点医院与改革前相比，总体药占比明显下降，患者医疗费用负担明显减轻。地坛医院迁建工程、积水潭医院回龙观院区建成投用，10个新城区域医疗中心基本建成。推行分时段预约就诊，以核心医院和合作医疗机构为主体，成立了28个区域医联体，完善分级诊疗服务体系，居民就医条件更加方便。**居民文化服务更加便民、惠民。**文化馆、图书馆和美术馆三馆免费开放持续推进，截至9月，北京市24个公共图书馆总流通人次783.3万人，同比增长30.7%；52家主要演出场所演出1.2万场，观众人数达到436万人，平均上座率达到70%；图书通借通还服务规模进一步扩大，112个通借通还点实现通借图书约586万册，通还图书约563万册，新办读者卡11.9万个；共举办各类群众文化活动约10000场。**居民居住条件进一步改善。**截至9月底，北京市新开工建设保障房6.2万套，竣工8.2万套；摇号分配各类保障房2.9万套；公租房实现入住2.3万套，为7000多户家庭发放公租房租金补贴近亿元；1.5万套自住型商品房源接受申购，累计售出自住房1.3万套。中心城区棚改、老旧小区综合整治、农宅改造等工程扎实推进。老旧小区节能保温、抗震加固、公共区域整治等综合改造和简易楼改造实际开工1200多万平方米，其中已完工300万平方米；全面推进8万户农民住宅抗震节能改造工程，进一步改善了中低收入群体的住房条件。

（五）社会保障程度逐步提高，福利水平进一步提升

居民社会保障水平进一步提高。2014年，北京市全面推进“城乡一体化、水平多样化、服务均等化、管理精细化”的覆盖城乡全体居民的社会保障体系建设。截至9月底，职工基本养老、医疗、失业、工伤和生育保险参保人数同比平均增长4.5%；城乡居民养老保险和城镇居民医疗保险参保人数进一步增加。企业退休职工基本养老金、最低工资、失业保险金、工伤职工伤残津贴及城乡居民基础养老金、福利养老金平均增幅为10%左右（见表12~2）。制度互助共济功能进一步增强。实施了城镇居民大病保险制度，对医疗负担较重的参保居民给予再次报销，基金支付2000多万元，惠及2100多人，有效减轻了居民医疗负担；对重特大疾病个人负担重的参保职工给予一次性医疗救助，救助金额1700多万元，缓解了职工“因病致困”问题。**养老服务水平进一步提升。**2014年，北京市加快落实养老服务业发展的意见和养老机构建设实施办法，全力推进养老服务社会化、产业化改革，构建养老服务业发展格局。南城养老院主体基本完工，区县级养老机构和社区养老中心加快建设，发布加快推进养老服务业发展的意见，第一批医养结合试点稳步实施。推进102个拥有50~100张床位的街乡镇级养老照料中心建设，辐射和带动社区居家养老。确立老年生活照料、健康服务、文化教育、休闲旅游等重点扶持产业，引导社会资金参与养老服务。在海淀区开展养老服务“券变卡”试点，扩大服务范围，丰富服务内容，共制卡8万张，养老服务消费860万元。各项社会保障和福利水平的不断提升，缓解了居民的后顾之忧。

表12~2　　社会保障待遇标准主要指标对比

单位：元/月

项目	2013年	2014年	增加
企业退休职工基本养老金	2810	3050	240
城乡居民基础养老金	390	430	40
城乡居民福利养老金	310	350	40
工伤保险定期待遇（伤残津贴）	3071	3379	308
职工最低工资标准	1400	1560	160
失业保险金标准	892~1001	1012~1121	20
城市最低生活保障标准	580	650	70

二、影响人民生活水平提升的主要问题

伴随首都经济社会发展水平提高，北京市居民生活水平得到明显改善。然而，与居民生活息息相关的一系列问题始终存在，在新形势下部分问题变得更加突出，并且在居民诉求日渐增多的背景下伴生一些新问题，

如收入增长对政策依赖过重、雾霾日益常态化、房价居高不下、社会公共服务供给难以满足居民多样化需求等，影响了居民生活水平的提升。

（一）收入增长缺乏长效机制，对政策因素依赖性较强

一是企业职工收入与效益协调增长的机制虽已建立，但是企业工资指导线的落实程度总体偏低，尤其是在外资、合资、私营企业中知晓率低、执行力度偏弱。2013年，北京市城镇非私营单位就业人员年平均工资比2013年增长9.8%，明显低于12%的工资指导线基准线。二是工资的市场调节机制不健全，劳方在工资议价中仍处于弱势，近年来企业职工工资集体协商工作的总体进展较为缓慢，工资集体协商制度在非公企业难以切实执行，工资指导线缺乏法律约束力。三是机关事业单位职工工资正常增长机制仍未建立。当前北京市机关事业单位职工的工资标准多年未进行调整，工资正常增长机制尚未建立，机关事业单位职工工资增长对临时性增资政策的依赖性较强。近年来机关事业单位职工工资水平、增速均低于社会平均水平。2013年，北京市公共管理、社会保障和社会组织行业的在岗职工平均工资为78310元，低于北京市在岗职工93997元的平均水平；2008~2013年，北京市公共管理、社会保障和社会组织行业的在岗职工平均工资年均增长7.1%，低于北京市11.3%的增长。四是农民持续增收压力较大。北京市农民收入已连续多年保持较快增长，随着收入基数提高，增收主要依赖近郊高收入农民转居、绿色就业、公益性岗位、转移支付等政策刺激，农村劳动力转移就业压力仍然较大，农民自主创业能力依然较弱，导致农民持续增收潜力相当有限。

（二）常住人口增长压力仍然较大，影响了城市居民生活品质的提升

当前，北京市户籍人口和外来人口增长压力仍然较大。一是户籍人口增长压力大。从机械增长来看，由于北京市户籍长期由央地相关部门多头管理，尽管近年北京市属单位开始逐年收紧户籍审批，但中央单位户籍审批未见收紧，导致北京市户籍机械增长人口仍然保持较大规模。从自然增长来看，医疗技术的进步、营养条件的改善以及“单独二孩”政策的实施，促使自然增长人口保持持续增长态势。二是常住外来人口增长压力仍然较大。近年来，在全国人口红利逐步消退、区域经济发展水平提升的大背景下，北京市常住外来人口增速开始呈放缓态势，常住外来人口增量持续下降，但首都优质公共服务资源、良好就业机会等对外来人口仍具较强吸引力，导致外来人口总体规模仍然较大。人口规模的持续高位，给北京城市公共服务和管理带来严峻挑战，带来交通拥堵、环境污染、水资源和能源供应严重短缺、入学难、就医难等问题频现，不可避免地损害了全体居民的生活质量。

（三）交通和生态环境仍然堪忧，严重制约了城市宜居条件的改善

发达顺畅的交通和良好的生态环境是判断城市宜居的两个关键标准。近年来，尽管北京市陆续出台实施了一系列交通缓堵、大气环境治理等综合调控措施和行动计划，但北京市的交通拥堵、雾霾频现等问题仍然突出，严重制约着城市宜居环境的改善。一是居民出行需求增长旺盛，持续紧张的公共交通供需矛盾逐步削弱交通需求管理政策措施的效果，交通拥堵形势依然严峻。人口总规模持续高位，居民职住分离现象突出带来了旺盛的出行需求，与此同时不断加快的城市轨道交通建设仍然赶不上需求的增长，加上机动车保有量居高不下、城市交通管理水平总体较低，城市交通压力仍然较大。二是雾霾呈现常态化趋势，生态环境治理压力持续加大。近年来，北京市雾霾天气持续出现，渐成常态。尽管雾霾治理方案“一箩筐”，诸如应急响应启动、污染企业关停并转、交通限行限号等举措密集实施，但结果多是“等靠熬”。交通和雾霾等生态环境持续得不到有效改善，将很大程度上影响首都城市的宜居水平。

（四）社会公共服务供给仍难以满足居民多样化需求

一是居民多样化教育需求难以得到满足。当前北京市中小学课外教育活动师资和场地双双缺乏，应试教育、学历教育仍然占据主流，职业教育仍不发达，个人成长所需的教育培训质量参差不齐，终生教育体系远未完善，带来居民追求个性、成长、开放的多样化教育需求难以得到有效供给。二是居民文化需求远不能得到满足。当前“80后”、“90后”已成文化消费的主体，但从文化产品供给来看，文化体制改革仍然滞后，文化产品主要由各级政府提供，加之政府对文化企业政策引导扶持不够，文化企业创新动力不足，导致文化产品供给较为单一，多样化明显不足。一些文化产品要么曲高和寡，价格高昂，要么粗制滥造，媚俗庸俗。符合时代潮流、价廉物美的文化产品供给远不能满足居民需求。三是养老服务供给难以满足居民需求。近年来北京市人口老龄化程度不断加深，居民养老需求日益旺盛，但与此同时，现有养老业态仍未完善，养老床位数总量不足与利用率低并存，机构养老供需失衡，社区养老、居家养老配套仍不完善，基本医保难以保障居民养老，加上以房养老、异地养老、医养结合等新的养老模式和试点短期内难以有效落实或推广，带来居民养老供需脱节较为严重。

三、2015年北京市人民生活主要领域展望

2015年，北京市将适应超大城市民生多元化诉求，促使城市功能提升更好地为市民服务，实现居民收入和消费平稳增长，社会公共服务水平持续提升，努力让城乡居民生活得更加幸福。

（一）改革释放红利，为民生改善提供有力保障

2015年，与民生改善相关的制度改革有望得到细化和落实。具体来看，涉及收入分配、教育、医疗、养老、人口等方面的改革有望细化和落实，逐步释放改革红利，促进居民生活水平进一步提升。一是教育领域行动计划加快落实，免试就近入学持续深入，中小学课程教学改革进一步深化，中招、高招改革稳步推进，公立医院改革继续推进，外资独资医院在北京等7省市试点，养老服务产业化、市场化加快发展，将为北京市居民提供更高水平、更加均衡的教育、健康、养老等公共服务。二是收入分配改革将逐步细化落实，县以下机关建立公务员职务与职级并行制度、国企薪酬改革等意见方案有望细化实施，机关事业单位工作人员养老保险制度

改革破冰，引导农村土地经营权有序流转，发展农业适度规模经营，将为北京市居民生活水平改善奠定坚实基础。三是户籍改革、居住证管理等意见和办法将逐步落实，超大城市人口规模受到严格控制，将确保北京市人口有序增长，有利于促进城市人口、资源与环境的协调发展。

延伸阅读：《居住证管理办法（征求意见稿）》政策亮点

12月4日，国务院法制办公布《居住证管理办法（征求意见稿）》，规定设区的市级以上地方人民政府应当确定居住证制度实施的区域范围，并根据本办法制定实施办法。这意味着，我国即将步入"居住证时代"，对城市流动人口的生活将带来深远影响。

【亮点一】**三类人口居住半年以上可办理居住证**

征求意见稿规定，公民离开常住户口所在地，到其他设区的市级以上城市居住半年以上，符合有稳定就业、稳定住所、连续就读条件之一的，可以依照本办法的规定申领居住证。应该说，这一规定实际上降低了居住证办理门槛，可以保证绝大多数流动人口都能够办理居住证，保障他们在居住地享受基本的公共服务和便利。

【亮点二】**享受当地人口同等公共服务及便利**

征求意见稿规定，居住证持有人在居住地享受与当地户籍人口同等的一系列基本公共服务和便利：免费接受义务教育、平等享有劳动就业权利等数项公共服务和按照国家有关规定办理出入境证件、机动车登记、申领机动车驾驶证等数项便利。居住证持有人也将逐步享受中等职业教育资助、住房保障、在居住地享受换领、补领居民身份证等数项权利和便利。应该说，这些公共服务和便利涵盖了就业、社会保险、医疗、教育等方面最基本的社会保障内容，保证了居住证基本的含金量。在暂时不能完全放开户籍限制的情况下，给予流动人口基本的福利保障和权益预期是十分必要的，同时它也规定了享受住房保障等其他权利和便利的方向。

【亮点三】**大城市可建立积分落户制度**

征求意见稿规定，居住证持有人符合居住证发放地人民政府规定的落户条件的，本人及其共同居住生活的配偶、未成年子女、父母等可以在居住地申请登记常住户口。征求意见稿也明确了各类城市制定落户条件的标准，其中规定，城区人口500万人以上的特大城市应当根据综合承载能力和经济社会发展需要，以具有稳定就业和稳定住所、参加社会保险年限、连续居住年限等为主要指标，建立完善积分落户制度，合理设置积分分值。应该说，该规定建立了流动人口登记为常住户口的通道，将使北京、上海等特大城市的居住证更具吸引力，而对中小城市而言，居住证更多的是作为一种享受公共服务和便利的凭证。

（二）居民收入将延续稳定增长态势

2015年，国家的各项收入分配改革有望得到逐步细化落实，北京市经济步入适度增长的新常态，就业总体保持稳定，各项社会保障待遇有望继续提高，将为北京市居民收入的稳定增长提供有力支撑。一是工资性收入增长有望保持平稳。经济保持稳中提质，有利于稳定和扩大企业劳动力需求，产业升级、服务业潜力加快释放等因素有助于保障就业稳定增加，将有力保障居民工资性收入的稳定。二是经营性收入将持续改善。针对小微企业的税收减免优惠政策效应持续显现，注册资本登记制度改革得到深入落实，郊区旅游需求保持旺盛推动乡村酒店、合作社加快发展，将有力改善居民的经营性收入状况。三是财产性收入将继续改善。国家及北京市宏观经济形势稳定，金融、财税等多项改革政策利好股市，新型理财方式日益普及，同时农村土地经营权流转有望加快，新型集体经济组织分红收益保持增势，将保障着居民财产性收入的继续改善。四是转移性收入有望平稳增长。企业退休人员基本养老金、最低工资、失业保险金、工伤职工伤残津贴等社会保障待遇标准将继续上调。综合来看，预计2015年北京市城镇、农村居民收入名义增速分别为9%左右、10%左右。

（三）居民消费将继续保持平稳

2015年，随着居民收入平稳增长，网络、物流等消费环境不断改善，加之国家将大力实施养老健康家政、信息、节能环保、旅游休闲、住房、文化教育体育等六大领域消费工程，有助于促进城乡居民消费保持平稳。一是新兴消费有望进一步提升。电商平台加快建设，网络支付平台逐步完善，物流配送模式日渐更新，移动互联、数字电视等产品和服务创新日益深入，宽带北京行动计划扎实推进，将推动网络消费、信息消费蓬勃发展。二是服务性消费品质将逐步提升。健康服务业加快发展，文化消费相关政策积极引领，职工带薪休假制度逐步落实，将释放居民健康养老、教育培训、文化娱乐、文化体验、旅游休闲等发展型、享受型消费需求。值得注意的是，公交票价调整将带来居民对物价上涨的预期有所加大等因素可能对消费施加负面影响。综合上述，预计2015年城乡居民消费同比增长8.5%左右。

（四）社会公共服务水平有望进一步改善

优质教育资源分布逐步均衡。2015年，北京市普惠性学前服务资源有望进一步扩大，办园主体和投入体制进一步多元化，适龄幼儿入园需求将通过多层次、多途径得到满足。一批幼儿园、中小学将新建、改扩建。城乡一体化高中将加大建设力度，高中优质学位结构迁移有望实现，城区部分完中学校改为初中的探索前行，在郊区县建设一批优质高中校不断推进。**医疗卫生服务效率持续提高**。医改将进一步深化，分级诊疗和社区首诊将不断推进，医疗服务模式有望逐步完善和创新，以社区卫生服务机构为主体的基层医疗卫生服务建设继续推动。家庭医生式服务内涵将继续提升。区域医联体建设积极推动，基层与公立医院转诊预约服务渠道将进一步畅通。社会资本有望投向医疗资源稀缺及满足多元化服务需求领域，外资办医将获实质推进，康复医院、护理院及妇产、儿童等专科医院举办有望加快。医联体建设有望加快，分级诊疗服务体系进一步完善。**惠民的公共文化服务体系更加完善**。数字文化服务将继续开展，公共文化服务的信息化、数字化水平有望进一步提升。公共文化服务运行机制创新将逐步推动，政府购买公共文化服务范围进一步扩大，社会力量参与公共文化服务体系建设规模有望加大。基层文化机构管办分离试点将逐步推行，公共文化设施运营主体多元化将有断推进。**居民居住条件持续改善**。保障房筹集力度将加大，“十二五”时期100万套的建设任务有望完成。2015年将建设筹集各类保障房8.5万套，基本建成8万套，中低收入群体居住条件将进一步改善。社会单位趸租力度进一步加大，备案家庭有望通过购买自住房、参加合作型保障房试点、承租公租房、领取租赁补贴等多种方式解决住房困难。**养老服务逐步实现广覆盖、高水平**。2015年，北京市将针对失能、失独、失智老年人及其家庭需求，制定相关服务保障政策，扩大养老服务覆盖面，弥补政策空白。《北京市居家养老服务条例》逐步落实，社区养老服务设施及其组织服务水平进一步完善，老年人基本养老需求将就近获得满足。养老照料中心建设加快推进，向社区和居家的服务功能进一步强化。在北京市推广“券变卡”，医养结合持续推进，更多社会力量积极参与，老年人的多样化需求有望逐步得到满足。

四、政策建议

2015年，北京市将深入贯彻落实党的十八大、十八届三中、四中全会和中央经济工作会议精神，深入学习贯彻习近平总书记系列重要讲话和对北京市工作的重要指示精神，落实市委十一届五中全会和六中全会精神，深化收入分配、社会保障、住房等民生领域改革，促进居民增收，释放居民消费潜能，持续加强人口规模调控，努力提升居民生活品质。

（一）以改革促增收，让居民进一步分享改革红利

一是促进劳动工资稳定增长。落实收入分配改革方案，进一步提高劳动报酬在初次分配中的比重。健全工资决定和正常增长机制，完善最低工资和工资支付保障制度，完善企业工资集体协商制度。**二是**继续简政放权，进一步为企业减负。政府对企业给出权力“负面清单”，在清单之外有步骤松绑审批，降低企业投资创业门槛，降低初创企业和小微企业的税费负担，提升个体私营经济的市场活跃度，扩大居民就业，最终促进居民工资性收入、经营性收入稳步增长。**三是**逐步理顺价格机制，创新政府补贴方式方法。建议今后用于民生改善、带有普惠性质的财政补贴，如供暖费等，更多地考虑以“明补”的方式进行，既可增加居民收入，也可改善居民对福利享受的直观感受。**四是**继续健全社会保障等收入再分配调节手段。继续完善社会保险关系转移接续政策，持续上调养老金、失业保险金、伤残津贴、城乡低保等各项保障待遇标准。考虑公交票价调整对低收入群体出行的影响，增加补贴，降低低收入群体交通支出负担。加大公租房投放力度，降低中小企业用工的隐性成本、提升利润空间，改善低收入群体的生活状况。扩大自住型商品房供给，进一步增加居民家庭资产，改

善居民家庭资产分布不均的状况。

（二）落实政策，创新模式，努力释放居民消费潜能

一是大力促进服务性消费。积极培育与市民需求层次上升相适应的教育培训、健康养老、旅游休闲等产业发展，扩大服务消费。落实旅游综合改革实施方案，实施好职工带薪休假制度，引导扩大旅游消费。制定出台促进文化消费政策，发展文化与科技、教育、体育、旅游等结合的文化体验型消费。二是促进新兴消费快速发展。鼓励网络消费，以电子发票推广、电子商务公共信息平台建设等信息化手段推进境内境外电子商务规模化发展。创新推广“网订店取”、“自动取货柜”等配送模式，促进传统产业转型升级。进一步扩大信息消费，加快4G应用开发，支持移动互联等产品和服务创新发展。三是全面优化消费环境。鼓励消费信贷发展，创新支付产品，提高消费体验。切实解决质量安全、物流配送等消费者反应强烈的问题。

（三）加强人口、交通、环境治理，切实提升城市宜居宜业水平

充分运用法律、经济、行政等多种手段标本兼治，进一步加强人口规模调控，加快解决人口无序增长带来的交通拥堵、污染加剧等城市发展难题，切实提升城市宜居宜业水平。一是维护居民生产生活安全。综合运用法律、经济等手段，严厉打击违法用地违法建设，开展城乡结合部重点地区综合整治，持续推进群租房、地下空间治理，维护居民生产生活安全。严格执行新增产业的禁止和限制目录，严控低端产业无序发展，推动中心城区功能疏解，实现人口有序流动。出台居住证制度，加强人口服务管理，保障居民合法权益，推进基本公共服务常住人口全覆盖。二是坚持疏堵、治乱、惠民，缓解城市交通拥堵。建设、畅通一批微循环道路，完成一批疏堵工程项目，建设一批专用自行车道。提升绿色出行比例，继续新增公共租赁自行车，保障公共租赁自行车可持续发展。提高地铁承载能力和出行比例。建设开通地铁新线，增加定制公交线路，大幅增开微循环公交，方便市民最后一公里出行。三是下更大力气改善生态环境质量。坚决抓好PM2.5综合治理，全面落实清洁空气五年行动计划和大气污染治理措施，加快实施污染减排工程，实现城市核心区无煤化，城六区集中供热无燃煤。加大机动车污染治理力度，加快高污染高耗能行业调整退出。加强生态环境建设，千方百计增加中心城区绿化面积，构建清新、秀美、宜居的绿色家园。

※ 专题研究

——2014年北京市居民关注热点变化及2015年期盼

《北京市居民关注热点调查》是了解北京市居民关注热点问题、热点领域，及时把握居民关注热点问题的现状和变化趋势的一项专门研究。自2006年以来，北京市经济信息中心委托北京中观经济调查有限公司（以下简称“中观调查”）对北京市居民关注的热点问题进行连续性监测，并在此基础上设计了《北京市居民关注热点问题调查（PCR，Public Concern Research）》。

2014年北京市居民关注热点调查共涉及教育、文化、医疗、交通、环境、社区建设、就业、健康、养老为老服务、社会保障与福利、住房、城市管理以及其他问题等13个领域中116个方面，共800多个居民关注的具体问题。

一、2014年北京市居民关注热点领域的变化情况

2013年，在医改持续深化背景下，“医疗”领域成为北京市居民最为关注的领域，“交通”、“住房”、“教育”、“环境”领域分列第二、三、四、五位；其他依次是“就业”、“养老为老服务”、“城市管理”、“健康”、“社区建设”、“文化”和“其他”领域。

与2013年相比，2014年“医疗”领域继续蝉联居民最关注领域桂冠，在2014年年中及年末两次调查中，提及率分别为27.5%、23.4%；受公共交通票制票价调整的影响，居民对“交通”领域关注度快速攀升，居第二位，年中、年末提及率分别为13.3%、21.9%；受住房贷款政策放开等政策影响，房价有所松动，带来居民对“住房领域”的关注度有所下降，降至居民最关注领域的第三位，年中、年末提及率分别为13.5%、15.8%；伴随义务教育阶段入学政策调整实施，入学难问题有所缓解，带来居民对教育的关注有所下降，位列第四，年中、年末提及率分别为20.6%、14.4%；

雾霾日渐常态化，居民对环境治理的认知程度不断上升，带来居民对“环境”领域的关注度持续高位，连续五个季度位列第五；人口老龄化、延迟退休年龄等热点问题推升了居民对“养老为老服务”领域的关注度，在2014年两次调查均稳居第六位；“就业”、“社会保障与福利”和“健康”领域分别排在第七、八、九位；“城市管理”、“社区建设”、“文化”和“其他”领域分别排在居民最关注领域的第十、第十一、第十二和第十三位。

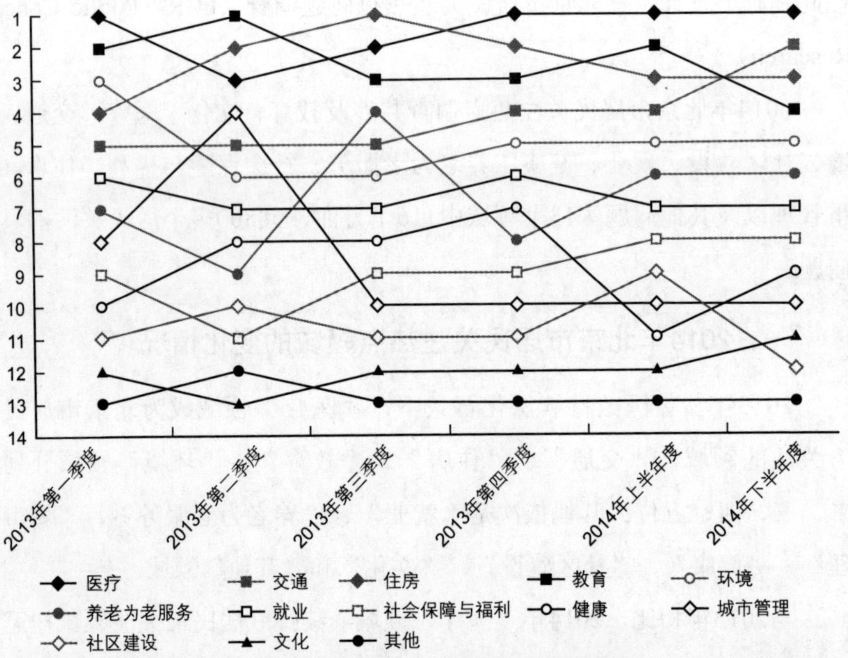

图12~2 2013~2014年居民最关注的领域

二、2014年北京市居民最关注的热点问题

2014年，空气污染、交通拥堵、公交票价调整等仍然是北京市居民最牵挂的热点问题，而对房价的关注度虽仍保持高位，但较往年已有所下降。

表12~3　　　2014年居民最关注热点问题变化

关注热点问题	四季度提及率	2014年下半年	2014年上半年
污染问题	66.50%	1	1
交通拥堵	63.76%	2	3
公交问题	59.40%	3	8
医疗费用	59.40%	4	4
房价	59.03%	5	5
私家车问题	48.07%	6	7
地铁	46.08%	7	14
污染治理	43.09%	8	23
就医环境	38.23%	9	6
公共场所卫生	37.24%	10	2
医保报销	33.87%	11	15
医疗资源均等化问题	31.38%	12	11
老年人养老问题	27.52%	13	9
教育资源均等化问题	25.28%	14	12
保障性住房	22.67%	15	28

（一）“污染问题”连续两年成为年度居民最关注的热点问题

2014年，北京市陆续出台实施《北京市大气污染防治条例》、《北京市2013~2017年清洁空气行动计划》，全年PM2.5一级优天数达到93天，重污染天数为45天，空气质量较2013年有了明显改善。虽然产生雾霾的各种因素难以短期内根除，但在“APEC蓝”等象征空气质量有所好转现象带动下，居民对加强大气污染治理的期盼持续高涨，在年中和年末两次调查中，居民对“污染问题”的关注度均位居第一，居民关注提及率分别为60.1%和66.5%。同时，“污染治理”问题从年中调查的第二十三位直升到年末调查的第八位。

（二）“交通拥堵”和“公交问题”排在第二、三位

在年末交通运行状况评价调查中，有62.3%的被访居民认为2014年交通运行的总体情况跟2013年差不多，34%认为2014年交通更堵了，表明近

年交通持续拥堵的现状未得到明显缓解，带来居民对“交通拥堵”的关注度保持高位，名列年度居民最关注热点问题的第二位，年中和年末调查的提及率分别为49.9%和63.8%。

2014年北京市推动公共交通票制票价改革调整，67.7%的被访居民认为票价调整将明显增加交通费用，但仍在可承受范围内，多数居民拟通过减少不必要的出行，从以地铁为主转向以公交为主，采取骑车或步行、打车或拼车等方式来应对票价调整，带来居民对“公交问题”和“地铁问题”的关注度明显上升。“公交问题”从年中调查关注排位的第八位升到年末的第三位，两次调查的提及率分别为34%和59.4%；“地铁问题”从年中调查关注排位的第十四位升到年末的第七位，两次调查的提及率分别为23.7%和46.1%。此外，受到限购、限号、停车难等问题影响，“私家车”在居民关注热点的问题中排在第六位，提及率分别为35.9%和48.1%。

（三）“医疗费用”是居民最关注的第四大问题

2014年，北京市发布的《关于继续深化医药卫生体制改革的若干意见》提出了多项深化医改措施，北京市也成为国家允许设立外资独资医院的试点城市之一，但此类措施对于看病贵等问题的解决仍然需要较长时间，由此也带来居民对“医疗费用”问题的关注度始终居高不下，在年中及年末两次调查均排在第四位，提及率分别为49.3%和59.4%。挂号难、看病费时费力、预约挂号等待时间长、医院服务水平有待提高等问题，使得“就医环境”也受到关注，但排位从年中的第六位降至第九位，提及率从45.5%降至38.2%，显示医改以来部分问题在一定程度上正得到有效缓解。“医保报销”和“医疗资源均等化”此次也跻身居民关注热点问题的前十五名。

（四）“房价”的居民关注度有所下降

2014年，伴随宏观经济下行调整，国家和北京陆续推出一系列房地产扶持政策，比如贷款利率下调、首套房贷款还清后二套贷款可享受利率优惠、公积金贷款限制放宽等，北京房地产市场出现小幅调整行情，住宅市场交易量出现波动，交易价格环比小幅下降，带来居民对"房价"问题的关注保持高位，但较2013年已经有所下降，名列最第五位，提及率分别为45.5%、59%。

此外，居民对"公共场所卫生"、"老年人养老问题"、"资源均等化"、"保障性住房"等问题也比较关注。

三、2015年北京市居民的十大期盼

展望2015年，空气质量改善、物价稳定、房价降低、交通拥堵得到缓解等仍然是北京市民最期盼的事。此外，居民也强烈期盼食品安全更有保障、就业机会更多、看病更实惠、工资增长更快、学生负担减轻等。

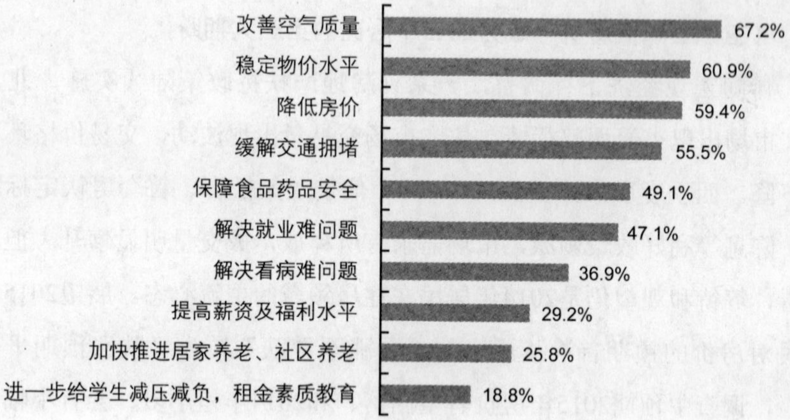

图12~3 2015年北京市居民的十大期盼

（一）"改善空气质量"连续两年成为居民的首要期盼

2014年APEC会议期间，北京市联合周边省市推行了多项措施来保障空气质量，北京市出现了持续多日的"APEC蓝"。这一系列空气污染治理措施创造的"APEC蓝"进一步提升了居民对于蓝天白云的期盼，在被访居民中，期盼2015年"改善空气质量"的提及率达到67.2%，连续两年成为居民的首要期盼。同时，在调查中居民给出了治霾控污的四个药方，分别是重点污染物排放企业停产限产、增强对北京市周边省市污染企业的

治理、增大对违规排放等污染行为的处罚力度以及推行机动车单双号限行常态化。

（二）“稳定物价水平”是2015年居民的第二大期盼

2014年，缓中趋稳的宏观经济形势为物价稳定创造了良好环境，北京市居民消费价格形势总体稳定。在房租稳定、鲜菜价格走低的带动下，自2月起，北京市CPI涨幅一直低于全国。展望2015年，在公交票价调整产生温和上涨预期下，居民强烈期盼“稳定物价水平”，提及率达到60.9%。在城市管理领域，居民还期盼“加强外来人口服务与管理”、“加强城市服务于管理”和“强化食品安全管理”，提及率分别为19.6%、6.5%和5.4%。

（三）“降低房价”成为2015年居民的第三大期盼

伴随宏观经济下行调整，一系列房地产扶持政策陆续实施，北京房地产市场出现小幅调整行情，住宅市场交易量出现波动，交易价格环比小幅下降。四季度以来，受到“9·30”信贷政策松绑、首套房认定标准放松、降息等利好政策刺激，市场需求有所释放，成交量明显攀升。但总体来看，等待和观望仍是2014年居民在住房领域的主流心态。展望2015年，居民对房价的预期首次从原来的“看涨不看跌”转为“跌涨预期平分秋色”，调查中预期2015年房价有望回落、和2014年差不多、会有小幅上涨和会有明显上涨的比例分别为34.6%、25.6%、22.1%和17.8%。受此预期推动，居民仍然期盼降低房价，提及率为59.4%，但与前三年相较，这一期盼已明显下滑，由2011~2013年的十大期盼之首降至2015年的第三位。在住房领域，居民还期盼“加强租房市场管理，控制租金上涨幅度”、“改善居住条件”、“增加保障房供应”，提及率分别达到10.3%、6.1%和3.6%。

（四）“缓解交通拥堵”是2015年居民的第四大期盼

2014年，北京市明确区分公交快线、市区普线、微循环线、市郊连接线、郊区线、定制公交线等六大类地面公交线路，逐步实施线网调整，构建多层次、多样化的公共交通服务体系，年底陆续开通6号线二期、7号线、14号线东段、15号线一期西段等四条轨道新线，公共交通出行比例提高至48%。尽管公共交通服务能力不断提升，但机动车保有量继续增加、用车成本偏低、中心城功能过度集聚、职住分离等制约城市交通发展的深层次问题仍然存在，北京市交通拥堵形势仍很严峻。展望2015年，居民“缓解交通拥堵”的期盼非常迫切，提及率达到55.5%。此外，希望“改善地铁及公交车厢内的拥挤度及乘车环境”、“增加公共交通运力”和“希望试行单双号限行”也是交通领域居民比较关注的问题，提及率分别为10.8%、6.6%和5.8%。

（五）“保障食品药品安全”是2015年居民的第五大期盼

近年来，北京市不断加大食品药品安全监督检查力度，北京市食品药品安全水平总体较高，2014年全年65大类食品统一监测抽检合格率达到97.46%。北京市未发生重大食品药品质量安全事件。但是受到利益驱动，强力监管的背后仍存在不少“漏网之鱼”，舌尖上的安全频遭挑战，“黑心油”、“腐肉门”、“口水肉”等事件的出现，不断增加人们对食品药品安全的担忧。展望2015年，居民期盼食品药品安全更有保障，提及率达到49.1%。在健康领域中，居民还期盼“提高全民健康意识”、“组织市民参与免费体检”、“希望自己身价健康”等，提及率分别为13.6%、12.7%、10%。

（六）“解决就业难问题”是2015年居民的第六大期盼

2013年和2014年均被媒体称为“最难就业年”。2014年，伴随北京市经济增长放缓、高校毕业生规模持续高位，就业仍然承受较大压力，但在一系列就业促进政策作用下，就业形势总体保持稳定。展望2015年，经济增长将继续缓中趋稳的新常态，高校毕业生规模继续维持高位，农村劳动力转移就业仍存较大压力，在这种形势下，居民期盼群体性就业难的形势进一步缓解，提及率达到47.1%，居民强调在解决群体性就业时要特别关注解决弱势群体就业问题。在就业领域中，居民还期盼“提高工资水平”、“支持创业，对创业者给予一定补贴”等问题。

（七）“解决看病难问题”是2015年居民的第七大期盼

2014年，北京市出台实施了《社会办医指南》、《北京市医师多点执业管理办法》等一系列医改政策，鼓励医生开办诊所，鼓励医师多点执业，将医生从“单位人”逐渐解放为“自由人”，最大化释放医师资源。同时医药分开试点“分级”理念，根据一、二、三级医院级别，分级制定不同价格、报销政策，引导居民在更便宜的基层医院看病；在五环路周边规划了33家医院或院区构成的环五环医疗服务带，促进医疗资源进一步均等化。近期，国家卫计委下发的《关于开展设立外资独资医院试点工作的通知》更将外资引入原有医疗资源体系，有利于缓解医疗资源供需矛盾。展望2015年，居民期盼上述改革举措能够逐步缓解看病难问题，提及率达到36.9%。在医疗领域中，居民还期盼“解决看病贵问题”、“降低医疗报销门槛，提高报销比例，扩大保险范围”、“提高医生专业水平，端正医德医风”等，提及率分别为34%、21%和8.1%。

（八）“提高薪资及福利水平”是2015年居民的第八大期盼

2014年，伴随城乡居民就业的平稳运行，有关改革红利逐步释放，各项社会保障标准和社会福利待遇持续上调，推动北京市城乡居民收入实现稳定增长。98.9%的被访市民认为2014年收入水平好于2013年或与2013年持平。展望2015年，居民期盼薪资及福利水平进一步提升，提及率达到29.2%。在社会保障及福利领域中，居民还期盼“加大社会保障力度”、“社会保险异地转移、报销更加便利”、“进一步加强对困难群众的保障”等，提及率分别为26.4%、12.5%和12.5%。

（九）“加快推进居家养老、社区养老”是2015年居民的第九大期盼

2014年，北京市加快落实养老服务业发展的意见，全力推进养老服务社会化、产业化改革，构建养老服务业发展格局。第一批医养结合试点稳步实施，在海淀区开展养老服务“券变卡”试点，推进102个拥有50~100张床位的街乡镇级养老照料中心建设，近120万名老人就近享受方便快捷的助餐、助浴、助洁、助急、助医、康复护理、精神慰藉等的居家和社区养老服务。在人口老龄化持续加剧背景下，北京机构养老供需失衡，社区养老、居家养老配套仍不完善，加之养老保障资金压力进一步显现，居民养老忧虑日渐加深。展望2015年，居民期盼居家养老、社区养老进一步推进，提及率达到25.8%。在养老为老服务领域，居民还期盼“增加养老机构数量、提高服务，降低收费”、“增加老年人福利及娱乐设施”、“提高退休人员工资及福利水平”等，提及率分别达到25%、15.1%和6.8%。

（十）“进一步给学生减压减负，促进素质教育”是2015年居民的第十大期盼

2014年，北京市出台实施了一系列教育改革措施，在《关于2014义务教育阶段入学工作的意见》中明确小学免试就近入学、小升初取消共建，采取单校划片或多校划片入学等措施，进一步推进教育资源均等化发展。之后发布了《北京市基础教育部分学科改进意见的通知》，规定小学阶段禁止统考、统测，语文教学中增加优秀传统文化内容，英语强化听说能力，为中小学素质教育提速。展望2015年，居民期盼进一步为学生减压减负、提升学生综合全面发展素质，提及率达到17.8%。在教育领域，居民还期盼“推进师资合理流动，促进校际间资源平衡”、“解决非京籍儿童入学及考试问题”、“提高教师素质和教学水平”等，提及率分别达到13.6%、13.6%和10.7%。